中经金课会计专业精品课程

新时代高等教育"互联网+"创新型教材

经济学基础

Fundamentals of Economics

主　编　李建民　陈　婧　许素青
副主编　张　毅　李林芝

图书在版编目（CIP）数据

经济学基础 / 李建民，陈婧，许素青主编． -- 北京：中国经济出版社，2023.2
中经金课会计专业精品课程
ISBN 978-7-5136-7049-4

Ⅰ．①经⋯ Ⅱ．①李⋯ ②陈⋯ ③许⋯ Ⅲ．①经济学－高等学校－教材 Ⅳ．①F0

中国版本图书馆CIP数据核字（2022）第149369号

选题策划	雷　生
责任编辑	彭　欣
责任印制	马小宾
封面设计	牧野春晖

出版发行	中国经济出版社
印 刷 者	北京富泰印刷有限责任公司
经 销 者	各地新华书店
开　　本	889mm×1194mm　1/16
印　　张	13.25
字　　数	362千字
版　　次	2023年2月第1版
印　　次	2023年2月第1次
定　　价	59.00元

广告经营许可证　京西工商广字第8179号

中国经济出版社 网址 www.economyph.com 社址 北京市东城区安定门外大街58号 邮编 100011
本版图书如存在印装质量问题，请与本社销售中心联系调换（联系电话：010-57512564）

版权所有　盗版必究（举报电话：010-57512600）
国家版权局反盗版举报中心（举报电话：12390）　　服务热线：010-57512564

EDITORIAL BOARD 编委会

主　任　唐大鹏（东北财经大学教授）
成　员　陈　婧　　郭　娟　　侯建云
　　　　胡　迪　　姜新阳　　焦建秋
　　　　李建民　　李　敏　　李　琦
　　　　李　锐　　刘春苗　　吕杨杨
　　　　罗雅兰　　欧泇彤　　潘宗玲
　　　　裴　雯　　尚玉霞　　孙艺馨
　　　　佟　玲　　王彩丽　　吴养学
　　　　许素青　　杨　尚　　杨　智
　　　　张　静　　张思檬　　张晓毅
　　　　张　毅　　张玉梅　　周嫔婷

（以姓氏音序排列）

PREFACE 前言

本书在保留经济学基本理论框架的基础上，致力于教学内容的改进和完善，用较短的篇幅、通俗易懂的语言向学生解释、说明经济学的基本概念、基本理论和基本分析方法，同时结合经济发展中遇到的热点问题，对其进行合理解释和说明。

1. 编写理念

本书分为十二个项目，以经济现象与经济规律为研究对象，为初学者讲述经济学的基本原理，主要介绍了经济学导论，需求、供给与均衡价格，消费者行为理论，生产者行为理论，成本理论，市场理论，分配理论，国民收入核算理论，宏观经济均衡理论，宏观经济政策，失业与通货膨胀，经济增长与发展。

2. 编写内容

本书在内容取舍上，力求做到简明扼要、自成体系，以使读者掌握经济学的语言和思维逻辑，并能分析常见的经济学问题。

3. 编写形式

本书是针对应用型本科院校经济管理类专业经济学基础理论教学编写的教材，也可作为经济师考试的参考用书和经济学爱好者的入门读物。

本书由多位一线教师和众多会计从业人员合作编写，是全体编写人员智慧的结晶。尽管在特色教材建设方面做出了许多努力，但由于编者的经验和水平有限，书中难免存在疏漏之处，恳请广大读者批评指正，以便进一步修订和完善。

编　者
2022 年 9 月

CONTENTS 目录

项目 1　经济学导论 ………………… 1
　任务 1.1　经济学概述 ………………… 2
　任务 1.2　经济学的主要内容 ………… 5
　任务 1.3　经济学研究方法 …………… 7
　任务 1.4　经济学简史 ………………… 8
　项目小结 ………………………………… 9
　思考与练习 …………………………… 10

项目 2　需求、供给与均衡价格 ……… 12
　任务 2.1　需求定理 …………………… 13
　任务 2.2　供给定理 …………………… 18
　任务 2.3　需求、供给弹性 …………… 21
　任务 2.4　均衡价格及其形成 ………… 26
　任务 2.5　均衡价格理论及应用 ……… 29
　项目小结 ……………………………… 31
　思考与练习 …………………………… 31

项目 3　消费者行为理论 ……………… 33
　任务 3.1　效用论概述 ………………… 34
　任务 3.2　总效用、边际效用及效用
　　　　　　最大化 …………………… 36
　任务 3.3　序数效用论分析 …………… 39
　任务 3.4　消费者行为理论的应用 …… 43
　项目小结 ……………………………… 46
　思考与练习 …………………………… 46

项目 4　生产者行为理论 ……………… 48
　任务 4.1　生产及生产函数概述 ……… 49
　任务 4.2　短期生产函数 ……………… 52
　任务 4.3　长期生产函数 ……………… 55
　项目小结 ……………………………… 58
　思考与练习 …………………………… 59

项目 5　成本理论 ... 61

- 任务 5.1　成本的定义和分类 ... 62
- 任务 5.2　短期成本分析 ... 65
- 任务 5.3　长期成本分析 ... 68
- 任务 5.4　收益与利润最大化 ... 71
- 项目小结 ... 76
- 思考与练习 ... 76

项目 6　市场理论 ... 78

- 任务 6.1　完全竞争市场 ... 79
- 任务 6.2　不完全竞争市场 ... 86
- 任务 6.3　垄断竞争市场上企业的均衡 ... 90
- 任务 6.4　寡头垄断市场上企业的均衡 ... 92
- 项目小结 ... 95
- 思考与练习 ... 96

项目 7　分配理论 ... 98

- 任务 7.1　生产要素需求及市场分析 ... 99
- 任务 7.2　工资、利息、地租、利润理论 ... 103
- 任务 7.3　社会收入分配 ... 109
- 项目小结 ... 113
- 思考与练习 ... 114

项目 8　国民收入核算理论 ... 116

- 任务 8.1　宏观经济运行 ... 117
- 任务 8.2　国内生产总值 ... 120
- 任务 8.3　国内生产总值与其他总量的关系 ... 124
- 项目小结 ... 127
- 思考与练习 ... 128

项目 9 宏观经济均衡理论 …………… 130
- 任务 9.1　宏观经济均衡及其实现 … 131
- 任务 9.2　总支出函数 …………… 135
- 任务 9.3　乘数理论 ……………… 137
- 任务 9.4　总供求均衡 …………… 139
- 项目小结 ………………………… 140
- 思考与练习 ……………………… 141

项目 10 宏观经济政策 …………… 143
- 任务 10.1　宏观经济政策目标与需求管理 ………………… 144
- 任务 10.2　财政政策 …………… 147
- 任务 10.3　货币政策 …………… 152
- 项目小结 ………………………… 159
- 思考与练习 ……………………… 159

项目 11 失业与通货膨胀 ………… 161
- 任务 11.1　失业 ………………… 162
- 任务 11.2　通货膨胀 …………… 166
- 任务 11.3　失业与通货膨胀的关系 … 173
- 项目小结 ………………………… 176
- 思考与练习 ……………………… 177

项目 12 经济增长与发展 ………… 179
- 任务 12.1　经济增长理论 ……… 180
- 任务 12.2　经济增长模型 ……… 183
- 任务 12.3　经济周期理论 ……… 186
- 任务 12.4　经济发展 …………… 193
- 任务 12.5　可持续经济发展模式 … 196
- 项目小结 ………………………… 198
- 思考与练习 ……………………… 198

参考文献 ………………………… 200

项目 1　经济学导论

知识目标

◎ 理解经济学的概念；
◎ 理解经济学的两大基本前提；
◎ 理解资源配置。

技能目标

◎ 掌握微观经济学和宏观经济学，并能够对二者进行区分；
◎ 掌握经济学研究方法。

案例导入

众所周知，西汉在汉武帝时进入了全盛时期，到汉宣帝时更是强盛。当时的匈奴由于内部各利益集团的相互斗争而分裂成几个部分，经济、军事实力大为减弱。曾有一位名为呼韩邪的匈奴单于亲自带领部下拜见汉宣帝，双方关系得到缓和。及至汉元帝时，汉朝与匈奴依旧交好。

案例思考

简述故事中的经济学。

本章导语

中国经济发展的伟大实践为我们推进经济理论创新、发展中国特色社会主义政治经济学提供了丰富的素材和营养。

任务 1.1　经济学概述

经济学是一门古老而年轻的学科。早在两千多年前的古希腊和古罗马时期，以及我国春秋战国时期（或更早）就产生了丰富的经济思想并付诸实践。但人们普遍认为两百多年前英国哲学家、经济学家亚当·斯密（Adam Smith）发表的《国民财富的性质和原因的研究》（又名《国富论》）标志着现代经济学的诞生，经济学才成为一门独立的学科。

1.1.1　经济与经济学的概念

1. 经济

人们对"经济"的认识由来已久。隋王通《文中子中说》卷六曰："皆有经济之道而位不逮。"它的含义包括国家如何理财，如何管理各种经济活动，如何处理政治、法律、军事、教育等方面的问题，即治理国家、拯救庶民。经济是一种谋生术，是取得生活必要的并且对家庭和国家有用的具有使用价值的物品（亚里士多德《政治学》）。经济就是人类以外部自然界为对象，为了创造满足我们需要所必需的物质环境而不是追求享受所采取的行为的总和（杜冈-巴拉诺夫斯基《政治经济学原理》）。对"经济"一词的认识和观点有很多，在此不一一赘述。可以看出，无论何种描述"经济"都存在两个关键意思：选择和管理。

至今，学术界仍没有对"经济"一词做出明确定义，本书只做一时空限定：经济是指个人、企业、政府以及其他组织在社会内进行选择，以及这些选择决定社会稀缺性资源的使用的总称。

2. 经济学

古希腊人最早创造并使用了"经济学"这个名称，但是作为一门独立的学科，经济学是伴随着资本主义生产方式发展起来的。1776年，英国亚当·斯密给出了政治经济学的定义：政治经济学是一门政治家或立法者的学问，研究如何同时提供人民基本物质所需和充足的利润，同时为地方和国家的政府部门提供足够的经费。1803年，让·巴蒂斯特·赛伊将经济学从公共政策里独立出来，并将其定义为关于财富之生产、分配和消费的学问。1844年，约翰·斯图尔特·密尔从社会科学的角度定义了经济学，他提出：经济学以科学角度研究人类社会在创造财富的总体过程当中必然存在的现象法则，这不包含那些不属于这个过程的题材。1932年，罗宾斯提出：经济学是一门研究人类在有限的资源下做出选择的科学。经济学家盖瑞·贝克认为，经济学是综合对于利益最大化行为、偏好稳定的特质，以及市场均衡。

大多数西方经济学家认为：经济学研究社会如何使用稀缺性资源，以有效率的方式生产出有价值的商品，并把它们分配给不同的人。简单地说，经济学就是研究资源配置及其效率的一门学科。

1.1.2 经济学的两大基本前提

1. 理性行为假定

个体最优化行为在经济学中起着关键作用，它是"价格调节使整个社会的资源配置实现最优化"的前提。

经济行为是理性的。西方经济学家认为，人都是自私的，其首要考虑的是自己的经济利益，在做出一项经济决策时，人们会对各种方案进行比较，选择一个花费最少、获利最多的方案。这样的人就是"经济人"，其具有理性的经济行为。理性的经济行为也可以表述为：产生最优化的行为。一个经济社会的三个基本组织结构如下（分析其各自的理性经济行为）。

（1）消费者：支出一定的收入进行消费，使自己获得最大的满足，即效用最大化。

（2）生产者：利润最大化。

（3）政府：对既定目标寻求最优化决策。如政府建立社会保障体系，要寻求如何以最少的投入让绝大多数人享受到最大的保障，如何做到公平和平等。

【情景1-1】某位华侨捐资兴建一所学校，他是否符合"经济人"假设？答：这种行为也是合乎理性的。因为，每个人追求的利益不仅包括物质利益，也包括精神利益。某位华侨捐资兴建学校，虽然未获得经济利益，但精神上得到了满足，也是合乎理性的。理性行为的含义可以延伸为：人在经济生活中不会做于己无利（更准确地说是无益）的事。

2. 稀缺性规律

人类的一切活动都要受到规律的支配。经济学之所以产生和发展，就是因为稀缺性规律是人类需要面对的永恒话题。稀缺性规律是相对人类不断增加的需要来说的，再多的资源也不能完全满足人类的需要。所以，稀缺性问题总是伴随着人类社会。这种稀缺性规律与通常意义上的短缺现象不同：短缺现象是一种绝对缺乏的现象，常表现为物资匮乏；而稀缺性规律既是绝对的，又是相对的，因为稀缺性问题不仅是物资的匮乏，还是相对性的问题。从某种程度来说，再丰富的物资也不能解决稀缺性问题。具体来说，出现稀缺性规律的原因有两个。

一个是人类需要的无限性。每个人来到这个世界上都会面临两大问题，即生存问题与发展问题，并且人们都希望自己能更好地生存和发展，这就是人类的欲望，也称"需要"。美国学者亚伯拉罕·马斯洛（Abraham Maslow）把人的需要分为五个层次：①生理需要，即吃、穿、住等生存方面的需要；②安全需要，即希望未来生活有保障，如免于失业、免于受伤害等；③社会需要，即感情、爱、归属感的需要等；④尊重需要，即需要名誉、威望和地位等；⑤自我实现的需要，即实现个人价值和理想等。这些需要从低到高依次排列，当前一种比较低层次的需要得到满足或部分满足后，后一种较高层次的需要便会产生。因此，人类的需要是无限的。

另一个是资源的有限性。人类要维持生存和发展，需要各种各样的资源。①自然资源。自然资源是直接从大自然中获取的，能够满足人们某种需要的自然物。土地、矿藏、森林等都属于自然资源，大部分自然资源是不可再生资源。②加工资源。加工资源是人类从自然界中获取，经过进一步加工以后，可以用于生产的那部分资源。机器、厂房、设备等都属于加工资源，所以加工资源又被人们称为"实物资本"。由于受资源和技术条件的制约，人类实物资本的积累和增长有一个时间过程。③人力资源。人力资源是人类本身提供的一种重要资源，它表现为各种劳动主体。可以说，一切从事生产劳动的人都是人力资源。企业家是一种特殊的人力资源，因为企业家的才能是将各种资源组织起来，形成有效的、社会生产的核心因素。企业家才能是社会经济发展的中坚力量。所以，企业家作为一种特殊的人力资源又与一般的人力资源不同，其更加宝贵和稀少。虽然从长期来看，人类可以通过技术创新不断拓展可用资源的广度和深度，但是在任何一个特定的时期，三种资源的质和量都不可能达到随心所欲的地步。

出现稀缺性规律的两个原因，决定了稀缺性问题的存在。

所以说，稀缺性规律的存在，产生了将稀缺性资源进行配置和利用，以达到用最小的成本获取最大收益的科学——经济学。

假定一个社会拥有一定量的资源，如全部用于生产大炮可以生产15万门，全部用于生产黄油可以生产5万吨。在这两种极端的可能性之间，还存在着大炮与黄油之间不同的组合，见表1-1。

根据表1-1，我们可以绘制出图1-1。在图1-1中，连接A、B、C、D、E、F点的AF性曲线是在资源既定和技术水平不发生重大变化的条件下所能实现的大炮与黄油最大产量组合，被称为"生产可能性曲线"（Production Possibilities Cueve，也称生产可能性边界或社会生产可能性边界）。AF性曲线上的任何一点（如C点，代表了2万吨黄油和12万门大炮）都是资源被充分利用时所能达到的最大产量组合，生产可能性边界是社会生产在现有条件下的最佳状况；AF性曲线内的任何一点（如G点，代表了2万吨黄油和6万门大炮）都是在现有资源和技术水平条件下所能达到的产量组合，但是存在着资源浪费的现象；AF性曲线外的任何一点（如H点，代表了4万吨黄油和12万门大炮）都是在现有资源和技术水平条件下无法达到的产量组合。

表1-1 生产可能性

可能性	黄油/万吨	大炮/万门
A	0	15
B	1	14
C	2	12
D	3	9
E	4	5
F	5	0

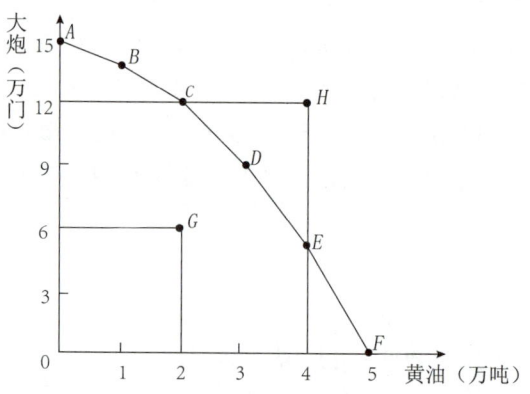

图1-1 生产可能性曲线

"大炮与黄油的矛盾"使我们面临选择问题。这里的选择是指如何利用有限的资源生产尽可能多的经济物品，以最大限度地满足自身的各种欲望。图1-1明确地告诉我们，"鱼和熊掌不可兼得"，要想多得到"鱼"，就必须放弃一部分"熊掌"；同样，要想多得到"熊掌"，就必须放弃一部分"鱼"，即"鱼"和"熊掌"是互为成本的。

1.1.3 经济学的基本问题

资源的稀缺性和需要的无限性是人类社会的基本矛盾。如何解决这个矛盾，是经济学要研究的主要问题，也是人们经常说的资源配置和资源利用问题。

1. 资源配置

资源配置就是研究如何利用有限的资源生产出最多的产品，以最大限度地满足人们的需要。这个定义与经济学的定义比较类似，因为经济学研究的主要是资源配置问题。资源配置用生产可能性曲线解释，就是应在生产可能性曲线的哪个点上进行生产。

资源配置的基本经济问题：资源配置是如何把资源分配给各种用途的。一种资源有很多种用途（如钢铁可以制造飞机、轮船、大炮等），到底生产什么、生产多少？如何生产？为谁生产？

（1）生产什么、生产多少？例如，1吨钢铁生产什么，是生产汽车还是飞机？若生产飞机，生产多少最好？

（2）如何生产，即用什么方法生产？如蔬菜，是采用大棚生产还是采用传统方式生产？是资本密集型生产，还是资金、技术密集型生产？既要对比，也要做出选择。

（3）为谁生产？这是分配问题，即生产出的产品分配给谁。

以上是由资源配置产生的三个基本经济问题。这三个问题在不同的经济制度下，有不同的解决方法。

2. 资源利用

资源利用，就是人类社会如何更好地利用现有的稀缺资源，使之生产出更多的物品。资源利用生产可能性曲线解释，就是把生产可能性曲线内的组合点推到生产可能性曲线之上。因为生产可能性曲线内的组合点表明资源未得到充分利用，当把这些点推到生产可能性曲线之上时，就表明资源得到了充分利用。

（1）为什么资源得不到充分利用？这是"充分就业"问题。

（2）商品社会货币购买力的变动对由"大炮与黄油的矛盾"引起的各种问题的影响都很大。这是"通货膨胀（紧缩）"问题。

（3）在资源既定的情况下，为什么产量有时高有时低？这是"经济波动与经济增长"问题。

任务 1.2　经济学的主要内容

根据经济学理论研究和解决的不同问题，经济学总体上可以分为微观经济学和宏观经济学。前者研究资源配置问题，后者研究资源利用问题。

1.2.1　微观经济学

微观经济学以单个经济单位作为考察对象，通过研究单个经济单位的经济行为和相应的经济变量单项数值的决定，说明价格机制如何解决社会资源配置问题。单个经济单位是指居民户、厂商和单个产品市场等。单个经济单位的经济行为是指其追求自身利益最大化的行为，其中居民户追求效用最大化，厂商追求利润最大化。单项数值是指单个经济物品的产量、成本、利润、效用、供求量、价格等。

微观经济学的定义包含了以下四个方面的内容。

（1）研究对象是单个经济单位的经济行为。

（2）解决的是资源配置问题。微观经济学以资源的充分利用为前提条件，将单个经济单位的经济行为与单个经济变量联系起来进行分析，阐明其内在联系，从而实现资源的最优配置。

（3）核心理论是价格理论。在市场经济中，引导和支配居民户、厂商经济行为的是价格，生产什么、生产多少，如何生产和为谁生产均由其决定，价格像一只"看不见的手"，调节着整个社会的资源配置。微观经济学就是说明价格如何使资源配置达到最优化，因此价格理论是微观经济学的核心理论。

（4）研究方法是个量分析。个量分析主要研究经济变量的单项数值是如何决定的，主要分析单个企业中要素的投入量、产出量、成本和利润的决定及单个企业有限资源的配置、单个居民户收入的合理使用，以及由此引起的单个市场中商品供求的决定、个别市场的均衡等问题。

对经济学的研究是以一定的假设为前提的。微观经济学的基本假设条件包括以下三个。

（1）完全理性，指单个经济单位都是利己的经济人，他们自觉地按照利益最大化的原则行事，既能把利益最大化作为目标，又知道如何实现利益最大化。

（2）市场出清，指价格能调节资源配置和利用，使整个社会达到充分就业的供求均衡状态。

（3）完全信息，指单个经济单位（消费者和厂商）可以免费、快速、准确地获得各种市场信息。

微观经济学主要包括价格理论、消费者行为理论、生产理论、成本理论、厂商均衡理论、收入分配理论、市场失灵与微观经济政策，以及福利经济学和一般均衡分析等内容。

1.2.2　宏观经济学

宏观经济学以整个国民经济活动作为考察对象，研究社会总体经济问题和相应的经济变量总量是如何决定的及其相互关系如何。总体经济问题包括经济波动、经济增长、就业、通货膨胀、国家财政收支、进出口贸易与国际收支等。经济变量的总量包括国民收入、就业量、消费、储蓄、投资、物价水平、利息率、汇率以及这些变量的变动率等。宏观经济学的定义包含以下四个方面的内容。

（1）研究对象是整个国民经济。

（2）解决的是资源利用。宏观经济学以资源的最优配置为前提条件，研究资源为什么没有得到充分利用，如何才能使资源得到充分利用以及经济增长等有关问题。

（3）核心理论是国民收入决定理论。宏观经济学将国民收入作为最基本的总量，以其为中心研究资源利用问题，分析整个国民经济的运行情况，因而国民收入决定理论是宏观经济学的核心理论。

（4）研究方法是总量分析。总量分析是对宏观经济运行总量指标的影响因素及其变动规律进行分析。总量具体包括：各量的总和，如总投资是各个厂商的投资之和；平均量，如价格水平是各种商品与服务的平均价格。

宏观经济学的基本假设条件包括以下两个。

（1）市场机制是不完善的。稀缺性不仅要求资源得到恰当配置，而且要求资源得到充分利用，但要做到这一点仅仅依靠市场机制是不够的。

（2）政府应该可以调节经济。宏观经济学是在此假设条件下，以整个国民经济为研究对象，通过研究经济中各有关总量的决定因素及其变化，说明资源是如何得到充分利用的经济理论。

宏观经济学主要包括国民收入决定理论、就业理论、通货膨胀理论、经济周期理论、经济增长理论、财政与货币政策理论等内容。

1.2.3　微观经济学与宏观经济学的关系

微观经济学和宏观经济学是经济学中互为前提、彼此补充的两个分支学科。经济学之所以有微观与宏观之分，主要是因为研究对象与研究方法存在明显的差异。微观经济学以资源配置为研究对象，采用个量分析方法，而且假定资源利用问题已经解决；宏观经济学以资源利用为研究对象，采用总量分析方法，而且假定资源配置问题已经解决。

当然，微观经济学和宏观经济学并不是截然分开的两个部分，二者的研究内容是互相联系、互相补充的：微观经济学是宏观经济学的基础，宏观经济学是微观经济学的自然扩展；二者都是实证分析，最终目标都是通过为人们的经济活动提供正确的指导，实现资源的优化配置和有效利用，从而实现整个社会经济福利最大化。

任务 1.3 经济学研究方法

人们在研究经济学时，一般会有两种态度和方法。一种是只考察经济现象，即经济现状如何、为何会如此、其发展趋势如何，至于这种经济现象好不好、该不该如此，则不做评价。这种研究方法被称为"实证分析方法"，也称"实证经济学"。另一种是对经济现状及变化做出好与不好的评价或该与不该的判断。这种研究方法被称为"规范分析方法"，也称"规范经济学"。

1.3.1 实证分析方法

实证分析的结果可以用事实、证据或者从逻辑上加以证实或证伪，具有客观性，即实证的命题有正确和错误之分，其检验标准是客观事实。所以实证研究的目的是了解经济如何运行，也就是研究世界是什么样子的。例如，2018年1—10月我国东部、中部、西部和东北部地区的商品房销售情况见表1-2。

表1-2　2018年1—10月我国东部、中部、西部和东北部地区商品房销售情况

地区	商品房销售面积		商品房销售额	
	绝对数/万平方米	同比增长/%	绝对数/亿元	同比增长/%
全国总计	133 117	2.2	115 913	12.5
东部	53 545	-4.7	61 680	5.4
中部	37 733	8.7	25 380	21.1
西部	35 430	8.6	24 165	26.0
东北部	6 409	-4.7	4 688	7.2

资料来源：国家统计局网站。

从表1-2中我们可以明显地看出，2018年1—10月我国商品房销售面积和销售额的变化情况与上一年同期相比大体呈递增的趋势。其中，西部、中部地区商品房销售额同比增长幅度分别达到26.0%、21.1%，远远高于全国水平（12.5%），而东北部、东部地区商品房销售额同比增长幅度分别为7.2%、5.4%，低于全国水平（12.5%）。这里所有的分析都是客观的，并可以用客观事实进行检验，因而是实证分析。

1.3.2 规范分析方法

规范分析是指以一定的价值判断为出发点提出行为的标准，并研究如何才能符合这些标准。它力求回答"世界应该是什么样子"的问题，涉及是非善恶、应该与否、合理与否的问题。由于人们的价值观是不同的，因而对同一个经济现象会有不同的看法，也就是规范分析不具有客观性，不同的分析者会得出不同的结论。

我们再来看表1-2中的数据，站在不同立场上的人会有不同的看法。有人认为，针对商品房的销售，应该增加消费税，这样有利于国家财政

收入的增加；也有人认为，再加大税收力度会增大企业的压力，不利于企业投资及企业规模的扩大，对经济发展有阻碍作用。规范分析是从主观角度出发的，由于分析角度存在差异，结论也会有所不同。

实证分析和规范分析作为两种不同的经济分析方法，有以下三个方面的区别。

①有无价值判断。价值判断是指对经济事物进行社会价值的判断，即对某一经济事物是好还是坏的判断。规范分析是以一定的价值判断为基础的，而实证分析则避开了价值判断。

②二者要解决的问题不同。规范分析要解决"应该是什么"的问题，而实证分析要解决"是什么"的问题。

③内容是否具有客观性。规范分析由于以一定的价值判断为前提条件，因此不同的人得到的结论是不同的；而实证分析的内容则具有客观性，可以用客观事实检验其正误。

在经济学的分析方法中，实证分析是主要方法，当然规范分析也是不可缺少的。二者是互相联系、互相补充的：规范分析要以实证分析为基础，而实证分析也离不开规范分析的指导。一般来说，越是具体的问题，实证的成分越多；而越是高层次、带有决策性的问题，越具有规范性。

任务1.4 经济学简史

西方经济学的产生和发展经历了四个主要阶段：重商主义、古典经济学、新古典经济学（边际革命）和当代经济学（凯恩斯革命）。

1. 重商主义

重商主义是资产阶级最初的经济学说，出现在西欧封建制度向资本主义制度过渡时期（资本原始积累时期），反映这个时期商业资本的利益和要求。它对资本主义生产方式进行了最初的理论考察，是15—18世纪初受到普遍推崇的一种经济哲学。重商主义又分为早期的重商主义和晚期的重商主义两种。历史上最早关于国际贸易的研究和理论几乎都是出自重商学派的著作。

2. 古典经济学

古典经济学为经济学的形成时期，即17世纪中期至19世纪70年代。代表人物为亚当·斯密，是古典经济学的集大成者。亚当·斯密（1723—1790），英国伦理学家、经济学家，集重农学派和重商主义理论之大成，为古典政治经济学理论体系的创立者，主要著作为《国富论》。亚当·斯密研究经济问题的出发点是"经济人"，即人的利己本性，既继承了英法古典经济学家把研究的重点从流通领域转向生产领域的传统，又批判了重商主义认为对外贸易是致富源泉的错误观点，也摆脱了"只有农业才创造财富"的重农主义的片面看法。他系统地阐述了劳动价值论的基本原理，并据此提出了利润和地租是劳动创造的价值的一部分。他反对国家干预经济，主张自由放任，其"看不见的手"的著名论断至今仍是经济学家热烈争论的话题之一。

美国的唐斯博士列举了对世界产生重大影响的16部巨著，其中有3部经济学著作，分别是《国富论》《人口论》《资本论》。

《国富论》，作者亚当·斯密，1776年发表。

亚当·斯密通常被认为是微观经济学的创始人。回忆1776年还发生了什么大事？美国《独立宣言》发表。两件事发生在同一年并非巧合，西方经济学是为当时新兴的资产阶级服务的，是随着资本主义制度的诞生而产生的。

《人口论》，作者马尔萨斯，1798年发表。全书只有短短的5万多字，但在这部书中，马尔萨斯认为地球人口是几何增长，即以指数方式增长，而生产和生活资料则是代数增长。若干年后，地球将人满为患。此书一经发表，就引起了恐慌，人们对其大加痛斥，而在出现人口危机后，人们又对其大加赞赏。

《资本论》，作者马克思，1867—1894年分3卷发表。马克思主义经济学是基于唯物辩证主义经济学这个世界观、方法论指导下的经济学。基本观点为劳动创造财富，所有权决定分配。

经济学史上的第一次革命：《国富论》的出版。《国富论》认为人的本性是利己的，追求个人利益是人们从事经济活动的唯一动力；同时，人又是理性的，作为理性的经济人，人们能在个人的经济活动中获得最大的个人利益。

3. 新古典经济学（边际革命）

新古典经济学为微观经济学的形成与建立时期，即19世纪70年代至20世纪30年代。

经济学史上的第二次革命：边际革命。

4. 当代经济学（凯恩斯革命）

当代经济学即宏观经济学的建立与发展时期。宏观经济学的创始人是凯恩斯（John Maynard Keynes）。

（1）凯恩斯革命时期，即20世纪30—50年代。

经济学史上的第三次革命：凯恩斯革命（1936年其《就业、利息和货币通论》的出版）。

（2）凯恩斯主义发展时期，即20世纪50—60年代。

经济学史上的第四次革命：斯拉伐革命。

（3）自由放任思潮的复兴时期，即20世纪70年代以后。

经济学史上的第五次革命：货币主义革命。

经济学史上的第六次革命：理性预期革命。

项目小结

本项目主要讲述了经济学概述、经济学的主要内容、经济学研究方法、经济学简史。经济学概述主要包括经济与经济学的概念、经济学的两大基本前提、经济学的基本问题；经济学的主要内容包括微观经济学、宏观经济学、微观经济学与宏观经济学的关系；经济学研究方法主要包括实证分析方法、规范分析方法；经济学简史主要包括重商主义、古典经济学。

思考与练习

一、单项选择题

1. 关于稀缺性，下列说法错误的是（　　）。
   A. 稀缺性规律既是绝对的，又是相对的
   B. 最富有的国家也有稀缺性
   C. 稀缺性的存在也促成了效率的提高
   D. 从稀缺性的形成来说，欲望无限比资源有限更关键

2. 经济学研究的基本问题包括（　　）。
   A. 生产什么，生产多少
   B. 如何生产
   C. 为谁生产
   D. 以上都是

3. 微观经济学的核心理论是（　　）。
   A. 价格理论　　　　B. 消费者行为理论
   C. 生产者行为理论　D. 分配理论

4. 微观经济学解决的问题是（　　）。
   A. 相对理性　　　　B. 资源利用
   C. 资源配置　　　　D. 经济行为

5. 宏观经济学的核心理论是（　　）。
   A. 国民收入决定理论
   B. 失业与通货膨胀理论
   C. 经济周期与经济增长理论
   D. 宏观经济政策

二、多项选择题

1. 资源利用包括（　　）的问题。
   A. 充分就业
   B. 经济波动与经济增长
   C. 物价稳定
   D. 何时生产

2. 微观经济学的基本假设包括（　　）。
   A. 完全理性　　　　B. 市场出清
   C. 生产理论　　　　D. 完全信息

3. 下列选项中，属于宏观经济学的基本内容有（　　）。
   A. 国民经济核算理论
   B. 宏观经济均衡理论
   C. 失业与通货膨胀理论
   D. 经济周期与经济增长理论

4. 关于实证分析方法，下列说法正确的有（　　）。
   A. 实证分析解决的是"是什么"的问题
   B. 实证分析涉及事物的价值判断
   C. 实证分析的结论相对客观
   D. 实证分析的结论可以通过事实进行检验

5. 下列说法中关于规范分析方法正确的有（　　）。
   A. 回答"应当是什么"
   B. 以一定的价值判断为基础
   C. 先确定相应的准则，再根据准则进行判断
   D. 主要运用计量经济学的方法

三、判断题

1. 资源的稀缺性是绝对的。（　　）
2. 规范分析方法是以一定的价值判断为基础，提出分析问题的理论标准，并研究如何才能符合这些标准。（　　）
3. 实证分析方法的前提是一定的价值判断。（　　）

4. 价值判断就是指对经济事物社会价值的判断，即对某一经济事物是好还是坏的判断。（　）

5. 宏观经济学的创始人是凯恩斯。（　）

四、简答题

1. 简述经济与经济学的概念。

2. 简述微观经济学与宏观经济学的关系。

项目 2　需求、供给与均衡价格

知识目标

◎ 理解需求、需求表、需求曲线；
◎ 理解供给、供给表、供给曲线；
◎ 理解均衡价格。

技能目标

◎ 掌握需求价格弹性；
◎ 掌握供给价格弹性。

案例导入

假定某面包店推出面包价格优惠计划：面包的销售价格从 10 元 / 个降到 8 元 / 个，相应的需求量从 6 个提升到 9 个。

案例思考

面包的需求价格弹性是多少？

本章导语

经济学中的需求是指在一定条件下，消费者在一定时期内愿意并且能够购买一定数量某种商品的行为及其影响因素之间的关系。

任务 2.1　需求定理

2.1.1　需求、需求表、需求曲线

1. 需求

经济学中的需求是指在一定条件下，消费者在一定时期内愿意并且能够购买一定数量某种商品的行为及其影响因素之间的关系。比如，有的人对高档汽车不感兴趣，即使他们收入再高也不会轻易购买，因而无法形成对高档汽车的需求；有的人对高档汽车有特别的偏好，但在一定时期内受收入的限制没有能力购买。因此，需求是主观偏好和客观能力的统一，只有同时具备购买愿望和支付能力，才能形成需求。

需求必须具备以下条件：①消费者有购买商品或服务的欲望，如某人虽然有购买别墅的欲望，但是别墅价位过高，他支付不起，所以需求难以实现，只能称为"需要"；②消费者有支付能力，如大多数女性消费者对烟酒没有欲望，即使有支付能力，需求也难以实现。因而，需求必须是欲望与支付能力的统一，也就是：需求 = 欲望 + 支付能力。

需求具体包括个人需求和市场需求。个人需求是指单个消费者或家庭对某种商品的需求，即对一定的商品价格愿意并能够购买的数量；市场需求是指全体消费者对某种商品的总需求。市场需求可以通过个人需求加总实现，个人需求和市场需求都是对某一商品的需求。

2. 需求表

（1）需求量。需求量是指消费者愿意并且能够购买的商品和服务数量。有许多因素决定一个人对某种商品的需求，如收入、年龄、嗜好、预期等，而最重要的因素是该商品的价格。经济学中用需求定理反映需求量与价格之间的变动关系。需求定理是指在一定时间内，在其他条件不变的情况下，某种商品的价格与消费者愿意购买的商品数量之间是一种负相关关系。这意味着在买卖过程中，当商品价格下降时，消费者会增加对它的购买需求；而当商品价格上升时，消费者对它的需求量就会减少。

（2）需求表。需求表是在其他因素不变的条件下，描述某种商品的价格与需求量之间关系的表。需求表可以直观地表明价格与需求量之间一一对应的关系。

需求表具体分为个人需求表和市场需求表。描述某人（家庭）与某商品价格相对应的需求数量的表，称为"个人需求表"。把某商品（该商品市场）的所有个人需求加总求和，也就是把每个价格对应的每个人的需求量加在一起，就构成了该市场上与每个价格对应的市场需求表。某市场上消费者甲和消费者乙对某商品的需求情况见表 2-1。

表 2-1　消费者甲和消费者乙对某商品的需求情况

价格 /（元/ 千克）	消费者甲的需求量 / 千克	消费者乙的需求量 / 千克	市场的需求量 / 千克
10	1 000	1 500	2 500
20	900	1 300	2 200
30	800	1 100	1 900
40	700	900	1 600
50	600	700	1 300
60	500	500	1 000
70	400	300	700

3. 需求曲线

需求曲线是用图示法把需求表中需求量与商品价格之间的关系表示出来的曲线。把表 2-1 中的数据描绘在平面坐标图上，即绘制出图 2-1。其中，横轴 Q 表示商品的需求量，纵轴 P 表示商品的价格，曲线 $D_甲$、$D_乙$、D_m 分别代表消费者甲、乙和市场的需求曲线。市场需求曲线（或需求曲线）显示了在影响需求的所有因素不变的条件下商品价格与需求量之间的关系。曲线上的每个点都显示了在特定价格下消费者能够选择购买的数量。

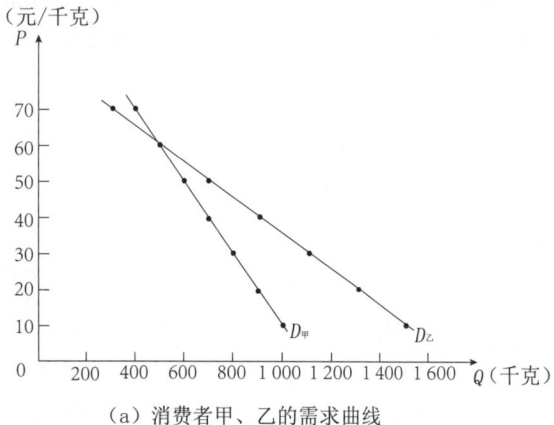

(a) 消费者甲、乙的需求曲线

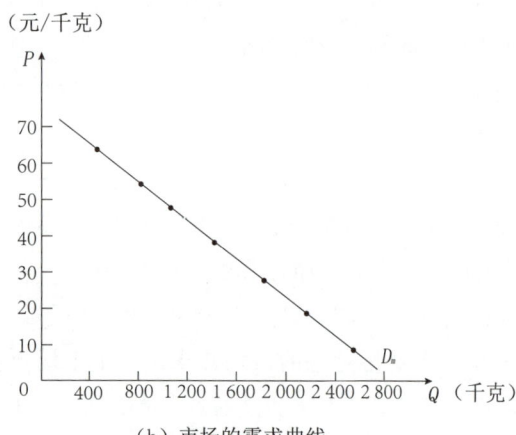

(b) 市场的需求曲线

图 2-1 某商品的需求曲线

商品的需求量与价格一般是负相关的，需求曲线是一条向右下方倾斜的曲线。曲线 D 表示价格越低，需求量越大；价格越高，需求量越小。

【情景 2-1】货币的需求动机。

骆明和小欣是一对情侣，同时从一所名牌大学毕业。骆明进入某国家机关工作，待遇很是不错，每个月可以拿 5500 元左右工资，美中不足的是，遇到住房政策改革不能分到房子。而小欣进入一家国际贸易公司，做对外贸易工作，其工资和奖金加在一起，每个月大概有 7000 元。不过，前几天他们为了将来存钱的问题大吵了一架。

骆明认为，他们刚刚大学毕业，虽然单位待遇不错，但将来用钱的地方很多，所以要从毕业开始，除了留下平常必需的花费以及预防发生意外事件的钱外，剩下的钱要定期存入银行，不能动用，这样不仅可以获得稳定的利息收入，而且没有损失的风险。小欣则认为，上学辛苦了这么多年，一直过着很节俭的日子，现在终于自己挣钱了，考虑那么多干什么，更何况银行利率那么低。她说发工资以后，先要买几件名牌服装，再美美地吃上几顿，然后留下一部分钱炒股票，等到股市形势转好，立即进入。大学时看着别人炒股票，她很羡慕，这次自己也要试试。但骆明认为股市行情不太稳定，所以最好不要进入股市，即使要做，也只能投入很少的钱。

问题：

（1）根据上面两个人的争论，说明人们有哪些货币需求动机。

（2）分析上述三种动机导致的货币需求的决定因素。

答案：

（1）人们的货币需求主要出于以下三种不同的动机：

①交易动机，是指人们为了应付日常交易而在手边留存货币的动机；

②预防动机，又称"谨慎动机"，是指人们为了防止意外情况发生而在手边留存货币的动机；

③投机动机，是指人们为了把握有利的生息资产而在手边留存一定数量货币的愿望。

（2）一是交易性货币需求决定于收入水平以及惯例和商业制度，而惯例和商业制度在短期内一般可假定为固定不变，所以一般来说，货币需求量主要决定于收入。收入越高，交易量越大；交易量越大，所交换的商品和劳务的价格越高，从而导致交易性货币需求越大。

二是个人对货币的预防需求主要取决于其对意外事件的看法，但从全社会来看，这一货币需求量大体上和收入成正比，是收入的函数。

三是人们对货币的投机需求取决于市场利息率，这一需求与利息率成反方向变化。

根据以上分析我们知道，从整个社会来说，交易动机和谨慎动机导致的货币需求都取决于实际收入，并且与实际收入成正比。

2.1.2 影响需求的因素及需求函数

1. 影响需求的因素

影响需求的因素有很多,既有经济因素,也有非经济因素,概括起来主要有以下几个。

(1)商品本身的价格。商品本身的价格越高,需求越小;商品本身的价格越低,需求越大。这是人所共知的。

(2)其他相关商品的价格。各种商品之间存在着不同的关系,因此其他商品价格的变动也会影响商品的需求。商品之间的关系有两种:替代品与互补品。替代品是指可以用来代替另一种物品的物品。例如,乘汽车是乘火车的替代品,热狗是汉堡包的替代品等。每种物品都有许多种替代品。如果某种物品的替代品价格上升,人们就要购买该种物品,这种物品的需求量就会增加;相反,如果某种物品的替代品价格下降,人们就会减少对该种物品的购买。因此,替代品价格的变动会影响该种物品的整体需求量,并使需求曲线发生移动。互补品是指与另一种物品结合起来使用的物品。例如,录音机与磁带,汉堡包与炸薯条等。如果一种物品的互补品价格上升,人们就会减少对这种物品的购买。例如,录音机的价格上升,人们会减少对磁带的购买;相反,如果某种物品的互补品价格下降,人们就会增加对这种物品的购买。因此,互补品价格的变动会影响该种物品的整体需求量,并使需求曲线发生移动。

(3)消费者的收入水平。对于多数商品来说,当消费者的收入水平提高时,会增加对商品的需求;相反,当消费者的收入水平下降时,会减少对商品的需求。

(4)消费者对未来的预期。消费者对未来的预期包括对自己的收入水平、商品价格水平的预期。如果预期未来收入水平上升或商品价格要上升,就会增加现在的购买需求;反之,如果预期未来收入水平下降或商品价格要下降,就会减少现在的购买需求。

(5)人口数量与结构的变动。人口数量增加会使需求增加,人口数量减少会使需求减少。人口结构的变动主要影响需求的构成,从而影响对某些商品的需求。例如,人口的老龄化虽会减少对时髦服装、儿童用品等的需求,但会增加对保健用品的需求。

(6)政府的消费政策。例如,政府提高利息率的政策会减少消费,而实行消费信贷制度则会刺激消费增加。

(7)消费者偏好。偏好是个人对物品与服务的态度,即喜爱或厌恶的程度。随着社会生活水平的提高,消费不仅要满足人们的基本生理需求,还要满足种种心理与社会需求。因此,消费者偏好,即社会消费风尚的变化对需求的影响也很大。消费者偏好要受各种因素的影响,如广告也可以在一定程度上影响这种偏好,这就是许多厂商不惜血本大做广告的原因。

总之,影响需求的因素是多种多样的,有些主要影响需求欲望(如消费者偏好与消费者对未来的预期),有些主要影响需求能力(如消费者收入水平)。这些因素的共同作用决定了需求。

2. 需求函数

如前所述,如果影响需求的其他因素不变,只考虑需求量与价格之间的关系,即把商品本身的价格作为影响需求的唯一因素,并以 P 代表价格,则需求函数就可以表示为:

$$Q_d = f(P) \qquad (2-1)$$

式(2-1)表明某种商品(X)的需求量是价格的函数。需求函数是用模型法(或称"代数表达法")表述需求这个概念。

如果某种商品的需求量与其价格之间是线性关系,即需求曲线是一条直线,那么这种需求函数就是线性需求函数,其公式为:

$$Q_d = \alpha - \beta P \qquad (2-2)$$

式(2-2)也是直线型需求曲线的方程式。

如果某种商品的需求量与其价格之间是非线性关系,即需求曲线不是直线(见图2-2),那么这种需求函数就是非线性需求函数,其公式为:

$$Q_d = aP^{-\beta} \qquad (2-3)$$

式（2-3）也是非直线型需求曲线的方程式。

在以上两式中，a、β 都是数值为正的常数。例如，给定 $a=20$，$\beta=2$，则需求函数可写为：

$$Q_d = 20P^{-2}$$

由于某商品的需求量与其价格为反方向变动，所以需求量对于价格的一阶导数小于零。

当影响商品需求量的其他因素不变时，商品的需求量随着商品价格的上升而减少，随着商品价格的下降而增加。这就是人们常说的需求规律。只有向右下方倾斜的需求曲线才符合需求定理，而吉芬商品（在1845年爱尔兰发生大灾荒时，虽然马铃薯的价格急剧上涨，但需求不减反增。通过调查，吉芬发现了根源所在：灾荒使爱尔兰人民的收入急剧减少，除马铃薯外，人们没有能力购买其他食物。因此，尽管马铃薯的价格上涨，但是其需求没有减少。后来，人们将贫困地区的廉价商品统称为"吉芬商品"）与需求定理在逻辑上是不能并存的。

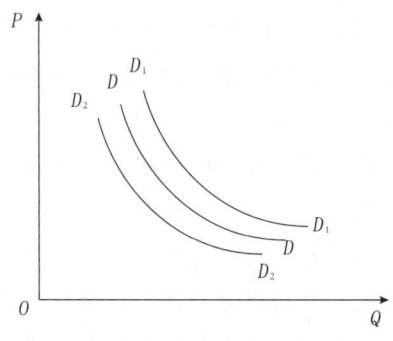

图 2-2　运输需求的变动

2.1.3　需求定理、需求量的变动与需求的变动

1. 需求定理（需求规律）

价格和需求量存在着密切的关系，在其他因素不变的条件下，单独考察需求量同价格的关系是十分重要的。

人们通过对大量事实的观察、统计和分析，可以得到这样的需求规律，也就是需求定理：在影响需求量的其他条件不变的情况下，一种商品的需求量与其价格之间存在着反向变动关系，即需求量随着商品价格的上升而减少，随着商品价格的下降而增加。

对需求定理的理解，要注意以下两个方面的内容：

①其他条件主要是指收入、相关商品的性质等；
②商品价格与需求量成反向变动的关系，是替代效应和收入效应共同作用的结果（在本书项目3中有详细介绍）。

需求定理是基于影响需求量其他条件不变这一假设得出的。这就是说，任何一种经济理论的成立都是有条件的，只有在某种条件下才能成立，才有适用性。只有在这一条件下，才能揭示商品的价格与需求量之间的本质联系，得出科学的需求定理。例如，如果收入大幅度增加，那么价格上升，需求量虽仍会增加，但这种增加，反映不出与价格之间的关系。这说明了科学的假设在理论形成中的重要性。

2. 需求定理的例外

需求定理属于大多数商品在一般情况下的规律，而某些特殊商品则不一定适用。

（1）某些奢侈商品。例如，珠宝、豪华型轿车等，是用来显示人的社会地位与身份，如果价格下降，它们就不能代表这种社会地位与身份，消费者对它们的需求量就会减少。

（2）某些珍贵、稀有的商品。例如，古董、古画、珍邮等，往往是价格越高越能显示它们的珍贵性，对它们的需求量就会越大。

（3）某些生活必需的廉价商品。例如，马铃薯、玉米面等，在特定条件下，当价格下跌时，需求会减少；当价格上涨时，需求会增加。最著名的是吉芬商品。

（4）某些投机性商品。例如，股票、黄金等，当价格发生较大幅度的变动时，需求将呈现不规则的变化。

需求定理反映的是一般商品的客观实际，但还有某些特殊商品的例外，这些商品只占极少部分，因此需求定理并没有遭到"破坏"。

3. 需求量的变动与需求的变动

在经济学中，需求和需求量是两个既相互联系，又相互区别的概念。需求反映了在不同价格水平下商品的需求量，而需求量仅指在某一特定价格下对商品需求的数量。如在冰激凌的市场需求曲线上，在每种可能的价格下，曲线上相应的点确定了冰激凌市场消费者的需求量。当价格下降时，市场的需求量增加，这种需求量的变化仅仅表示由于价格改变产生的结果。因此，需求量的变动是在其他条件不变时，在某一固定的需求曲线上的点沿着需求曲线的变动。

需求量的变动不仅来自价格因素的影响，当其他条件发生变化时，市场需求量也会发生变化。这些来自非商品价格的变量被称为"非价格决定因素"。主要的非价格决定因素包含：购买者的数量、偏好与嗜好、收入，相关商品价格，消费者预期等。这些非价格决定因素通过影响消费者需求习惯改变他们的需求量。需求的变化表现为在每一可能的价格水平下，需求量的增加或减少。

（1）需求量的变动。需求量的变动指的是在影响需求的其他因素（如消费者的收入、嗜好、替代品和互补品的价格等）给定的条件下，价格变动引起的商品需求数量的变动。其表现为需求曲线上点的变动，简称"点变动"。例如，在图2-3中，在需求曲线D上，由A点移动到B点，表示需求量增加，从Q_0增加到Q_1，价格下降，从P_0下降到P_1；由A点移动到C点，表示需求量减少，从Q_0减少到Q_2，价格上升，从P_0上升到P_2。

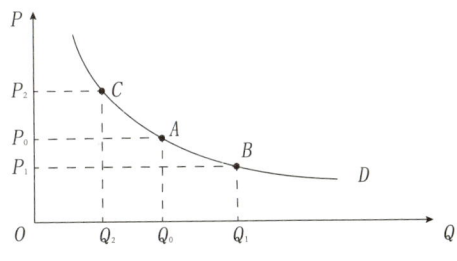

图2-3 需求量的变动

（2）需求的变动。需求的变动指的是在商品价格不变的条件下，由非价格因素的变动（如收入变动等）引起的需求量的变动。其表现为需求曲线的平行位移，简称"线变动"。例如，在图2-4中，在同样的价格水平上（P_0），当需求曲线D_0向右上方平行移动到D_1时，表明需求增加；当需求曲线D_0向左下方平行移动到D_2时，表明需求下降。

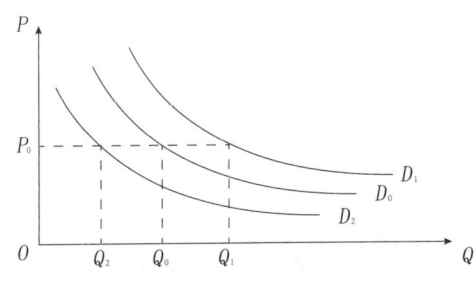

图2-4 需求的变动

（3）需求量的变动与需求变动的区别。前者表现为其他因素不变，商品价格变化带来的需求量变化；后者表现为商品价格不变，其他因素变化带来的需求量变化。

任务 2.2 供给定理

2.2.1 供给、供给表、供给曲线

1. 供给

经济学意义上的供给,是指生产者(企业)在一定时期内,在一定的价格水平上愿意而且能够供应的商品数量。其必须具备以下两个条件。

(1)有出售商品的愿望,如工厂有出售自己生产的产品的愿望。

(2)有供应商品的能力,如电视机生产商有供应 100 万台电视机的能力。

所以,供给是出售愿望与供给能力的统一,如果只有供给商品的能力而无出售愿望,就不能形成实际的供给。

供给包括个人供给和市场供给。个人供给是指单个生产者在某一时刻,在各种可能的价格水平上,愿意而且能够供应市场某种商品的数量;市场供给是指所有生产者在某一时刻,在各种可能的价格水平上,愿意而且能够供应市场某种商品的全部数量。市场供给可以通过个人供给加总而成。

2. 供给表

供给表是指在其他因素不变的条件下,体现某种商品的价格与对应的供给量之间关系的数字序列表。供给表可以直观地表明价格与供给量之间一一对应的关系。

供给表可分为个人供给表和市场供给表。描述某个生产者(企业)与价格相对应的供应数量的表,称为"个人供给表"。把某种商品(该商品市场)所有生产者的供应数量加总求和,也就是把每一价格对应的所有生产者的供应数量加在一起,就构成了该商品市场上与每一价格对应的市场供给表。生产者 A 和生产者 B 对某商品的供给情况见表 2-2。

表 2-2 生产者 A 和生产者 B 对某商品的供给情况

价格/(元/吨)	生产者 A 的供给量/(吨/日)	生产者 B 的供给量/(吨/日)	市场的供给量/(吨/日)
10	1	2	3
20	3	5	8
30	5	7	12
40	8	9	17
50	10	12	22
60	12	15	27
70	15	18	33

3. 供给曲线

供给曲线是用图示法把供给表中商品的价格与供给量组合在平面坐标图上绘制出的一条曲线。把表 2-2 中的数据描绘在平面坐标图上,可以得到图 2-5。其中,横轴 Q 表示商品的供给量,纵轴 P 表示商品的价格,曲线 S_A、S_B、S_m 分别表示生产者 A、生产者 B 和市场的供给曲线。

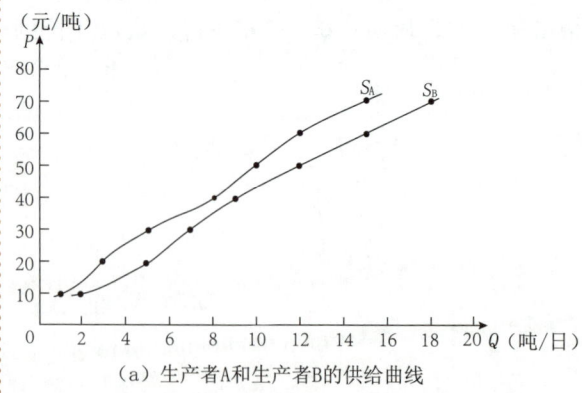

(a)生产者 A 和生产者 B 的供给曲线

图 2-5 某商品的供给曲线

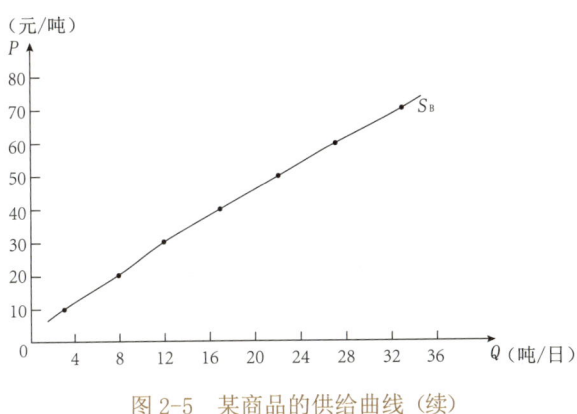

图 2-5 某商品的供给曲线（续）

由图 2-5 可知，供给曲线是一条向右上方倾斜的曲线，商品的供给量与价格一般是正相关的，它的斜率为正值。供给曲线（S 线）显示了在影响供给的所有其他因素不变的情况下，在特定价格下生产者能够供给的数量。供给量随着商品价格的上升而增加，随着商品价格的下降而减少。

导致供给曲线向右上方倾斜的原因主要有两个。

① 企业对最大利润的追求。较高的价格可以得到较多的利润，较多的利润使企业增加生产，从而使供给增加；反之，使供给减少。

② 收益递减规律和成本递增规律。在一定的技术条件和生产规模下，产量达到一定程度后便会出现收益递减和成本递增现象。在这种情况下，商品价格必须同增加的成本，也就是边际成本相适应，才能使商品的供应量增加。

2.2.2 影响供给的因素及供给函数

1. 影响供给的因素

影响供给的因素有很多，既有经济因素，也有非经济因素，主要包括以下六个。

（1）商品本身的价格。在影响某种商品供给的其他因素（如其他有关商品的价格和生产要素的价格）既定不变的条件下，商品的价格升高，生产者愿意供给的数量就增加；反之，生产者愿意供给的数量就减少。

（2）其他有关商品的价格。其主要是指替代品和互补品对商品价格的影响。在两种替代品之间，一种替代品的价格上升，对另一种替代品的需求就会增加，从而使这种替代品的价格上升，供给增加；反之，供给减少。例如，小麦价格不变而棉花价格提高，生产者将缩减小麦的种植面积，转而多生产棉花。这表示棉花价格的提高会引起小麦供给的减少。

在两种互补品之间，一种互补品的价格上升，对另一种互补品的需求减少，从而使这种互补品的价格下降，供给减少；反之，供给增加。例如，汽油价格上升，开车的成本增加，人们就会减少对汽车的购买，从而导致汽车价格下降，汽车供给减少。

（3）生产者从事生产的目标。在经济分析中，一般假定厂商的目标是利润最大化，即耗费给定成本赚得的利润最大，或赚得给定的利润耗费成本最小。但是，假如厂商的目标是销售量或销售金额最大，则厂商的供给曲线与任一给定的销售价格相对应，厂商愿意供应的产量很可能与以利润最大化为目标的供给曲线有所不同。

（4）生产技术的变动和生产要素的价格。在资源既定的条件下，生产技术的提高会使资源得到更充分的利用，从而使供给增加。机械化生产减少了生产产品所必需的劳动量，提高了劳动生产率。例如，在电子计算机诞生的几十年里，生产计算机的技术进步减少了企业的生产成本，从而增加了供给量，使电子计算机走进了千家万户。

在产品价格不变的条件下，生产要素的价格下降，使单位产品的成本下降，从而使与任一价格对应的供给量增加；反之，生产要素的价格上升，会使产品的成本增加，从而在产品价格不变的情况下，使利润减少，供给减少。例如，为了生产面包，生产者会使用面粉、鸡蛋和工人等资源，这些都是投入品。当这些投入品中的一种或几种价格上升时，在价格不变的条件下，生产面包就不太有利可图了，面包店提供的面包数量就会变少。因此，一种商品的供给量与生产这种商品使用的投入品的价格成负相关关系。

（5）政府的政策。对商品的课税会使其卖价提高，在一定条件下使需求减少，从而使供给减少；反之，减轻商品的赋税负担或政府给予补贴，会通过降低卖价刺激需求，从而使供给增加。

（6）厂商对未来的预期。如果厂商对未来的经济持乐观的态度，就会增加供给；反之，则会减少供给。例如，在二手房市场，人们预期房产会降价，大家会持币观望，有卖房意向的卖主也会考虑暂时不卖房，等待市场回暖，这就使得供给减少。

影响供给的因素要比影响需求的因素复杂得多，在不同的时期、不同的市场上，供给会受多种因素的综合影响。应该强调的是，供给的变动与时间因素密切相关。一般来说，在价格变动之后的极短时间内，供给只能通过调整库存做出反应，变动不会很大。在短期内可以通过变更原料、劳动力等生产要素调节供给，变动会较大。只有在长期内才能变更厂房、设备等生产要素，使供给适应价格而充分变动。自然条件、社会条件和政治气候的突变也会影响供给，如自然灾害、战争、政治事变等都会使生产者的生产经营活动无法正常进行，给供给带来重大影响。

2. 供给函数

供给函数是用来表示某商品的供给量与影响供给量因素之间依存关系的。其可表示为：

$$Q=g(a, b, c, d, \cdots, n) \quad (2\text{-}4)$$

式中，Q 代表某商品的供给量；$a, b, c, d, \cdots, n$ 代表影响该商品供给的各种因素。

式（2-4）表示 Q 这个变量与 $a, b, c, d, \cdots, n$ 等变量之间存在着函数关系。其中，Q 作为因变量，其数值大小是由决定因变量的自变量 $a, b, c, d, \cdots, n$ 的数值决定的，并且随着后者的变化而变化。

假定其余因素都是给定不变的，每种商品的供给量（Q）及其变化取决于销售价格（P），于是有供给函数：

$$Q=g(P) \quad (2\text{-}5)$$

式（2-5）表明，商品的供给量 Q 是销售价格 P 的函数。

2.2.3 供给定理、供给量的变动与供给的变动

1. 供给定理（供给规律）

通过大量的观察、统计和分析，我们可以得到这样的规律：某商品的供给量与其价格成同向变动，即在影响供给量的其他因素给定不变的条件下，供给量随着商品本身价格的上升而增加，随着商品本身价格的下降而减少。这种现象普遍存在，被称为"供给定理"（供给规律）。

供给定理同样是通过科学的假设得出的，它以影响供给量的其他因素给定不变为条件。这就是说，只有在这一条件下，才能揭示商品本身的价格与其供给量之间的本质联系，得出科学的供给定理。

供给定理描述的供给量与价格同向变动的关系可以用生产成本解释。在经济活动中，作为生产要素的资源总是有限的。供给增加，生产要素的价格上升，因此只有在商品价格上升时，供给才会增加。这一点将在生产理论中进一步说明。

经验显示，大多数商品的供给都符合供给定理。不过，供给定理也有失灵的时候。例如，在工资开始上升时，劳动力的供给会增加；但当工资提高到一定水平且仍在继续提高时，劳动力的供给不仅不会增加，还会减少。因为工作较短时间就能取得同样或更多的收入，劳动者会选择较短的工作时间，从而增加更多的娱乐时间。

2. 供给量的变动与供给的变动

（1）供给量的变动。供给量的变动指的是在影响供给的其他因素（如生产技术、生产要素的价格等）保持不变的条件下，商品本身价格的变动引起供给量的增加或减少。它表现为供给曲线上

点的变动，简称"点变动"。如图2-6所示，在供给曲线S上，由A点移动到B点表示供给量增加，从Q_0增加到Q_1，价格上升，从P_0上升到P_2；由A点移动到C点，表示供给量减少，从Q_0减少到Q_2，价格下降，从P_0下降到P_1。

（2）供给的变动。供给的变动指的是在商品价格不变的条件下，非价格因素（如生产技术进步或生产要素减少等）的变动引起的供给量的变动。它表现为供给曲线的平行位移，简称"线变动"。在图2-7中，在同样的价格水平（P_0）上，当供给曲线S_0向右下方平行移动到S_1时，表明供给增加；当供给曲线S_0向左上方平行移动到S_2时，表明供给减少。

（3）供给量的变动与供给的变动的区别。前者表现为其他因素不变，价格变化带来供给量的变化；后者表现为价格不变，其他因素变化带来供给量的变化。

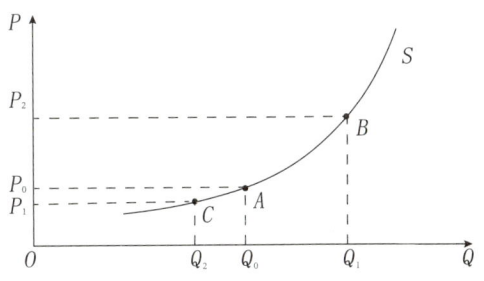

图2-6　供给量的变动

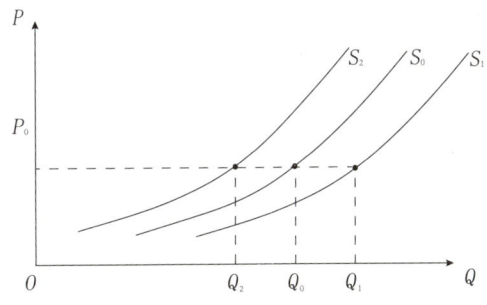

图2-7　供给的变动

任务2.3　需求、供给弹性

2.3.1　需求价格弹性

1. 需求价格弹性的含义

商品的需求和供给随着各种影响因素的变化而变化，这些因素一定幅度的变动引起的需求和供给变动的程度主要由价格弹性决定。

需求价格弹性又称"需求弹性"，是指由价格变动引起的需求量变动的程度，或者说某商品需求量的变化率与该商品自身价格变化率之比。因此，需求弹性的大小说明了需求量变动对价格变动的反应程度，其公式是：

需求价格弹性＝需求量变动的比率÷价格变动的比率

$$-E=(\Delta Q/Q)\div(\Delta P/P)=(\Delta Q/\Delta P)\times(P/Q) \quad (2\text{-}6)$$

式中，E——需求价格弹性；

Q——商品的需求量；

P——该商品的价格；

$\Delta Q/Q$——需求量变动的百分比；

$\Delta P/P$——价格变动的百分比。

【情景2-2】假定某面包店推行面包价格优惠计划：面包的销售价格从10元/个降到8元/个，相应的需求量从6个提升到9个，面包的需求价格弹性是多少？

$$-E=(\Delta Q/Q)\div(\Delta P/P)=(Q/P)$$
$$(Q/P)=-[(9-6)\div 6]\div[(8-10)\div 10]=2.5$$

在理解需求弹性的含义时要注意以下四点。

（1）需求弹性是由价格变动引起的需求量变动的程度，或者说是需求量变动对价格变动的反应程度。

（2）需求弹性系数是价格变动的比率与需求量变动的比率之比，而不是价格变动的绝对量与需求量变动的绝对量之比。

（3）弹性系数的数值可以为正值，也可以为负值。对任何一种商品来说，需求弹性都是负数，这是因为价格与需求量成反比。但在实际运用中，为了计算和分析方便，一般取其绝对值。

（4）同一条需求曲线上不同点的弹性系数并不相同，这是由曲线上每个点的价格及需求量不同造成的。

2. 需求弹性的类型

不同商品的需求弹性是不同的。需求弹性根据其弹性系数绝对值的大小可分为五类，如图2-8所示。

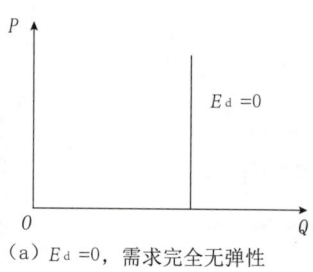

（a）$E_d=0$，需求完全无弹性

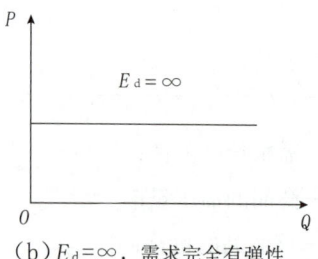

（b）$E_d=\infty$，需求完全有弹性

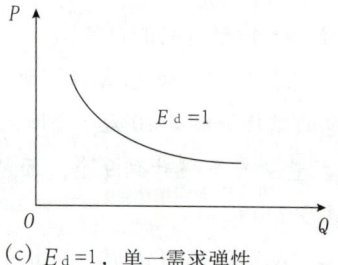

（c）$E_d=1$，单一需求弹性

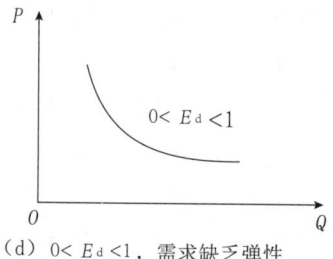

（d）$0<E_d<1$，需求缺乏弹性

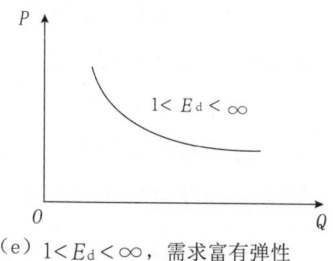

（e）$1<E_d<\infty$，需求富有弹性

图2-8 需求弹性的类型

（1）$E_d=0$，需求完全无弹性，如图2-8（a）所示。在这种情况下，无论价格如何变动，需求量都不会变动。此时的需求曲线是一条与横轴垂直的线。例如，糖尿病患者对胰岛素的需求。

（2）$E_d=\infty$，需求完全有弹性，如图2-8（b）所示。在这种情况下，当价格既定时，需求量是无限的。此时的需求曲线是一条与横轴平行的线。例如，银行以固定价格收购黄金，无论有多少黄金都按这一价格收购，银行对黄金的需求就是无限的。

（3）$E_d=1$，单一需求弹性，如图2-8（c）所示。在这种情况下，需求量变动的比率与价格变动的比率相等。此时的需求曲线是一条正双曲线。

以上三种情况都是需求弹性的特例，在现实生活中是很少见的。现实生活中常见的是以下两种。

（4）$0<E_d<1$，需求缺乏弹性，如图2-8（d）所示。在这种情况下，需求量变动的比率小于价格变动的比率。此时的需求曲线是一条比较陡峭的线。生活必需品，如粮食、蔬菜、食盐等属于这种情况。

（5）$1<E_d<\infty$，需求富有弹性，如图2-8（e）所示。在这种情况下，需求量变动的比率大于价格变动的比率。此时的需求曲线是一条比较平滑的线。奢侈品，如汽车、珠宝、出国旅游等属于这种情况。

3. 影响需求弹性的因素

（1）消费者对商品的需要程度。如生活必需品（米、油、盐）的需求弹性小，奢侈品（汽车、珠宝）的需求弹性大。

（2）商品的可替代程度。如果一种商品的替代品有许多种，则该商品的需求弹性大，如猪肉与羊肉；如果一种商品的替代品少，则该商品的需求弹性小，如法律服务、食盐。

（3）商品本身用途的广泛性。一种商品本身的用途越多，其需求弹性越大，如水、电、计算机；一种商品的用途越少，其需求弹性越小，如鞋油、桌椅。

（4）商品使用时间的长短。使用时间长的耐用消费品需求弹性大，如电视机、汽车；使用时间短的非耐用消费品需求弹性小，如晚报、铅笔。

（5）商品在家庭预算支出中所占的比例。在家庭预算支出中所占比例越小的商品，其需求弹性越小，如食盐、大米；在家庭预算支出中所占比例越大的商品，其需求弹性越大，如汽车、住房、电视机。

2.3.2 需求收入弹性与交叉弹性

1. 需求收入弹性

需求收入弹性是指一种商品需求量变动对消费者收入变动的反应程度，是需求量变动的比率与收入变动的比率之比。其公式是：

需求收入弹性 = 需求量变动的比率 / 收入变动的比率

$$E = (\Delta Q/Q)/(\Delta I/I) = (\Delta Q/\Delta I) \cdot (I/Q) \quad (2-7)$$

式中，E——需求收入弹性；

Q——商品的需求量；

I——消费者的收入。

在影响需求的其他因素既定的条件下，需求收入弹性的系数既可以为正值，也可以为负值，并可据此判断该商品是正常品还是劣等品。如果某种商品的需求收入弹性系数是正值，即 $E_i > 0$，则表示随着收入水平的提高，消费者对此种商品的需求量增加，该商品为正常品。正常品的需求收入弹性系数可以等于1、大于1（奢侈品）或小于1（必需品），即分别表示单一弹性、富有弹性和缺乏弹性。如果某种商品的需求收入弹性系数是负值，即 $E_i < 0$，则表示随着收入水平的提高，消费者对此种商品的需求量减少，该商品为劣等品。那些低档的日用消费品，就可能具有负的收入弹性，因为随着收入水平的提高，人们会更多地购买高档的消费品取而代之。

需要进一步指出的是，不同商品在一定的收入范围内具有不同的收入弹性，同一商品在不同的收入范围内也具有不同的收入弹性。收入弹性取决于消费者购买商品时的收入水平而非商品本身的属性。这是因为当收入水平提高时，本来被认为是奢侈品的东西有可能被认为是必需品，本来被认为是正常品的东西也可能会被认为是劣等品。

2. 需求交叉弹性

需求交叉弹性是指一种商品需求量对另一种商品价格变动的反应程度，是某商品需求量变动的比率与相关商品价格变动的比率之比。其公式是：

需求交叉弹性 = X 商品需求量变动的比率 / Y 商品价格变动的比率

$$E_e = (\Delta Q_X/Q_X)/(\Delta P_Y/P_Y) = (\Delta Q_X/\Delta P_Y) \cdot (P_Y/Q_X) \quad (2-8)$$

式中，E_e——需求交叉弹性；

Q_X——X 商品的需求量；

P_Y——Y 商品的价格。

需求交叉弹性既可以是正值，也可以是负值，它取决于商品之间的关系，即两种商品是替代品还是互补品，由此可以度量商品之间关系的密切程度。

①如果 X 商品和 Y 商品的需求交叉弹性系数是正值，则表示随着 Y 商品价格的提高（降低），X 商品的需求量也增加（减少），则 X 商品和 Y 商品之间存在替代关系，二者互为替代品。例如，煤

气价格上升（正值），电费价格不动，消费者的用电量就会增加（正值）。需求交叉弹性系数越大，X 商品和 Y 商品之间的替代性就越强。

②如果 X 商品和 Y 商品的需求交叉弹性系数是负值，则表示随着 Y 商品价格的提高（降低），X 商品的需求量减少（增加），则 X 商品和 Y 商品之间存在互补关系，二者为互补商品。例如，汽油价格上升（正值），汽车的需求量减少（负值）。需求交叉弹性系数的绝对值越大，X 商品和 Y 商品之间的互补性就越强。

③如果 X 商品和 Y 商品的需求交叉弹性系数为零，则说明 X 商品的需求量并不随 Y 商品价格的变动而变动，X 商品和 Y 商品既非替代商品，也非互补商品，它们之间没有什么相关性，而是相对独立的两种商品。例如，汽车价格的升降与食盐的消费之间没有关系。

2.3.3 供给价格弹性

1. 供给价格弹性的定义

与需求价格弹性类似，供给价格弹性是衡量一种商品的供给量变动对其价格变动的反应程度。它通过供给量变动百分比除以价格变动百分比计算，若供给量为 Q，价格为 P，则其表达式为：

供给价格弹性 = 供给量变动百分比 / 价格变动百分比

$$E_s = (\Delta Q_s/Q_s) / (\Delta P/P)$$
$$= (\Delta Q_s/\Delta P) \cdot (P/Q_s) \quad (2\text{-}10)$$

由供给定理可知，价格上升，生产者供给量增加，供给弹性应该为正值。供给价格弹性的大小反映了生产者供给对价格变动的敏感程度，因此可根据供给弹性对供给进行分类。若 $E_s > 1$[见图 2-9 (c)]，则表明供给量变动幅度大于价格变动，此时供给是富于弹性的。若 $E_s = 1$[见图 2-9 (d)]，则表明供给量变动幅度等于价格变动，此时供给是单一弹性的。若 $0 < E_s < 1$[见图 2-9 (b)]，则表明供给量变动幅度小于价格变动，此时供给是缺乏弹性的。在极端情况下，若 $E_s = 0$[见图 2-9 (a)]，则表明无论价格如何变化，供给量都不会发生变化，此时供给是完全缺乏弹性的；若 $E_s = \infty$ [见图 2-9 (c)]，则表明价格的微小变动会引起供给量的极大变动，此时供给是完全富于弹性的。

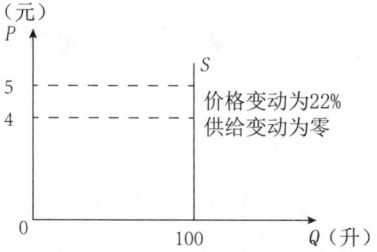

(a) $E_s=0$，供给完全缺乏弹性

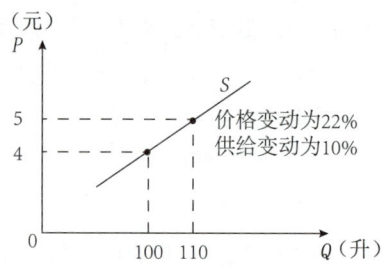

(b) $0 < E_s < 1$，供给缺乏弹性

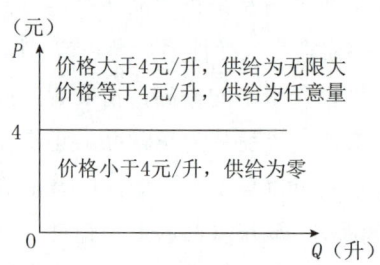

(c) $E_s = \infty$，供给完全富于弹性

图 2-9 供给的价格弹性

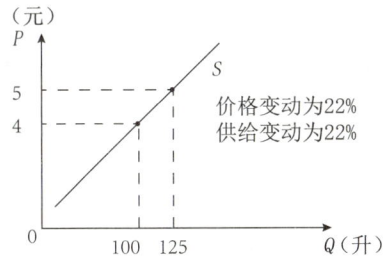

（d）$E_s=1$，供给单一弹性

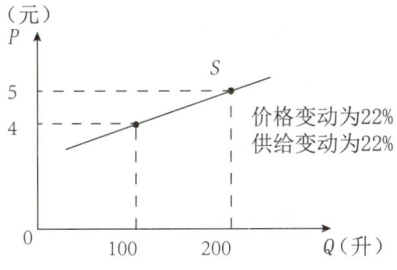

（e）$E_s>1$，供给富于弹性

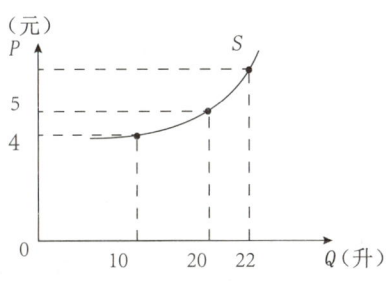

（f）$0<E_s<1$，供给缺乏弹性

图 2-9 供给的价格弹性（续）

对生产者来说，其供给曲线上的供给弹性一般是变化的。在图 2-9（f）中，当价格由 4 元 / 升上升到 5 元 / 升时（根据中点法上升 22%），供给量从 10 元 / 升增加到 20 元 / 升（根据中点法增长 67%），供给量的变动幅度大于价格，其供给弹性为 3。而当价格由 5 元 / 升上升到 6 元 / 升时（根据中点法上升 18%），供给量仅由 20 元 / 升增加到 22 元 / 升（根据中点法增长 10%），供给量的变动幅度小于价格，供给弹性为 0.52。可见，在供给量较少时，供给弹性较大。这是由于在企业产量较低时，企业部分投入要素的生产能力未被充分利用。若价格上升，企业就可以通过提高现有要素资源的生产能力增加较多产量，供给较有弹性。如果当前要素的生产能力已无法再提高，那么虽然价格的进一步上升使得企业愿意提供更多产量，但生产能力的限制使得产量增加幅度较小，供给也会变得缺乏弹性。

2. 影响供给弹性的因素

影响供给弹性的因素主要有以下四个。

（1）市场进入和退出的难易程度。如果市场壁垒较少，企业可以自由进入或退出某行业，那么生产者可以根据价格和需求状况灵活决定是否进行该产品的生产，该产品的供给弹性较大。例如，劳务服务的供给弹性就很大，因为从事劳务服务没有太多的技术限制，并且在提供服务产品时不需要耗费太多固定成本。

（2）供给市场大小。考察的市场不同，供给弹性也不同。在考察个人劳动供给弹性时，由于每天的劳动供给时间有限，所以劳动供给弹性会随着价格的上涨而下降。在考察某行业劳动供给弹性时，由于各行业劳动力可以自由流动，其行业劳动供给富有弹性。当考察一国总劳动供给弹性时，由于一国劳动量存在一定限制，其供给较缺乏弹性。

（3）时间的长短。时间的长短是影响供给弹性的最主要因素。在极短时间内，由于生产者受到要素资源对生产能力的制约，无法随着价格变化提供更多产品，弹性接近于零。在短时间内，厂商在无法改变固定要素投入的情况下，可以通过调整可变投入要素（如原材料、劳动力等）来扩大产量，弹性较大。在长时间内，厂商既可以调整所有要素以改变其生产规模，也可以大幅提高产量，还可以吸引其他厂商提供该产品，供给弹性变得非常大。

（4）产量大小。通过对图 2-9 的分析可知，随着产量增加，沿着供给曲线生产者的供给弹性逐渐减小。在产量很小时，供给弹性几乎完全富有弹性，但当产量增加到一定限度时，供给将会完全缺乏弹性。对某种商品来说，这种极限要很晚才会出现，因为厂商为了进一步提高产量会大幅提升成本，导致商品价格上涨，此时消费者的需求就被限制住了。

任务 2.4 均衡价格及其形成

2.4.1 均衡产量与均衡价格

需求曲线表示在各种不同价格情况下消费者愿意而且能够购买的商品数量，而供给曲线则显示了在各种价格下生产者愿意而且能够提供的产量。如图 2-10 所示，将供给曲线与需求曲线放在一起，两条曲线必相交于一点，我们便说在这点上形成了市场的均衡。两条曲线相交时的价格被称为"均衡价格"，而相交时的数量被称为"均衡数量"。

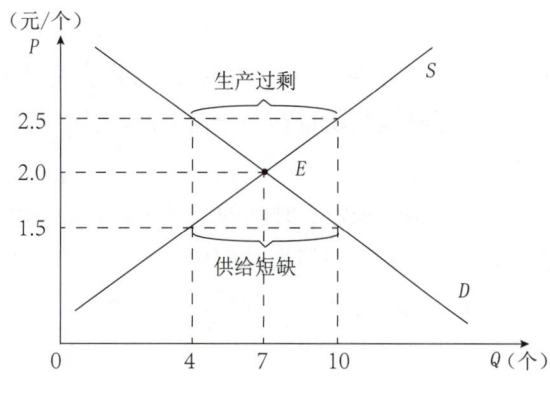

图 2-10 商品市场的均衡

均衡反映了市场供给与需求达到了平衡状态。在均衡价格时，买者愿意而且能够购买的商品数量正好与卖者愿意而且能够出售的商品数量平衡。均衡价格也被称为"市场出清价格"，因为在这一价格上，市场上的购买者买到了自己想买的所有东西，而卖者卖出了自己想售出的所有东西，即不存在数量的供给过剩与短缺，消费者的需求也得到了满足，供求关系在数量上结清了。

在图 2-10 中，供给曲线与需求曲线的交点 E 确定了市场的均衡价格和均衡产量。在均衡价格上，价格和产量没有进一步变动的趋势。而在其他价格水平上，买者和卖者的经济行为会自动地使市场向供给与需求的均衡方向变动。

当市场价格高于均衡价格时，如当冰激凌的价格为 2.5 元/个时，供给量为 10 个，超过需求量 4 个，此时市场上存在生产过剩。这意味着在现行价格水平上，生产者不能售出自己想卖的所有商品。他们对生产过剩的反应是降低市场价格。随着市场价格的下降，生产者供给的数量减少，消费者对商品的需求量增加，最终市场价格会一直下降到供给量等于需求量为止。当市场价格低于均衡价格时，如在价格为 1.5 元/个时，市场供给量为 4 个，少于需求量 10 个，此时市场上存在供给短缺问题。这意味着在现行价格水平上，消费者不能购买到自己想买的所有商品。当生产者的供给短缺时，会出现消费者对商品的抢购，从而使生产者提高商品价格。随着商品价格的提高，供给量增加，消费者对商品的需求量减少，最终使市场价格一直上升到生产者的供给量等于消费者的需求量为止。

可见，市场上众多消费者和生产者的活动会自发地将市场价格推向均衡价格。当达到市场均衡价格时，所有消费者和生产者都得到满足，此时市场上不再存在价格上升或下降的压力。市场价格会自动调整商品供给和需求到达市场均衡点。

2.4.2 市场均衡的变动

在生产者的供给与消费者的需求不变时，市场价格会调整市场供需到市场均衡处。均衡价格与均衡数量取决于供给曲线和需求曲线的位置。当市场的其他因素使供给或需求发生变化时，供给曲线和需求曲线的移动会形成新的市场均衡价格和均衡产量。这就是供求定理。

1. 需求的变化

如图2-11（a）所示，在足球鞋市场上，在需求和供给变动前，需求曲线D和供给曲线S相交于市场均衡点E_1，此时形成的市场价格是80元/双，均衡产量是4万双。其他因素发生变化，使市场需求曲线由D_1增加到D_2。需求增加使得在最初的均衡价格80元/双水平上，市场对足球鞋的需求量增加到6万双。由于市场供给不变，仍为4万双，因此市场出现足球鞋供给短缺现象。市场的超额需求使得足球鞋价格上涨，价格调整使市场达到新的均衡点E_2，此时均衡价格为100元/双，均衡产量为5万双。因此，需求的增加引起市场均衡价格上涨，供给量和均衡产量增加。

反过来，如图2-11（b）所示，当需求保持不变时，非价格因素使得市场供给增加，供给曲线由S_1移动到S_2。这意味着在原80元/双均衡价格水平上，厂商愿意提供的产量达到5万双，由于消费者的需求仍为4万双，在此价格水平上存在生产过剩。市场的超额供给使得足球鞋价格下降，价格的调整使经济达到新均衡点E_3，此时的均衡价格是80元/双，均衡产量是5万双。因此，供给的增加引起市场均衡价格的下降，消费量和均衡产量增加。

2. 供给与需求同时变化

如果市场非价格因素使得需求和供给同时变化，如图2-11（c）所示，供给曲线由S_1移动到S_2，需求曲线由D_1移动到D_2则需求增加使得价格上涨，产量增加；而供给增加使得价格下降，产量增加。因此，当供给和需求同时增加时，均衡产量增加，但均衡价格变动的方向是不确定的。当供需达到新的均衡时，如果需求增加的幅度大于供给增加的幅度，那么均衡价格将上升；反之，则下降。在图2-11（c）中，由于需求增加的幅度等于供给增加的幅度，因此均衡价格不变，仍然是80元/双。供需变化对市场均衡变动的影响如表2-3所示。

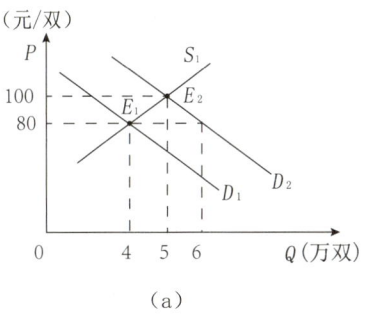

（a）

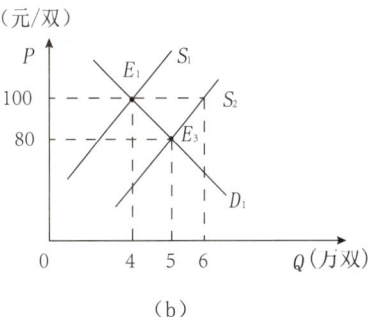

（b）

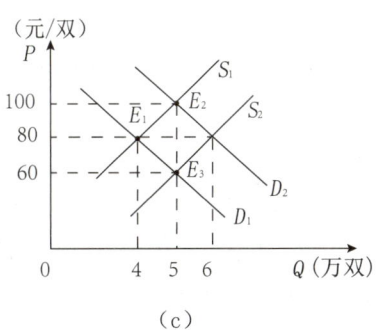

（c）

图2-11　足球鞋市场

表2-3　供需变化对市场均衡变动的影响

需求变化	供给变化		
	供给不变	供给增加	供给减少
不变	价格不变，数量不变	价格下降，数量增加	价格上升，数量减少
增加	价格上升，数量增加	价格不定，数量增加	价格上升，数量不定
减少	价格下降，数量减少	价格下降，数量不定	价格不定，数量减少

2.4.3 实现均衡的过程

人们在分析市场均衡的过程中，容易产生一种幻觉：在某一时刻，在一定价格水平上，需求者总是能恰好购买到其需要的产品，而生产者也恰好售完计划的产品。然而，实际现象却是，有购买力的消费者在一个小乡镇里买不到自己想要的高档消费品。这意味着在实际的市场交易过程中，供给与需求不一定是同步进行的，消费者的需求信息传递到生产者手中，生产者提供产品以及转移产品到消费者手中都受到时间的限制。这些信息传递、地域差异等因素造成市场不能立即出清，供需均衡的实现可能出现时滞现象。供需时滞造成了在一定时期内商品价格很高、交易量很小；而在另一个时期内交易量微增，价格却暴涨。

19世纪末，英国经济学家阿尔弗雷德·马歇尔（Alfred Marshall）指出：均衡只是一种永远的趋势。在现实经济中，很少能真正达到均衡，多半只是向均衡靠拢，在实现均衡的过程中，商品供需出现的周期性波动被称为"蛛网周期"，其主要有以下三种类型。

1. 循环周期

现在利用鸡肉的价格和供需分析"蛛网周期"。如图 2-12（a）所示，假定生产者初始的鸡肉供给是 2.0 万千克，其供给曲线是 S，消费者的需求曲线是 D。当供给量是 2.0 万千克时，消费者愿意支付的价格是 4.0 元/千克，供需短期内在 A 点出清。在价格为 4.0 元/千克时，生产者愿意提供更多的产量，会在该价格水平上提供 4.0 万千克鸡肉。但是鸡肉的生产需要一段时间，生产者从扩大养鸡规模到卖出鸡肉需要 3 个月。3 个月后，当 4 万千克鸡肉被提供到市场上的时候，消费者愿意支付的价格却降低到 3.0 元/千克。此时，生产者只能降低价格把产品出售给消费者，市场又在 C 点出清。价格的降低给生产者带来巨大的收益损失，他们在新的市场价格下会缩小生产规模，降低产量。这导致在下一周期生产中，他们愿意提供的产量又下降到 2.0 万千克，而消费者愿意支付的价格又上升到 4.0 元/千克。

在这种市场供需结构中，生产者对价格的滞后调整使得潜在的均衡永远无法实现，供需与价格循环反复的周期波动被称为"循环周期"。

2. 收敛周期

如图 2-12（b）所示，假定在价格 4.0 元/千克时，生产者愿意提供的产量为 3.8 万千克，在此产量上，消费者愿意支付的价格是 3.2 元/千克。从这个变动可以看出，价格仍然会在不同时期出现交替波动，但是价格和产量波动的幅度逐渐减小，直到价格和数量逐渐收敛于市场均衡点 E。价格和供需这种收敛趋势的周期波动被称为"收敛周期"。

3. 发散周期

如图 2-12（c）所示，假定价格在 4.0 元/千克时，生产者愿意提供的产量是 5.0 万千克。在此产量上，消费者愿意支付的价格是 2.5 元/千克。从这个变动可以看出，价格和供需产量在不同时期的交替波动幅度越来越大。价格与供需的这种发散趋势的周期波动被称为"发散周期"。

在经济运行中，如果其他非价格因素不改变消费者和生产者的供给与需求，那么循环周期、收敛周期或发散周期就会持续下去。对于图 2-12 中的线性需求曲线与供给曲线来说，当供给曲线的斜率（绝对值）与需求曲线相等时，蛛网周期是循环的；当供给曲线的斜率小于需求曲线时，蛛网周期是收敛的；当供给曲线的斜率大于需求曲线的斜率时，蛛网周期是发散的。

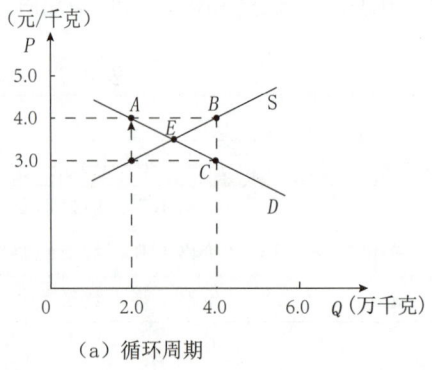

（a）循环周期

图 2-12 蛛网周期

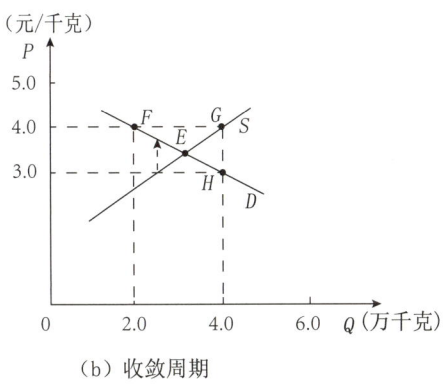

（b）收敛周期

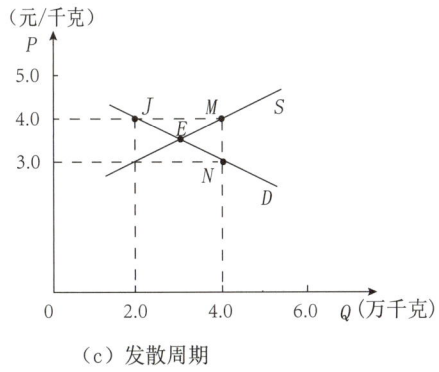

（c）发散周期

图 2-12 蛛网周期（续）

出现以上状态的原因可以从以下角度进行分析：假定市场存在生产过剩，当供给曲线的斜率小于需求曲线时，价格下降使得同期消费者需求量增加的幅度大于生产者供给减少的幅度，因此前期的超额供给会被本期的超额需求抵销，市场自动出清部分积压存货。可见，在这种需求和供给结构下，供需差异会随着市场价格和产量的波动逐渐缩小，形成收敛周期。另外两种经济状态依此类推。

从上面的分析可以看出，如果市场初始时期处于均衡状态，那么只要其他非价格因素不变，生产者和消费者都没有改变均衡价格和产量的动力，市场就能一直处于均衡中。当外部因素使得市场偏离均衡时，只有在收敛周期的状态下经济才能重新恢复均衡，因此收敛周期具有动态的稳定性，即均衡状态由于某种原因遭到破坏后，市场机制会使经济重新达到均衡状态。

在现实经济中，由于外部经济环境不断变化，蛛网周期可能出现三种状态的混合，有时候经济波动会比前期缩小，有时候经济波动会比前期扩大，这也导致理想中的潜在均衡很难实现。

任务 2.5 均衡价格理论及应用

1. 支持价格（最低价格）

支持价格是指政府为了支持某一行业和某种商品的生产而规定的该行业产品的最低价格。支持价格一定高于均衡价格。

如图 2-13 所示，供给曲线 S 与需求曲线 D 相交于 E 点，决定了均衡价格为 P_e，均衡数量为 Q_e。政府为了支持某一行业而规定的支持价格为 P_s，$OP_s > OP_e$。当供给量大于需求量时，该商品市场将出现供给过剩。为维持支持价格，政府会采取相应措施。这类措施包括：政府收购过剩商品，或用于储备，或用于出口，在出口受阻的情况下，必将增加政府的财政支出；政府对商品的生产实行产量限制，但在实施时需要指令且要付出一定的代价。

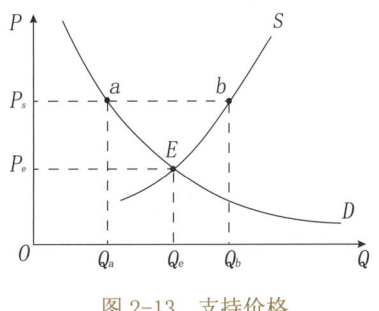

图 2-13 支持价格

在目前情况下，我国对农业采取支持价格政策是有必要的，对稳定农业的发展有着积极意义。其主要表现在：

（1）激发农民从事农业生产的积极性，稳定农业生产，减缓经济波动对农业的冲击；

（2）通过对不同农产品采取不同的支持价格，调整农业结构，使之适应市场的变动；

（3）扩大农业投资，促进劳动生产率的提高和农业现代化的发展。

同时，采取支持价格的措施也存在弊端：

（1）价格过高导致需求不足，供给过剩，产品积压，一般需要政府收购，会给政府的财政造成一定负担；

（2）高价格保护了经营不善的企业，并使其继续得到过多的资源，不利于激发企业生产及改进技术的积极性。

2. 限制价格（最高限价）

限制价格是指政府为了限制某一行业和某种商品的生产而规定的该行业产品的最高价格。限制价格一定低于均衡价格，其目的是稳定经济生活。限制价格政策一般是在某些特殊情况下运用的，如战争时期或特殊的自然灾害时期。

在图2-14中，供给曲线S与需求曲线D相交于E点，决定了均衡价格为P_e，均衡数量为Q_e。政府为了防止价格上涨，确定了某种产品的限制价格为P_c，$OP_c < OP_e$。当供给量小于需求量时，该商品市场将出现供给不足。为解决商品短缺问题，政府通常采取控制需求量的措施，一般采用配给制，发放购物券。但配给制只适用于短时期的特殊情况，因为它一方面可能使购物券货币化，甚至出现黑市交易；另一方面会挫伤厂商的生产积极性，使短缺变得更加严重。

实行限制价格有利于实现社会平等，有利于社会安定。限制价格的干预产生的后果有以下三个。

（1）价格水平低不利于刺激生产，会使产品长期存在短缺现象。

（2）价格水平低不利于抑制需求，会在资源缺乏的同时造成严重的浪费。

（3）价格水平不合理是社会风气败坏、官员腐败等的经济根源之一。

【情景2-3】农产品保护价的利弊。

支持价格的典型例子是许多国家出于保护农业的需要对农产品实行价格保护或给予出口价格补贴。

各国对农产品实行价格保护通常有两种做法。

（1）缓冲库存法，即政府或其代理人按照某种平价（保护价）收购农产品，在供大于求时，政府按照这一价格增加对农产品的收购；在供小于求时，政府抛出农产品，以保护价进行买卖，从而使农产品价格维持在某一水平上。

（2）稳定基金法，即由政府或其代理人按照某种保护价收购全部农产品，但并不是按照保护价出售，而是在供大于求时低价出售，供小于求时高价出售。

在这两种情况下，农产品收购价格都会稳定在政府确定的价格水平上。

应该说，支持价格稳定了农业生产，保证了农民的收入，促进了农业投资，也有利于调整农业结构，对农业发展具有促进作用。但支持价格也引起了一些问题。首先，使政府背上了沉重的财政包袱，政府为收购过剩农产品支付的费用、出口补贴以及为限产而向农户支付的财政补贴等，都是政府必须为支持价格政策付出的代价。许多国家用于支持价格的财政支出每年有几百亿美元。其次，形成农产品的长期过剩。过剩的农产品主要由政府收购，政府解决农产品过剩的重要方法就是扩大出口，导致这些国家为争夺世界农产品市场进行贸易战。最后，受保护的农业竞争力会被削弱。

在世界贸易组织的前身关税及贸易总协定进行的"乌拉圭回合"谈判中，欧美各国为解决自己的农产品过剩问题，都力图保护本国的国内市场而打入别国市场。因此，农产品自由贸易问题

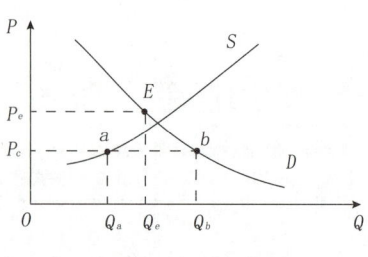

图2-14 限制价格

成为争论的中心。"乌拉圭回合"谈判通过的农业协议总目标是实现农产品自由贸易和平等竞争,其中重要的内容有以下两点。

(1) 减少各国对农产品的价格支持,包括农产品保护价、营销贷款、投入补贴等,要求各国支持总量减让幅度为农业总产值的5%,同时降低对农产品的出口补贴。

(2) "绿箱政策"。各国政府应实行不引起贸易扭曲的政府农业支持措施,包括加强农业基础设施建设、实现产业结构调整、保护环境等政府性支出。这表明,实行支持价格的老办法将难以为继,政府以提高农业竞争力的方式支持农业将成为趋势。

我国实行的"保护价敞开收购"政策也是一种支持价格政策。但是支持价格治标不治本,要从根本上改变我国农业落后及农民收入低的状况,并使我国农业进入世界市场与发达国家的农业开展竞争,必须提高农业的竞争力。例如,政府可增加对水利、科研、环保等的支出;注重发展蔬菜、花卉、渔业、畜牧业;以及农产品加工业,提高农产品的附加值。国外的农业不仅仅是靠支持价格政策发展起来的,农业发达国家在加强农业竞争力方面已进行了大量的投入。

项目小结

本项目主要讲述了需求定理,供给定理,需求、供给弹性,均衡价格及其形成,均衡价格理论及应用。需求定理主要包括需求、需求表、需求曲线,影响需求的因素及需求函数,需求定理、需求量的变动与需求的变动;供给定理的主要内容包括供给、供给表、供给曲线,影响供给的因素及供给函数,供给定理、供给量的变动与供给的变动;需求、供给弹性主要包括需求价格弹性,需求收入弹性与交叉弹性,供给价格弹性;均衡价格及其形成主要包括均衡产量与均衡价格、市场均衡的变动、实现均衡的过程;均衡价格理论及应用主要包括支持价格(最低价格)、限制价格(最高价格)。

思考与练习

一、单项选择题

1. 下列因素除( )外都会使需求曲线移动。
A. 消费者收入变化
B. 商品价格变化
C. 消费者偏好变化
D. 其他相关商品价格变化

2. 某种商品价格下降对其互补品的影响是( )。
A. 需求曲线向左移动
B. 供给曲线向右移动
C. 需求曲线向右移动
D. 价格上升

3. 供给定理说明( )。

A. 生产技术的提高会使商品的供给量增加

B. 某种商品的价格上升将导致对该商品的供给量增加

C. 由于政府采取措施鼓励某种商品的生产，使得该商品的供给量增加

D. 消费者喜欢消费某种商品，使该商品的供给量增加

4. 假定某商品的单价从10元/个下降到9元/个，需求量从70个增加到75个，则可以认为该商品（　　）。

A. 缺乏弹性　　　B. 富有弹性

C. 单一弹性　　　D. 难以确定

5. 劣等品需求的收入弹性为（　　）。

A. 正　　　　　　B. 负

C. 零　　　　　　D. 难以确定

二、多项选择题

1. 下列选项中，属于供给曲线的特点有（　　）。

A. 斜率为正　　　B. 正向变化

C. 左上倾　　　　D. 右上倾

2. 下列选项中，属于影响需求弹性的因素有（　　）。

A. 消费者对商品的需要程度

B. 商品的可替代程度

C. 商品本身用途的广泛性

D. 商品使用时间的长短

3. 关于需求交叉弹性，下列说法正确的有（　　）。

A. 需求交叉弹性可能是正值，也可能是负值

B. 如果需求交叉弹性是正值，则说明这两种商品是互补品

C. 如果需求交叉弹性是负值，则说明这两种商品是替代品

D. 如果需求交叉弹性是负值，则说明这两种商品是互补品

4. 下列选项中，属于影响供给弹性的因素有（　　）。

A. 市场进入和退出的难易程度

B. 供给市场大小

C. 时间的长短

D. 产量大小

5. 关于均衡价格，下列说法正确的有（　　）。

A. 它是市场上供求双方在竞争过程中自发形成的

B. 它是买卖双方都愿意接受的价格

C. 它是需求价格与供给价格相一致时的价格

D. 它是政府为保持价格稳定而制定的价格

三、判断题

1. 需求的变动引起均衡价格与均衡产量同方向变动，供给的变动引起均衡价格同方向变动、均衡产量反方向变动。（　　）

2. 支持价格一定高于均衡价格。（　　）

3. 价格水平高不利于刺激生产，会使产品长期存在短缺现象。（　　）

4. 在生产者的供给与消费者的需求不变时，市场价格会调整市场供需到市场均衡处。（　　）

5. 需求交叉弹性既可以是正值，也可以是负值。（　　）

四、简答题

1. 简述影响供给的因素。

2. 简述实现均衡的过程。

项目 3　消费者行为理论

知识目标

◎ 理解欲望与效用；
◎ 理解边际效用递减规律；

◎ 理解消费可能线。

技能目标

◎ 掌握基数效用论与序数效用论；
◎ 掌握消费者均衡；

◎ 掌握无差异曲线。

案例导入

虽然消费者知道蜀汉公司经营的天想计算机质量和性能都不错，但是每个消费者愿意支付的价格是有差异的。孙权富甲一方，愿意出 9 000 元的价格购买天想计算机；张辽愿意出 8 700 元；周瑜愿意出 8 300 元；曹操只愿意出 8 000 元。假如现在蜀汉公司只有 1 台天想计算机可卖，由 4 位购买者竞价，最后的胜出者肯定是孙权，当他以 8 750 元购买到这台计算机时，他的额外收益是多少呢？比起他愿意出的 9 000 元，还有 250 元的消费剩余。假如现在有 4 台天想计算机出售，为了使事情简单化，就统一以 8 000 元的价格卖出。

案例思考

分析最后结果如何。

本章导语

效用，是指消费者通过消费某种商品或服务所能获得的满足程度。如果消费者消费某种商品欲望得到满足的程度高，就是效用大；反之，就是效用小。如果欲望不仅得不到满足，反而感到痛苦，就是负效用。

任务 3.1　效用论概述

3.1.1　欲望与效用

1. 欲望

欲望，也叫作"需要"，是想要得到而没有得到某种东西的一种心理状态，即不足之感与求足之愿心理的统一。欲望是世界上所有动物最原始的、最基本的本能。从人的角度讲是从心理到生理的一种渴望、满足，它是一切动物必不可少的需求，而一切动物最基本的欲望就是生存与存在。

人的欲望是多种多样的，当一种欲望被满足之后，另一种欲望便会产生。从这个意义上说，人的欲望是无限的。但欲望又有轻重缓急和不同层次之分，就特定的时间、特定的商品而言，人的欲望是有限的。从有限性来说，欲望的强度具有递减的趋势。当一个人不断增加对某种商品的消费时，他对这种商品的欲望就会逐渐减弱，乃至可能完全失去。

2. 效用

效用是经济学中最常用的概念之一。效用是指消费者通过消费某种商品或服务所能获得的满足程度。消费者消费某种商品能够满足欲望的程度高，就是效用大；反之，就是效用小。如果欲望不仅得不到满足，反而感到痛苦，就是负效用。因此，这里所说的效用不同于使用价值，它不仅在于商品本身具有满足人们欲望的客观物质属性（如面包可以充饥、衣服可以御寒），而且它有无效用（酒对喝酒的人有效用，而对不喝酒的人无效用）和效用大小（一个饥饿的人连续吃几个馒头，起初效用大，之后效用会越来越小，直至产生负效用）依存于消费者的主观感受。

对效用概念的理解要注意以下两点。

（1）由于效用是对欲望的满足，所以效用与欲望都是消费者的心理。这一概念强调的是消费者在消费某种商品时的主观感受程度。

（2）效用与使用价值不同。使用价值反映的是商品本身具有的自然属性和客观属性，它不以人的主观感受为转移；而效用纯粹是人的心理，会因时、因地发生变化。

【情景 3-1】是穷人幸福，还是富人幸福？

对于什么是幸福，美国经济学家萨谬尔森用"幸福方程式"概括。这个"幸福方程式"就是：幸福＝效用/欲望。从这个方程式中我们看到，欲望与幸福成反比，也就是说人的欲望越大，越不幸福。但人的欲望是无限的，即使再大的效用也等于零。因此，在分析消费者行为理论时，如果假定人的欲望是一定的，那么我们再来思考萨谬尔森提出的"幸福方程式"，就会发现他对幸福与欲望关系的阐述十分精辟。

在社会生活中，对于幸福，不同的人有不同的理解，政治家把实现自己的理想和报复作为最大的幸福；企业家把赚到更多的钱作为最大的幸福；教师把学生喜欢听自己的课作为最大的幸福；老百姓往往将平平淡淡、衣食无忧作为最大的幸福。因此，幸福是一种感觉，自己认为幸福就是幸福。但很多人把拥有财富的多少看作衡量幸福的标准，一个人的欲望水平与实际水平之间的差距越大，就越痛苦；反之，就越幸福。富人比穷人更看重财富，他会追求更加富有，如果得不到就会感到不幸福。是穷人幸福，还是富人幸福，完全是人的主观感觉。

讨论题：

（1）什么是欲望？什么是效用？

（2）为什么欲望越大越不幸福？

案例点评：

我们消费的目的是获得幸福。

3.1.2 基数效用论与序数效用论

1. 基数效用论

（1）基数效用论假定随着消费者消费商品或服务数量的增加，消费者每增加1个单位商品或服务的消费所获得的满足程度逐步下降（边际效用递减），消费者消费商品的目标是要达到总效用最大。基数效用论分析消费者行为理论采用的是边际效用分析法。

（2）基数效用论的基本观点是：效用是可以计量并可以加总求和的。表示效用大小的计量单位被称为"效用单位"（utility unit）。因此，效用的大小可以用基数（1，2，3，…）表示，正如长度单位可以用米表示一样。例如，消费者消费1块面包的效用为5个单位，消费1杯牛奶的效用为7单位，这样消费者消费这两种物品所得的总效用就是12个单位。根据此理论，可以用具体数字研究消费者效用最大化问题。

基数效用论认为，商品的边际效用是递减的，而马歇尔指出，货币必须服从边际效用递减规律。既然如此，由于富人持有的货币量大于穷人，因此其边际效用小于穷人。如果把1元钱从富人那里转移到穷人那里，整个社会的效用就会增加。所以，边际效用递减规律可以成为收入平均化的理论依据。

2. 序数效用论

序数效用论的基本观点是：效用仅是次序概念，而不是数量概念。在分析商品效用时，无须确定其具体数字，只需用序数（第一、第二、第三……）说明各种商品效用谁大、谁小或相等，并以此作为消费者选择商品的依据。例如，消费者认为消费牛奶的效用大于消费面包的效用，那么牛奶的效用第一，面包的效用第二。序数效用论可通过无差异曲线进行分析比较。

3. 基数效用论和序数效用论的区别

基数效用论和序数效用论是消费者行为理论中两个重要的理论，尽管二者的分析方法不同，但其分析目的、分析对象和结论是一致的。

基数效用论和序数效用论的主要区别见表3-1。

表3-1 基数效用论和序数效用论的主要区别

效用理论类型	比较项目			
	主要观点	假设条件	分析方法	经济学家
基数效用论	效用可计量	苛刻	边际效用分析法	马歇尔
序数效用论	效用可比较	宽松	无差异曲线分析法	希克斯

4. 基数效用论和序数效用论的联系

基数效用论和序数效用论是消费者行为理论中两个重要的理论。序数效用论源于分析效用会相互影响的不同商品之间的关系。由斯坦利·杰文斯等的边际革命推广的基数效用论一开始就假设商品之间的效用没有相互影响，因而无法研究有关联的商品之间的关系，于是帕累托从埃奇沃思那里借用了无差异曲线，用以说明两种商品之间的关系。从这里可以知道，无差异曲线最早是从效用曲线中得来的，而效用曲线本来是基数效用论中的概念。

【情景3-2】某消费者消费了巧克力与唱片，他从中得到的效用是无法衡量的，也是无法加总求和的，更不能用基数表示，但他可以比较从消费这两种物品中得到的效用。如果他认为消费1块巧克力带来的效用大于消费1张唱片的效用，那么1块巧克力的效用就是第一位，1张唱片的效用就是第二位。

任务 3.2 总效用、边际效用及效用最大化

3.2.1 总效用与边际效用

1. 总效用

总效用是指消费者消费商品或服务获得的总满足程度。根据上述对效用的理解，总效用是所有单位效用的加总，如果用 X 表示某种商品的数量，则总效用 TU 就是 X 的函数。其数学表达式为：

$$TU=f(X) \quad (3\text{-}1)$$

2. 边际效用

边际效用是指在一定时间内消费者每增加 1 单位商品的消费量引起的总效用的增量，即每增加 1 单位商品的消费增加的效用。其数学表达式为：

$$MU=\Delta TU/\Delta X \quad (3\text{-}2)$$

式中，MU——边际效用；

ΔTU——总效用的增加量；

ΔX——X 商品的增加量。

3. 总效用与边际效用的关系

总效用与边际效用关系见表 3-2。

表 3-2 总效用与边际效用关系

消费数量	总效用	边际效用
0	0	0
1	10	10
2	18	8
3	25	7
4	30	5
5	30	0
6	25	-5

根据表 3-2 可以绘制图 3-1，以解释总效用与边际效用的关系。

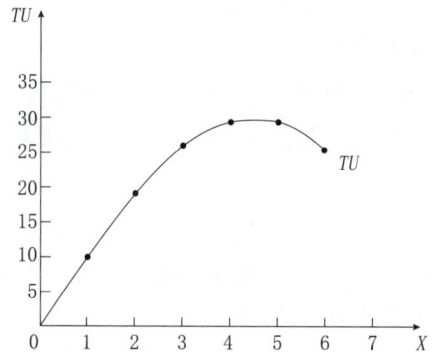

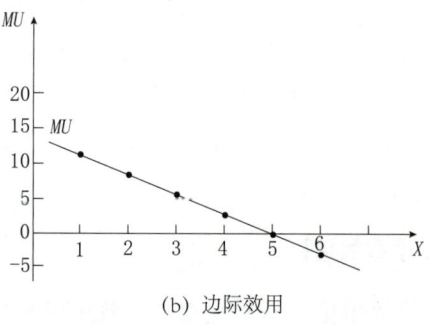

(b) 边际效用

图 3-1 总效用与边际效用

从图 3-1 中可以看出，横轴 X 代表某种商品的数量，纵轴分别代表该种商品的总效用和边际效用，TU 曲线和 MU 曲线分别代表总效用曲线和边际效用曲线。总效用曲线的变动趋势是先递增后递减，边际效用曲线的变动趋势是递减的。二者的关系为：当 MU 为正值时，TU 曲线呈上升趋势；当 MU 为零时，TU 曲线达到最高点；当 MU 为负值时，TU 曲线呈下降趋势。也就是说，当 $MU>0$ 时，TU 递增；当 $MU=0$ 时，TU 达到最大；当 $MU<0$ 时，TU 递减。

3.2.2 边际效用递减规律

从表3-2和图3-1中可以看到：随着个人消费某种商品数量的增加，其总效用虽然相应增加，但边际效用呈现递减的趋势。当边际效用递减到等于零以及变为负数时，总效用不再增加反而减少。这种现象被称为"边际效用递减规律"。所谓边际效用为零和负数，意指对某种商品的消费超过一定量以后，就不会再增强消费者的满足感，产生享受度，反而会使消费者感到痛苦，产生反感。

一般来说，当消费者消费的某种商品数量增加时，在一定范围内获得的总效用也会增加。如表3-2、图3-1所示，某消费者消费1个单位商品所获得的效用为10，边际效用也是10；消费2个单位商品获得的总效用为18，边际效用（消费第2个单位商品增加的效用）是8；消费3个单位商品获得的总效用为25，边际效用（消费第3个单位商品增加的效用）是7；消费4个单位商品获得的总效用为30，边际效用（消费第4个单位商品增加的效用）是5；消费5个单位商品获得的总效用没有增加，仍为30，边际效用（消费第5个单位商品增加的效用）是0；而消费6个单位商品不但不能增加总效用，反而使总效用减少了5个单位，即边际效用为-5。

为什么边际效用会递减呢？可以通过以下两个方面进行解释。

1. 生理的或心理的原因

随着消费者消费一种商品的数量增加，生理上得到满足或心理上对重复刺激的反应会逐渐减弱，相应的满足程度越来越低，最后甚至会出现痛苦和反感，如连续吃同一种食物。

2. 每种物品用途的广泛性

通常每种物品都有多种用途，消费者会根据其重要程度进行排序，当只有1个单位的物品时，作为理性的人一定会将该物品用于第一级用途上，而不会用于第二级用途上；当其可以支配使用的物品有2个单位时，其中之一会用在第二级用途上；当有3个单位时，会将其中之一用在第三级用途上；等等。鼓舞士兵士气的"一鼓作气，再而衰，三而竭"就很好地诠释了边际效用递减规律。所以，某种消费品最后1个单位给消费者提供的效用一定小于前1个单位提供的效用，也就是边际效用在递减。

边际效用递减规律是西方经济学在研究消费者行为时用来解释需求规律（定理）的理论观点。根据边际效用递减规律，消费者在对某种商品的最初消费中获得的效用最大，欲望最强，其愿意付出较高的价格。随着消费数量的递增，边际效用在递减，获得的欲望在减弱，消费者愿意付出的价格越来越低。当然，它的有效性要以假定人们消费行为的决策符合理性为必要前提。

3.2.3 消费者均衡

在一定条件下，消费者手中的货币量是一定的，消费者用这些货币购买各种商品可以有多种多样的安排。一个理性的消费者总能在选择和购买商品时获得最大的效用。

1. 消费者均衡的含义

消费者均衡是指消费者在既定收入的条件下，如何实现效用最大化。也就是当消费者要购买的商品提供的总效用达到最大化时，不再改变购买方式，这时消费者的需求达到均衡状态。

消费者均衡的假定：

（1）消费者的偏好既定，也就是说，消费者购买各种消费品的总效用和边际效用是已知和既定的；

（2）消费者决定买进的各种消费品的价格是已知和既定的；

（3）消费者的货币收入是既定的，其收入全部用来购买相应的商品。

2. 消费者均衡的条件

在消费者的收入和商品价格既定的情况下，消费者消费的各种物品的边际效用与其价格之比相等，即每个单位货币得到的边际效用都相等。

假定消费者用一定的收入 I 购买 X、Y 两种商品，两种商品的价格分别为 P_X 和 P_Y，购买数量分别为 Q_X 和 Q_Y，则两种商品带来的边际效用分别为 MU_X 和 MU_Y，每个单位货币的边际效用为 MU_I，则消费者效用最大化的均衡条件可以表示为：

$$P_X \cdot Q_X + P_Y \cdot Q_Y = I \quad (3-3)$$
$$MU_X / P_X = MU_Y / P_Y = MU_I \quad (3-4)$$

式（3-3）表示消费预算限制条件。如果消费者的支出超过收入，其购买就是不现实的；如果消费者的支出小于收入，就无法实现其在既定收入条件下的效用最大化。

式（3-4）表示消费者均衡的实现条件。每个单位货币无论是购买商品 X 还是商品 Y，得到的边际效用都相等。

【情景3-3】某人在消费商品 X 和商品 Y 时的边际效用见表3-3，且 $P_X=10$ 元、$P_Y=20$ 元，货币收入是100元，说明某人的均衡条件。

表3-3 某人消费商品 X 和商品 Y 时的边际效用

数量	Q_X	1	2	3	4	5	6	7	8	9	10
	Q_Y	1	2	3	4	5					
边际效用	MU_X	5	4	3	2	1	0	-1	-2	-3	-4
	MU_Y	6	5	4	3	2					

某人的均衡条件见表3-4。

表3-4 某人的均衡条件

组合方式	MU_X/P_X 与 MU_Y/P_Y	总效用
$Q_X=10$，$Q_Y=0$	$-4/10 \neq 0/20$	5
$Q_X=8$，$Q_Y=1$	$-2/10 \neq 6/20$	18
$Q_X=6$，$Q_Y=2$	$0/10 \neq 5/20$	26
$Q_X=4$，$Q_Y=3$	$2/10 = 4/20$	29
$Q_X=2$，$Q_Y=4$	$4/10 \neq 3/20$	27
$Q_X=0$，$Q_Y=5$	$0/10 \neq 2/20$	20

从表3-4中可以看出，只有在 $Q_X=4$、$Q_Y=3$ 时，$MU_X/P_X=MU_Y/P_Y$，此时商品 X 带来的总效用为14（5+4+3+2），商品 Y 带来的总效用为15（6+5+4）。商品 X 与商品 Y 带来的总效用为29。所以，只有这种组合才能带来最大效用。

消费者之所以按照这一原则购买商品并实现效用最大化，是因为在既定收入的条件下，多购买商品 X 就要减少对商品 Y 的购买。随着商品 X 购买量的增加，商品 X 的边际效用会递减，相应地，商品 Y 的边际效用会递增。为了使购买的商品 X、商品 Y 的组合能够带来最大的总效用，消费者不得不调整这两种商品的组合数量，其结果是增加对商品 Y 的购买，减少对商品 X 的购买。当消费者购买的最后1个单位商品 X 带来的边际效用与其价格之比等于其购买的最后1个单位商品 Y 带来的边际效用与其价格之比时，也就是说，无论购买哪种物品，当每个单位货币购买商品的边际效用都相等时，总效用都实现最大化，即消费者均衡。两种商品的购买数量也随之确定，不再进行调整。

【情景3-4】把每分钱都用在刀刃上。

假定1元的边际效用是5个效用单位，1件上衣的边际效用是50个效用单位，消费者愿意用10元购买这件上衣，因为这时1元的边际效用与用在1件上衣上的1元的边际效用相等。此时实现了消费者均衡，也可以说实现了消费（满足）的最大化。如果低于或大于10元，就没有实现消费者均衡。我们可以简单地说，在收入既定、商品价格既定的情况下，花钱最少得到的满足程度最大就实现了消费者均衡。

通俗地说，假如你有稳定的收入，银行存款有50万元。你非常节俭，吃、穿、住都处于温饱水平，而实际上这50万元足以使你实现小康生活。要想实现消费者均衡，你应该用这50万元的一部分购房，一部分购买一些价格高的服装，再留有一些积蓄；相反，如果你没有积蓄，购物欲望却非常强，见到新的服装款式甚至借钱购买，买的服装很多而效用降低,在遇到家庭风险时,因没有一点积蓄导致生活陷入困境。

比如,在现有的收入和储蓄下是买房还是买车,你会做出合理的选择。当你走进超市时,见到琳琅满目的商品,你会选择最需要的;去买服装时肯定不会买你已有的服装。所以说,经济学是选择的经济学,而选择就是在资源(货币)有限的情况下,实现消费满足的最大化,使每分钱都用在刀刃上,这就实现了消费者均衡。

讨论题:

(1)什么是消费者均衡?

(2)为什么说货币的效用与商品的效用相同时消费者得到的效用最大?

案例点评:

消费者均衡就是消费者购买商品的边际效用与货币的边际效用相等,这就是说,消费者1元的边际效用和用1元买到商品的边际效用相等。我们讲过商品的连续消费边际效用递减,其实货币的边际效用也是递减的。在收入既定的情况下,你存的货币越多,购买的物品就越少,这时货币的边际效用在减少,而物品的边际效用在增加。明智的消费者会把一部分货币用于购物,增加其总效用;反过来,消费者卖出商品,增加货币的持有,也能增加其总效用。经济学家的消费者均衡理论看似难懂,其实作为一个理性的消费者,其消费行为遵循了消费者均衡理论。

任务 3.3　序数效用论分析

3.3.1　无差异曲线

1. 无差异曲线的含义

效用和欲望相联系,无差异曲线则和偏好相联系。为了简化分析,假定消费者只消费两种商品,这样我们就可以直接在二维平面图上分析无差异曲线。

无差异曲线是用来表示消费者偏好相同的两种商品的所有组合。或者说,它是指能够使消费者得到相同满足程度的两种商品的不同组合点所形成的轨迹。无差异曲线的构建具体见表 3-5、图 3-2。

表 3-5　某消费者关于商品 X 和商品 Y 的等效用组合

商品组合	表A		表B	
	X	Y	X	Y
a	10	60	20	70
b	20	45	30	55
c	30	35	40	45
d	40	30	50	40

表 3-5 是某消费者关于商品 X 和商品 Y 的等效用组合表。该表由两个子表即表 A 和表 B 组成,

每个子表中都包含a、b、c、d四种商品组合，且假定每个子表中四种商品组合的效用水平是相等的。以表A为例，其中a、b、c、d四种商品组合，消费者消费10个单位的商品X和60个单位的商品Y与消费20个单位的商品X和45个单位的商品Y所得到的效用是相等的。同样地，消费者对表B中的四种商品组合的偏好程度也是相同的。但需要注意的是，表A和表B各自代表的效用水平的大小是不一样的。通过对表3-5中的商品组合进行观察和分析可以发现，根据偏好的非饱和性假定，或者说，根据商品数量"多比少好"的原则，可以得出结论：表A代表的效用水平低于表B。

根据表3-5中列出的表A、表B两组数据，可以通过描点法在二维坐标系上绘制出两条分别与之对应的无差异曲线I_1、I_2。实际上，我们可以假定消费者的偏好程度无限多，也就是说，在表3-5中我们可以有无穷个无差异子表，从而可以得到无数条无差异曲线。表3-5和图3-2是为了方便分析对数据进行的一种简化。

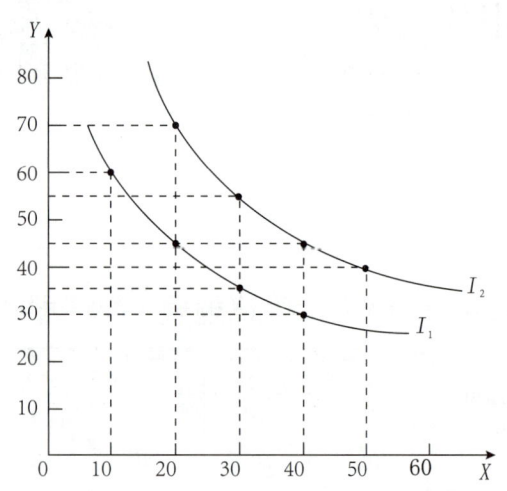

图3-2　某消费者关于商品X和商品Y的无差异曲线

2. 无差异曲线的基本特征

无差异曲线具有如下四个基本特征。

（1）无差异曲线是一条从左向右下方倾斜的曲线，其斜率为负值。如图3-2所示，在无差异曲线I_1上，为了保持相同的效用水平，当消费者增加商品X的消费量时就必须减少对商品Y的消费量，两种商品间相互替代，此消彼长。因此，无差异曲线向右下方倾斜，并且斜率为负。

（2）在同一平面图上可以有无数条无差异曲线，离原点越远的无差异曲线代表的效用水平越高。同一条无差异曲线代表相同的效用水平，不同的无差异曲线代表的效用水平不同。在图3-2的两条无差异曲线中，无差异曲线I_2代表的效用水平要高于I_1。

（3）在同一坐标平面上的任何两条无差异曲线不会相交。这一点可以用反证法证明。如图3-3所示，假设无差异曲线I_2和I_1相交于A点，A、B是无差异曲线I_1上的两点，根据无差异曲线的定义可知，A、B两点的效用水平是相等的，记为A=B。同理，在无差异曲线I_2上有A=C。根据偏好可传递性假定，必定有B=C。但是，由于$X_2>X_1$，$Y_2>Y_1$，根据偏好的非饱和性假定，必定有C>B。这与之前的结论C=B相矛盾。因此，任何两条无差异曲线都不会相交。

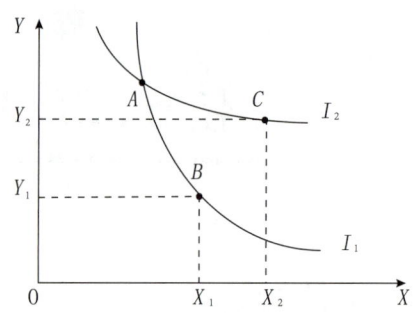

图3-3　违反偏好假定的无差异曲线

（4）无差异曲线凸向原点。这就是说，无差异曲线是以凸向原点的形状向右下方倾斜的，即无差异曲线斜率的绝对值是递减的。关于这一特征，将运用下文所述的边际替代率递减规律进行说明。

【情景3-5】人们对于各种不同商品组合的喜好程度叫作"偏好"。不同的人会有不同的偏好，如教授爱喝可乐而且喝哪种都行，只看数量。相同数量情况下，就有了各种组合。

A组：1听可口可乐+2听百事可乐。

B组：2听可口可乐+1听百事可乐。

C组：3听百事可乐。

D组：3听可口可乐。

偏好程度相同叫作"无差异"。比如，喝什么可乐都行的教授，A、B、C、D组对他来说是"无差异"，只要数量一样，选哪组都可以。

可教授的父亲只喝百事可乐，也有自己喜欢的各种组合。如果从上面4组中选，父亲只会选C组。

把个人对两种可乐的偏好组合当成坐标点绘制成图，也就是把每个无差异的点连成线就是无差异曲线。线上的每个点，对教授来说是等效的。

当然，除了上面4种组合外，还有其他组合。

A_1组：2听百事可乐。

B_1组：1听可口可乐+1听百事可乐。

C_1组：2听可口可乐。

A_2组：1听可口可乐+4听百事可乐。

B_2组：2听可口可乐+3听百事可乐；

C_2组：5听百事可乐。

只要数量够，肯定是越多越喜欢。这么看来，教授的无差异曲线其实有无数条，越上方线上的组合越喜欢。B_1组"1听可口可乐+1听百事可乐"虽然是教授喜欢的组合，但是要拿这种组合和A组"1听可口可乐+2听百事可乐"交换，以少换多，他肯定不会同意。

这里举的两种可乐组合的例子，是可以完全替代的关系。生活中也有不能替代而必须互补的东西，就像左脚的鞋子和右脚的鞋子。生活中的商品，一般也是介于替代性和互补性之间，所以典型的无差异曲线其实更圆滑一些。

3.3.2 消费可能线

消费者的实际购买数量既受其收入水平、商品价格水平的影响，又受其收入在各种商品之间进行分配等因素的制约。所以，可以借助消费可能线进一步分析消费者的行为。

消费可能线，也称"家庭预算线""等支出线"，是一条表明在消费者收入与商品价格一定的条件下，消费者能购买到的两种商品数量最大组合的线。

消费可能线表明了消费者消费行为的限制条件。这种限制条件就是购买物品所花的钱既不能大于收入，也不能小于收入。大于收入是在收入既定的条件下无法实现的，小于收入则无法实现效用最大化。这种限制条件可以表示为：

$$P_X \cdot Q_X + P_Y \cdot Q_Y = I \quad (3-5)$$

根据式（3-5），我们可以绘制出预算线。例如，$I=60$，$P_X=20$，$P_Y=10$，当$Q_X=0$时，$Q_Y=6$；当$Q_Y=0$时，$Q_X=3$，于是可以绘出图3-4。

在图3-4中，连接a、b两点的直线就是消费可能线。在消费可能线上的任何一点都是在收入与价格既定的条件下，能购买到商品X与商品Y的最大数量组合。消费可能线之外的消费组合超出了消费者的消费能力，是不可能实现的；而消费可能线之内的消费组合没有超出消费者的消费能力，是可以实现的。

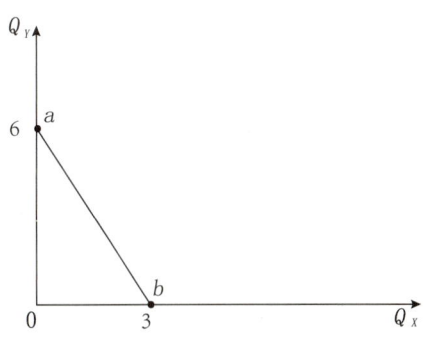

图3-4 消费可能线

消费可能线会移动，主要原因有两个：一是消费者收入变化引起移动，二是商品价格变化引起移动。

（1）商品价格不变，消费者收入变化。如果商品价格不变，消费者收入增加，则消费可能线向右上方平行移动，即预算水平提高；反之，如果商品价格不变，消费者收入减少，则消费可能线向左下方平行移动，即预算水平降低。如图3-5所示，当消费者收入增加时，消费可能线ab向右上方平行移动到a_1b_1；当消费者收入减少时，消费可能线ab向左下方平行移动到a_2b_2。

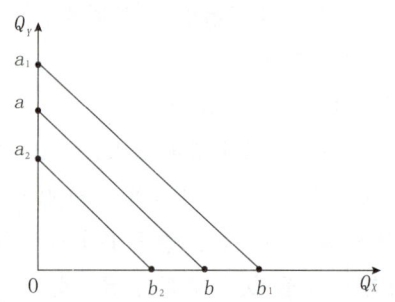

图 3-5 消费者收入变化引起消费可能线移动

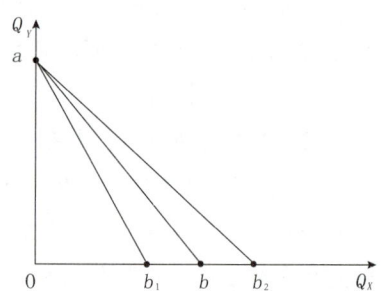

图 3-6 商品价格变化引起消费可能线移动（商品 Y 价格不变）

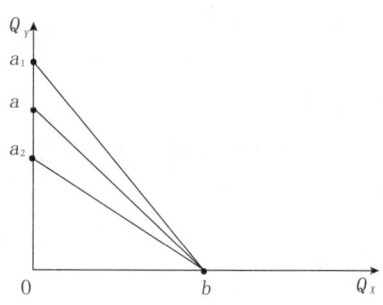

图 3-7 商品价格变化引起消费可能线移动（商品 X 价格不变）

（2）商品价格变化，消费者收入不变。如果消费者收入不变，而两种商品价格中的一种（如商品 Y）不变，另一种（如商品 X）上升或下降，则消费可能线变动如图 3-6 所示。商品 Y 价格不变，商品 X 价格上升，消费可能线 ab 向内移动到 ab_1；商品 X 价格下降，消费可能线 ab 向外移动到 ab_2。如果消费者收入不变，而两种商品价格中的一种（如商品 X）不变，另一种（如商品 Y）上升或下降，则消费可能线变动如图 3-7 所示。商品 X 价格不变，商品 Y 价格上升，消费可能线 ab 向上移动到 a_1b；商品 Y 价格下降，消费可能线 ab 向下移动到 a_2b。

3.3.3 消费者均衡的实现

根据序数效用论的无差异曲线分析法，在消费者的收入和商品价格既定的条件下，当无差异曲线与消费可能线相切时，消费者就实现了效用最大化。其条件是：两种商品的边际替代率等于这两种商品的价格之比，或无差异曲线的斜率等于消费可能线的斜率。其公式为：

$$MU_X/P_X = MU_Y/P_Y \quad (3-6)$$

或

$$MU_X/MU_Y = P_X/P_Y \quad (3-7)$$

如果将无差异曲线与消费可能线结合在一张图上，那么消费可能线必定与无差异曲线中的一条相切于一点，在这个切点上就实现了消费者均衡。

如图 3-8 所示，图中三条无差异曲线效用大小的顺序为 $I_1 < I_0 < I_2$。消费可能线 ab 与 I_0 相切于 E 点（此时消费可能线的斜率等于无差异曲线的斜率），实现了消费者均衡。这就是说，在收入与价格既定的条件下，消费者购买 OX 的商品 X 和 OY 的商品 Y，就能获得最大的效用。

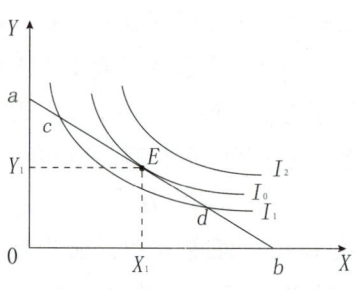

图 3-8 消费者均衡

为什么只有在这个切点上才能实现消费者均衡？从图 3-8 中可以看出：

（1）只有在这一点上表示的商品 X 与商品 Y 的组合才能达到在收入和价格既定的条件下效用最大。

（2）无差异曲线 I_2 代表的效用大于 I_0，但消费可能线 ab 同它既不相交又不相切，说明达到该效用水平的商品 X 与商品 Y 的数量组合在收入与价格既定的条件下是无法实现的。

（3）消费可能线 ab 与无差异曲线 I_1，有两个交点 c 点和 d 点，说明在 c 点和 d 点上购买的商品 X 与商品 Y 的数量也是在收入与价格既定条件下的最大组合，但 $I_1 < I_0$，所以在 c 点和 d 点，商品 X 与商品 Y 的组合并不能达到最大效用。此外，无差异曲线 I_0 除 E 点之外的其他各点也在 ab 线之外，即所要求的商品 X 与商品 Y 的数量组合是在收入与价格既定的条件下无法实现的。因此，只有 E 点才能实现消费者均衡。

任务 3.4　消费者行为理论的应用

3.4.1　消费者剩余

消费者剩余是由马歇尔在其《经济学原理》一书中提出的经济学理论。它是指消费者对某种商品或服务愿意支付的价格与其实际支付价格的差额。例如，消费者本来愿意花费 5 000 元购买一台计算机，现在只需花费 4 000 元，那么消费者剩余就是 1 000 元。

消费者剩余之所以存在，是因为消费者购买某种商品愿意支付的价格取决于边际效用，而实际付出的价格取决于市场上的供求状况，即市场价格。消费者剩余的概念可用图 3-9 说明。

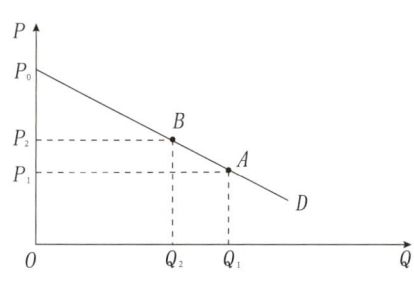

图 3-9　消费者剩余

在图 3-9 中，横轴 Q 表示商品数量，纵轴 P 代表商品价格，D 是消费需求曲线，表明当商品数量较少时，消费者愿意付出的价格高，随着商品数量的增加，消费者愿意付出的价格越来越低。消费者对每个单位商品愿意付出的价格是不同的，当其购买 OQ_1 的商品时，愿意付出的货币总额为 OQ_1AP_0。但是，这时市场价格为 OP_1，所以其购买 OQ_1 商品实际支付的货币总额为 OQ_1AP_1。消费者愿意支付货币减去其实际支付的货币的差额，在图上表示为 AP_0P_1，这是消费者剩余。当商品价格上涨到 OP_2 时，购买的商品数量为 OQ_2，这时消费者愿意付出的货币总额为 OQ_2BP_0，实际付出的货币总额为 OQ_2BP_2，消费者剩余为 BP_0P_2。这表示，当商品价格提高、需求量下降时，消费者剩余减少。理解这一概念要注意以下三个问题。

（1）消费者剩余只是消费者的一种心理，并不是指消费者实际收入的增加。

（2）消费者剩余的根源在于边际效用递减规律，因为市场价格是不变的，随着消费者对某种物品购买数量的增加，其从中得到的边际效用在减少，所以消费者从每个单位货币购买中得到的消费者剩余在减少，其愿意支付的价格也会减少。因而，这一概念可以用来解释批发价低于零售价的现象。

（3）一般来说，生活必需品的消费者剩余较大，因为消费者对这类商品的效用评价高，愿意支付的价格也高，但这类商品的市场价格一般并不高，所以其他商品的消费者剩余相对较少。

3.4.2 替代效应与收入效应

1. 替代效应与收入效应概述

一种商品价格的变动，会对消费者产生两个方面的影响：一是使商品的相对价格发生变动，消费可能线的斜率发生变化；二是使消费者的收入相对以前发生变动，消费可能线平行移动。

（1）替代效应。在消费者保持效用不变的条件下，由于一种商品的价格变动引起其他商品的相对价格发生变动，从而导致消费者对商品需求量的改变，称为"价格变动的替代效应"。例如，消费者把收入用于购买 X 和 Y 两种商品，如果商品 X 价格上涨，则消费者可以减少对商品 X 的购买而增加对商品 Y 的购买，用增加的 Y 商品代替减少的商品 X，从而使总效用不变。所以，替代效应表现为均衡点在同一条无差异曲线上的移动。

（2）收入效应。在消费者保持效用不变的条件下，由于一种商品的价格变动引起消费者实际收入发生变动，导致消费者对商品需求量发生改变，称为"价格变动的收入效应"。收入效应表现为均衡点随消费可能线的平行移动在不同的无差异曲线上的移动。

（3）总效应。总效应表示一种商品的价格变化引起需求量的总变化。

$$总效应 = 替代效应 + 收入效应 \quad (3-8)$$

2. 正常商品、低档商品、吉芬商品的替代效应和收入效应分析

（1）对正常商品而言，价格下降的替代效应和收入效应都使得该商品的需求量增加。正常商品的替代效应和收入效应都为正，方向一致，所以正常商品的需求曲线从左上方向右下方倾斜。

（2）对低档商品而言，价格下降的替代效应使得该商品的需求量增加，但收入效应使得该商品的需求量降低。低档商品的替代效应为正，收入效应为负，方向相反。

（3）对吉芬商品而言，如果为负的收入效应的绝对值大于替代效应，就会使得需求量随价格的上升而上升。吉芬商品价格变动的替代效应为正，收入效应为负，并且收入效应大于替代效应，使得需求量随价格的上升而上升，因此吉芬商品的需求曲线向右上方倾斜。

综上所述，价格下降对正常商品、低档商品和吉芬商品的收入效应、替代效应和总效应的影响见表 3-6。

表 3-6 价格下降对正常商品、低档商品、吉芬商品的替代效应、收入效应和总效应影响

类别	替代效应	收入效应	总效应
正常商品	增加	增加	增加
低档商品	增加	减少	增加
吉芬商品	增加	减少	减少

3.4.3 收入-消费曲线与恩格尔曲线

1. 收入-消费曲线

收入-消费曲线，也称"收入扩展线"，是指在商品价格保持不变的条件下，随着消费者收入水平的变动而引起消费者均衡变动的轨迹。

收入-消费曲线是反映消费长期变动趋势的曲线，强调的是收入变动对消费者均衡的长期影响。一般来说，随着消费者收入水平的提高，收入-消费曲线是一条与收入水平方向一致的、向右

上方倾斜的曲线。如图 3-10 所示，把各个短期消费均衡点（E_1、E_0、E_2）连接起来形成的曲线就是收入－消费曲线。

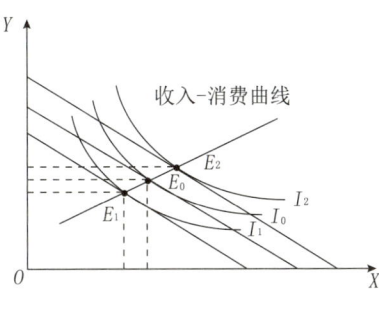

图 3-10　收入－消费曲线

将收入和商品需求量的关系放在一张图上，从收入－消费曲线中可以引出恩格尔曲线。

2. 恩格尔曲线

恩格尔曲线是反映一种商品的需求量与总收入关系的曲线，它是以 19 世纪德国统计学家恩斯特·恩格尔（Ernst Engel）的名字命名的。在正常商品中，恩格尔曲线由左下向右上方倾斜，表明随着收入的增加，商品 X 的消费量也增加；而商品 Y 则相反，随着收入的增加，商品的消费量减少。

恩格尔曲线从收入－消费曲线中引出的过程如图 3-11 所示。图 3-11（a）表明，商品 X 是正常商品；图 3-11（b）表明，商品 Y 是低档商品。

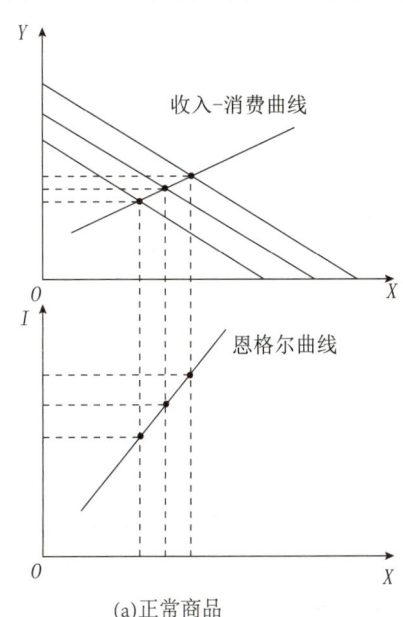

(a) 正常商品

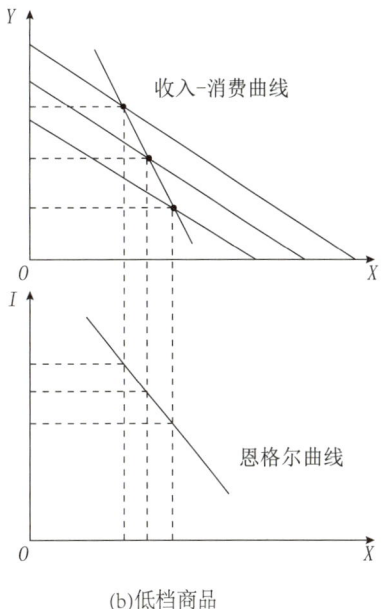

(b) 低档商品

图 3-11　恩格尔曲线的形成

不同商品的恩格尔曲线形状不同。正常商品需求量的增加速度慢于收入的增加速度，如购买油、盐、酱、醋等；奢侈商品需求量的增加速度快于收入的增加速度，如到高级宾馆消费、旅游等；低档商品的需求量随收入的增加逐渐减少，如旧衣服、低档香烟等。它们的恩格尔曲线如图 3-12 所示。

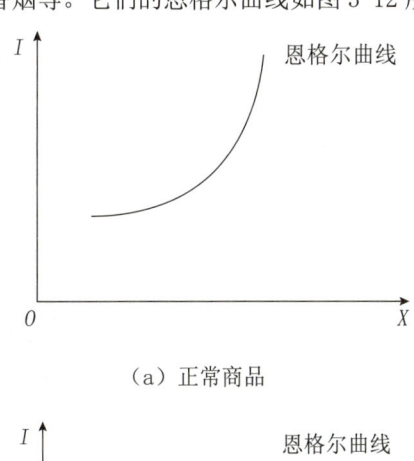

（a）正常商品

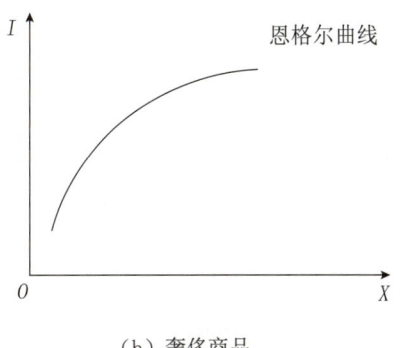

（b）奢侈商品

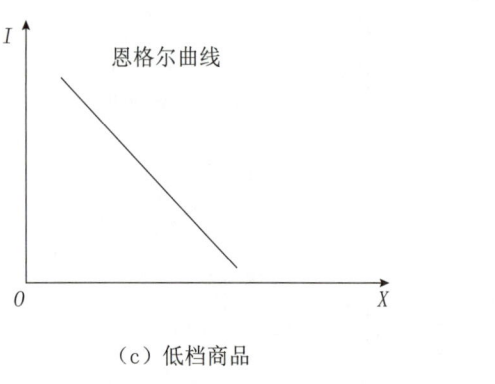

（c）低档商品

图3-12 正常商品、奢侈商品和低档商品的恩格尔曲线

项目小结

本项目主要讲述了效用论概述，总效用、边际效用及效用最大化，序数效用论分析，消费者行为理论的应用。效用论概述主要包括欲望与效用、基数效用论与序数效用论；总效用、边际效用及效用最大化主要包括总效用与边际效用、边际效用递减规律、消费者均衡；序数效用论分析主要包括无差异曲线、消费可能线、消费者均衡的实现；消费者行为理论的应用主要包括消费者剩余、替代效应与收入效应、收入-消费曲线与恩格尔曲线。

思考与练习

一、单项选择题

1. 当总效用增加时，边际效用的变化情况是（　　）。

A. 为正值，但不断减少
B. 为正值，且不断增加
C. 为负值，且不断减少
D. 为零

2. 消费者的收入不变，一种商品的价格发生变化，则预算线（　　）。

A. 不动
B. 向右上方移动
C. 向左下方移动
D. 绕着某一点转动

3. 一种商品价格下降引起的该商品需求量变动的总效应可以分解为替代效应和收入效应两部分，总效应为负值的商品是（　　）。

A. 正常商品
B. 低档商品
C. 吉芬商品
D. 必需品

4. 当X商品的价格下降时，替代效应$X_1X_3=+5$，

收入效应 $X_3X_2=+3$，则该商品是（　　）。
    A. 正常商品　　　　　B. 一般低档商品
    C. 吉芬商品　　　　　D. 独立商品
  5. 若商品 X 的价格发生变化，其替代效应小于收入效应，则商品 X 是（　　）。
    A. 正常商品或低档商品　B. 低档商品
    C. 正常商品或吉芬商品　D. 必需品

二、多项选择题

  1. 关于消费者均衡的实现条件，下列说法正确的有（　　）。
    A. 在基数效用论下，商品的边际效用之比等于其价格之比
    B. 在序数效用论下，两种商品的边际替代率等于其价格之比
    C. 在序数效用论下，均衡点位于无差异曲线与预算线的切点上
    D. 如果改变购买决策，还能够提高消费者的满足程度
  2. 关于边际效用递减规律，下列说法正确的有（　　）。
    A. 商品的多用途性会造成边际效用递减
    B. 心理因素或生理因素会造成边际效用递减
    C. 如果多种商品的消费量不断增加，则每种商品的边际效用都递减
    D. 边际效用是一条向右下方倾斜的曲线
  3. 关于无差异曲线，下列说法正确的有（　　）。
    A. 无差异曲线表现出对两种可能性之间进行选择的问题
    B. 无差异曲线不可能为直线
    C. 无差异曲线是序数效用论分析的重要工具
    D. 无差异曲线上每点代表的两种物品的不同数量组合提供的总效用相等
  4. 关于消费者剩余，下列说法正确的有（　　）。
    A. 消费者剩余是由亚当·斯密提出的经济学理论
    B. 消费者剩余是一种心理感受，并不意味着消费者实际收入的增加
    C. 消费者剩余就是消费者愿意对某物品支付的价格与其实际支付的价格的差额
    D. 消费者剩余可以用来评价政府的公共支出和税收政策
  5. 关于替代效应与收入效应，下列说法正确的有（　　）。
    A. 对于正常商品而言，替代效应与价格呈反方向变动，收入效应与价格呈反方向变动
    B. 对于低档商品而言，替代效应与价格呈同方向变动，收入效应与价格呈反方向变动
    C. 正常商品的需求曲线向右下方倾斜
    D. 低档商品的需求曲线向右下方倾斜

三、判断题

  1. 不同的消费者对同一商品效用的大小可以进行比较。（　　）
  2. 价格下降时，任何商品的替代效应都是正数。（　　）
  3. 消费者均衡就是指消费者获得的边际效用最大。（　　）
  4. 在消费者的收入和商品价格既定的情况下，消费者消费的各种物品的边际效用与其价格之比相等。（　　）
  5. 收入-消费曲线是反映消费短期变动趋势的曲线。（　　）

四、简答题

  1. 简述总效用与边际效用。
  2. 简述消费者剩余。

项目 4　生产者行为理论

知识目标

◎ 掌握生产及生产函数概述；
◎ 掌握短期生产函数；
◎ 掌握长期生产函数。

技能目标

◎ 掌握生产者及其行为目标；
◎ 掌握产量概述；
◎ 掌握生产要素的最适组合（生产者均衡）。

案例导入

亚当·斯密在《国富论》一书中描述道："每个人都力图应用他的资本，使其生产品能得到最大的价值。一般来说，他并不企图增进公共福利，也不知道他所增进的公共福利是多少。他所追求的仅仅是他个人的安乐，仅仅是他个人的利益。在这样做时，有一只看不见的手引导他去促进一种目标，而这种目标决不是他所追求的东西。由于追逐他自己的利益，他经常促进了社会利益，其效果要比他真正想促进社会利益时所得到的效果还大。"这就是著名的"看不见的手"的理论，被誉为"经济学皇冠上的宝石"，主要强调由市场自发调节。

案例思考

用生产者理论可以分析生产者行为。

本章导语

生产者理论，是研究生产者决策行为的理论。假设生产者以利润最大化为目标，考虑在技术条件约束下如何通过选择最优的生产计划实现其目标。生产者理论与消费者理论采用的分析方法基本相同，两者只在经济含义上存在区别。

任务 4.1　生产及生产函数概述

4.1.1　生产者及其行为目标

1. 生产者

生产者又称为"企业"或"厂商",是指使用生产要素自主从事商品或劳务生产的单位。厂商从组织形式上可以划分为业主制、合伙制和公司制三种类型。

2. 生产者行为目标

生产者行为目标是利润最大化原则。在西方资本主义早期,从纯经济学的角度来看,企业的行为目标就是利润最大化。从伦理学的角度来看,近期的经济学相信,只有具有商业信誉、社会责任的企业,其利润才会最大化。当边际成本等于边际收益($MC=MR$)时,利润达到最大化。

实现的销售利润=销售数量×销售单价-销售数量×单位成本,销售数量小于等于生产数量。或者实现的经营利润=销售数量×销售单价-生产数量×单位成本,销售数量小于等于生产数量。

通常来说,当生产数量更多、更大时,单位成本呈下降趋势,销售数量呈增加趋势;当生产数量更多、更大时,销售单价呈下降趋势,销售数量呈增加趋势。所以,当生产数量最大时,不一定利润最大,往往销售数量较小时,销售单价较高,能取得更多、更大的利润。

4.1.2　生产与生产要素

1. 生产

从经济学角度来看,生产是指投入各种生产要素制成产品的过程,也就是把投入变为产出的过程。

2. 生产要素(经济资源)

生产要素是指生产过程中使用的各种资源。生产要素具体划分为四类:劳动、土地、资本和企业家才能。劳动是劳动者提供的服务,包括体力劳动和脑力劳动。其中,体力劳动是简单劳动,而脑力劳动则是复杂劳动。土地是指生产中使用的、自然界中存在的各种自然资源,如土地、水、自然状态的矿藏、森林等。资本是指生产中使用的资金,有无形的人力资本和有形的物质资本两种形式,前者是指体现在劳动者身上的身体、文化、技术状态;后者是指在生产过程中使用的各种生产设备,如机器、厂房、工具、原料等资本品。在生产理论中,资本是指物质资本。企业家才能是指经营管理企业的能力、创新的能力和承担风险的能力。

4.1.3　生产函数与技术系数

1. 生产函数

生产函数是指在一定的技术水平条件下、一定时期内,厂商在生产过程中使用的各种要素的数量与它们所能生产出的最大产量之间的函数关系。在这里要注意以下内容。

生产函数是在给定的知识和技术条件下成立的,因此,生产函数可以更准确地理解为"在一定技术水平条件下,特定的投入品组合被有效使用带来的最大的可能性产出";随着知识技术不断进步,生产函数会发生变化。生产函数的一般表现形式为:

$$Q=f(L, K, N, E) \quad (4-1)$$

式中,Q——产量;

L——劳动;

K——资本;

N——土地;

E——企业家才能。

由于土地资源是相对固定的,企业家才能是难以估量的,因此生产函数通常表现为:

$$Q=f(L, K) \quad (4-2)$$

这一生产函数表明,在一定的技术水平条件下,生产的产量Q,需要一定数量的劳动L与资本K的组合。同样,这一生产函数也表明,在劳动与资本的数量组合为已知时,就可以推算出最大的产量。

2. 技术系数

在不同行业的生产中,各种生产要素的配置比例是不同的。技术系数是指为生产一定量的某种产品所需要的各种生产要素的配合比例。不同厂商生产函数的技术系数也是不同的。例如,劳动与资本的配置比例为3:1,即表示在生产中使用3个单位的劳动与1个单位的资本。这个比例就是该生产函数的技术系数。技术系数具体包括固定技术系数和可变技术系数。

固定技术系数是指在一定的技术水平条件下,生产某种产品需要的各种生产要素的组合比例不发生变化,适用于长期分析。例如,生产某种化工产品,要求其化学元素的组合比例不能改变。固定技术系数的生产函数表明生产要素之间不能相互替代。

可变技术系数是指在一定技术水平条件下,生产某种产品需要的各种生产要素的组合比例可以发生变化,适用于短期分析。例如,生产同样产量的产品,既可以采用劳动密集型生产方式,也可以采用资本密集型生产方式。可变技术系数的生产函数表明生产要素之间可以相互替代。

一般而言,在短期内技术系数是不变的,但在长期内技术系数是变化的。

4.1.4 短期生产函数

短期生产函数的"短期",不是指一个具体的时间跨度,而是指厂商不能根据其所要达到的生产量调整其全部生产要素的时期。不同行业中的"短期"所指的具体时间也不同,这取决于投入品变动需要的时间。短期生产函数是指在短期内反映的投入产出关系。通常表示为:

$$Q=f(\bar{K}, L) \quad (4-3)$$

式中,在资本K的上面加一横线表示它是一个常数,只有劳动L是生产中的可变要素。

由于只有劳动L是生产中的可变要素,因此短期生产函数也可表示为:

$$Q=f(L) \quad (4-4)$$

4.1.5 长期生产函数

长期生产函数是指在可以调整其所有生产要素投入的情况下,其要素投入和产出之间的关系。这里的"长期"不是指一个具体的时间跨度,而是指厂商可以根据其要达到的产量调整其全部生产要素的时期。长期研究的是厂商生产规模的收益率。在长期中,厂商的生产要素不再被划分为不变投入和可变投入，而是所有的要素投入都可以改变。长期生产函数反映的是长期的投入产出关系。通常表示为：

$$Q=f(K,L) \quad (4-5)$$

1. 等产量线

等产量线是表示两种生产要素不同数量的组合可以带来相等产量的曲线，或者说是表示某一固定数量的产量可以用需要的各种生产要素的不同组合生产的曲线。等产量线如图4-1所示。

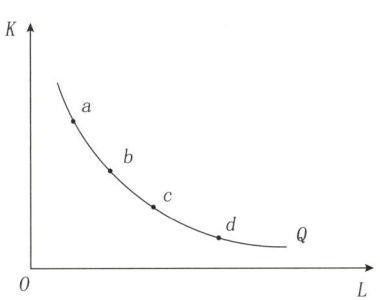

图4-1 等产量线

在图4-1中，横轴L代表劳动的投入量，纵轴K代表资本的投入量，Q代表等产量线，a、b、c、d四点表示劳动与资本的四种组合方式。在等产量线的任何一点上，劳动L与资本K不同数量的组合给生产者带来的产量都是相同的。

由于等产量线的几何特点与无差异曲线相似，因此它又被称为"生产无差异曲线"。但两者也有区别：等产量线表示产量，无差异曲线表示效用；等产量线是客观的，无差异曲线是主观的。

等产量线具有以下特征。

（1）等产量线是一条向右下方倾斜并凸向原点的曲线，其斜率为负值。这表明，在生产者的资源与生产要素价格既定的条件下，为了达到相同的产量，在增加一种生产要素时，就必须减少另一种生产要素。如从a点到b点产量不变，这就是说，增加一种生产要素（劳动）增加的产量恰恰弥补了因减少另一种生产要素（资本）减少的产量。

边际技术替代率（MRTS）是指在保证产量不变的前提条件下，增加1个单位某种生产要素可以代替的另一种生产要素的数量。假设ΔL表示劳动的增加量，ΔK表示资本的减少量，MPL表示劳动的边际产量，MPK表示资本的边际产量，MRTSLK表示劳动对资本的边际技术替代率，则有：

$$MRTSLK = -\Delta K/\Delta L = MPL/MPK \quad (4-6)$$

等产量线之所以是一条向右下方倾斜并凸向原点的曲线，是因为边际技术替代率递减。从几何学意义上看，等产量线上任何一点的边际技术替代率，均是过该点做等产量线切线的斜率，因为资本投入增加（减少），劳动投入减少（增加），其变化方向相反，所以是负值。

（2）在同一平面上，可以有无数条等产量线。不同的等产量线代表不同的产量水平。离原点越远的等产量线，代表的产量水平越高；离原点越近的等产量线，代表的产量水平越低。

（3）在同一平面上，任意两条等产量线不能相交。因为在交点上，两条等产量线代表了相同的产量水平，显然这与不同等产量线代表不同的产量水平相矛盾。

【情景4-1】如果每小时劳动投入的边际产量是10个单位，而劳动对资本的边际技术替代率是5，那么资本的边际产量是多少？

答：根据公式可得10÷5=2，资本的边际产量为2个单位。

2. 等成本线

等成本线也称"企业预算线"，是一条表明在生产者的货币成本与生产要素价格既定的条件下，生产者所能购买到的两种生产要素数量最大组合的线。等成本线表明了厂商进行生产的限制条件，如果厂商购买生产要素的成本支出大于货币成本，则生产是不现实的；如果购买生产要素的成本支出小于货币成本，则无法实现产量最大化。等成本线可以表示为：

$$P_L \times Q_L + P_K \times Q_K = M \quad (4-7)$$

式中，P_L——劳动的价格；

Q_L——劳动的购买量；

P_K——资本的价格；

Q_K——资本的购买量；

M——货币成本。

根据预算方程，可以绘制出预算线。

【情景4-2】已知$M=20\ 000$元，$P_L=500$元，$P_K=400$元，请绘制等成本线。当$Q_L=0$时，$Q_K=50$；当$Q_K=0$时，

$Q_L=40$。于是可以绘出图 4-2，连接 a、b 两点的直线就是等成本线。在等成本线上的任何一点，都是在货币成本与生产要素价格既定的条件下，能购买到的劳动与资本的最大数量组合。

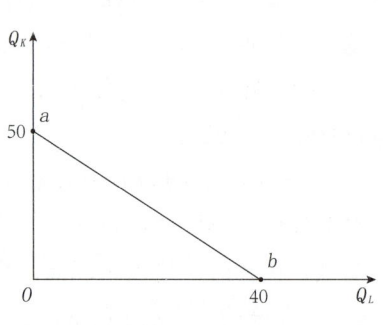

图 4-2　等成本线

如果厂商的货币成本和生产要素价格发生改变，等成本线就会发生变动。如果生产者的货币成本发生变动，等成本线就会平行移动。货币成本增加，等成本线向右上方平行移动；货币成本减少，等成本线向左下方平行移动。等成本线的移动如图 4-3 所示。

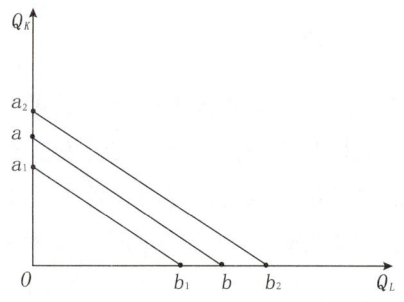

图 4-3　等成本线的移动

在图 4-3 中，ab 是原来的等成本线。当货币成本增加时，等成本线移动为 a_2b_2；当货币成本减少时，等成本线移动为 a_1b_1。

任务 4.2　短期生产函数

4.2.1　产量概述

1. 总产量、平均产量和边际产量的定义

假定生产某种产品使用资本 K 与劳动 L 两种生产要素，其中资本 K 在短期内是不变的常数，那么各种产量将随着劳动 L 的变化而变化。

（1）总产量（TP）是指一定数量的生产要素（如劳动）可以生产出的全部产量，或者指在资本不变的条件下，一定的劳动投入量可以生产出的全部产量。

（2）平均产量（AP）是指平均每单位生产要素生产出的产量。

总产量与平均产量之间存在着如下关系

$$TPL=APL\cdot L \text{ 或 } APL=TPL/L \quad (4\text{-}8)$$

式中，APL——劳动的平均产量；

TPL——劳动的总产量；

L——劳动的投入量。

（3）边际产量（MP）是指某种生产要素增加或减少 1 个单位引起的总产量的增加量或减少量。劳动的边际产量可以表示为：

$$MPL=\Delta TPL/\Delta L \quad (4\text{-}9)$$

式中，MPL——劳动的边际产量，又称为"劳动的边际生产力"；

ΔTPL——劳动总产量的增加量；

ΔL——劳动投入量的增加量。

2. 总产量、平均产量和边际产量之间的关系

总产量、平均产量和边际产量之间的关系见表 4-1。

表 4-1　总产量、平均产量和边际产量之间的关系

资本的投入量（K）	劳动的投入量（L）	劳动投入量的增加量（ΔL）	劳动的总产量（TPL）	劳动的总产量的增加量（ΔTPL）	劳动的平均产量（APL）	劳动的边际产量（MPL）
15	0	0	0	0		
15	1	1	5.0	5.0	5.0	5.0
15	2	1	13.0	8.0	6.5	8.0
15	3	1	22.5	9.5	7.5	9.5
15	4	1	30.5	8.0	7.6	8.0
15	5	1	38.0	7.5	7.6	7.5
15	6	1	45.0	7.0	7.5	7.0
15	7	1	45.0	0	6.4	0
15	8	1	42.0	-3.0	5.3	-3.0

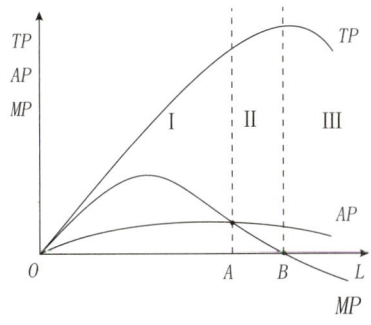

图 4-4　总产量曲线、平均产量曲线、边际产量曲线

在图 4-4 中，横轴 OL 代表劳动的投入量，纵轴 TP、AP、MP 分别代表总产量、平均产量和边际产量。根据分析我们可以得出，总产量、平均产量和边际产量之间的关系呈现以下特点。

（1）在资本量不变的情况下，随着劳动量的增加，最初的总产量、平均产量和边际产量都是递增的，但各自增加到一定程度以后就开始分别递减。所以，总产量曲线、平均产量曲线和边际产量曲线都是先上升、后下降。

（2）边际产量曲线与平均产量曲线相交于平均产量曲线的最高点。在相交点左侧，平均产量是递增的，边际产量大于平均产量（MP＞AP）；在相交点右侧，平均产量是递减的，边际产量小于平均产量（MP＜AP）；在相交点，平均产量达到最大，边际产量等于平均产量（MP=AP）。

（3）当边际产量为正数时（MP＞0），总产量就会增加；当边际产量为零时（MP=0），总产量达到最大；当边际产量为负数时（MP＜0），总产量就会减少。

4.2.2　边际收益递减规律

边际收益递减规律是采用边际分析方法，研究在一定的技术水平和生产规模下，只改变一种可变要素的投入量从而影响产量（收益）变化的规律。

1. 边际收益递减规律（收益递减规律）

边际收益递减规律是指在技术水平不变的条件下，若其他生产要素固定不变，只连续投入一种可变生产要素，随着这种可变生产要素投入量的增加，最初每增加1单位该要素带来的产量增加量是递增的，但在达到一定限度之后，增加1个单位要素的投入带来的产量增加量将递减，最终使产量的边际收益递减。

【情景4-3】在农业生产中，如果在固定的土地面积上增施化肥，那么开始时每增施1千克化肥所能增加的农作物的产量是递增的，但当所施化肥超过一定量时，每增施1千克化肥所能增加

的农作物的产量就会递减。此时，如果继续增施化肥，不仅不会增加农作物的产量，还会导致农作物产量减少。在工业生产中，如果劳动力增加过多，超过了正常配置的固定资产和设备，就会使生产效率降低。

分析：在农业生产中，适度施加化肥可以增加农作物的产量；而工业生产中的"减员增效"，就是按照边际收益递减规律办事的具体体现。

2. 理解边际收益递减规律需要注意的问题

（1）边际收益递减规律发生的前提条件是技术不变，若技术水平发生变化，这个规律就不存在。

（2）边际收益递减规律假定至少有一种生产要素的数量是保持不变的，因此它不适用于所有生产要素的数量都等比例增加的情况。

（3）在其他生产要素不变的情况下，一种可变生产要素的增加所引起的产量或收益的变动会经历三个阶段。

①产量递增阶段，即这种可变生产要素的增加使产量或收益增加。因为在开始阶段，不变生产要素没有得到充分利用，所以可变生产要素的增加可以使产量增加。

②边际产量递减阶段，即这种生产要素的增加虽可使总产量增加，但增加的幅度即增加每个单位生产要素的边际产量是递减的。因为在这一阶段，不变生产要素已接近充分利用，所以可变生产要素的增加已不可能像第一阶段那样使产量迅速增加。

③产量绝对减少阶段，即这种生产要素的增加使总产量迅速减少。因为在这一阶段，不变生产要素已经充分利用，所以再增加可变生产要素，只会使生产效率降低、总产量减少。

（4）边际收益递减规律同边际效用递减规律一样，不需要提出理论证明。二者的区别是：边际收益递减规律是从生产实践中得出的基本生产规律，边际产量是可以计量的；而边际效用递减规律是从消费者心理感受中得出的，边际效用是不可以计量的。

（5）边际收益递减规律只存在于技术系数可变的生产函数中。对于技术系数固定的生产函数，由于各种生产要素不可相互替代，其组合的比例是不可改变的，当改变其中一种生产要素的投入量时，边际产量就会突变为零，从而不存在依次递减的趋势。

边际收益递减规律是研究一种生产要素合理投入的出发点。在技术水平不变的情况下，边际收益递减规律反映的这种现象，在生产实践、社会活动和科学实验过程中是十分明显的。

4.2.3 一种可变生产要素的合理投入

从以上分析可知，在生产一种产品使用的各种生产要素中，除一种生产要素外，其余生产要素固定不变。根据总产量、平均产量和边际产量之间的关系，可以把可变生产要素的投入量划分为三个区间，如图4-4所示。

第Ⅰ区间是投入劳动L从零增加到A点。其特点是：TP保持递增趋势；AP由零递增至最高点；$MP>0$，并且$MP>AP$，MP在达到最大值后呈递减趋势；当$MP=AP$（AP的最高点）时，第一阶段结束。

第Ⅱ区间是投入劳动L从A点增加到B点。其特点是：TP保持递增趋势，AP呈递减趋势；$AP>MP$，$MP>0$；当$MP=0$时，TP达到最大值，第二阶段结束。

第Ⅲ区间是投入劳动L从B点增加到无限大。其特点是：TP呈递减趋势，AP继续保持递减趋势，$MP<0$。

第Ⅰ区间和第Ⅲ区间都不是生产要素的合理投入范围，因为在第Ⅰ区间，边际产量大于平均产量，增加劳动不仅可以增加总产量，还可以提高平均产量；而在第Ⅲ区间，边际产量小于零，增加劳动会使总产量绝对值减少。

一般而言，第Ⅱ区间为生产要素的合理投入区，也就是厂商选择最优投入量的区间。但劳动量的投入究竟在这一区间的哪一点上,要视厂商的目标而定。如果厂商的目标是使平均产量达到最大,那么劳动量增加到 A 点即可。如果厂商的目标是使总产量达到最大,那么劳动量增加到 B 点即可。如果厂商是以利润最大化为目标,那么必须结合成本、产品价格等因素进行分析,因为平均产量为最大时,并不一定是利润最大;总产量为最大时,利润也不一定最大。

任务 4.3　长期生产函数

4.3.1　生产要素的最适组合(生产者均衡)

生产要素最适组合的目标是利润最大化,即在既定的成本条件下,产量(或收益)最大;或在既定的产量(或收益)条件下,成本最低。

1. 生产要素最适组合原则

生产要素最适组合是指在既定成本下产量最大化或者在既定产量下成本最小化的生产要素投入组合。

生产要素最适组合原则是生产各要素的边际产量相同。

$$MP_L/P_L=MP_K/P_K \quad (4\text{-}10)$$

2. 生产要素最优组合条件

能满足要素投入的最优组合条件是:要素投入的最优组合发生在等产量曲线和等成本线相切处,即要求等产量曲线的切线斜率与等成本线的斜率相等。

(1) 成本既定时产量最大的要素组合。把企业的等产量曲线和相应的等成本线画在同一个平面坐标系中,就可以确定企业在既定成本下实现最大产量的最优要素组合点。当等产量曲线和等成本线相切时,其切点即为生产的均衡点。生产要素投入量需要满足的条件为:

$$MPL/rL=MPK/rK \quad (4\text{-}11)$$
$$rLL+rKK=C \quad (4\text{-}12)$$

(2) 产量既定时成本最小的要素组合。如果生产者在既定的产量条件下力求最小的成本,那么最优劳动投入量和资本投入量的组合是把企业的等产量曲线和相应的等成本线画在同一个平面坐标系中,就可以确定企业在既定产量下实现成本最小的最优要素组合点,即生产者均衡点。

$$MPL/rL=MPK/rK$$
$$F(L,K)=y \quad (4\text{-}13)$$

这些条件说明,无论是既定成本下的产量最大,还是既定产量下的成本最小,寻求生产要素最优组合的厂商都会把生产要素的数量选择在每单位成本购买的要素所能生产的边际产量相等的点上。另外,生产要素最优组合也是厂商利润最大化的选择。以成本既定的情形为例,如果每单位成本获得的边际产量不相等,如 $MPL/rL > MPK/rK$,那么把用 K 的 1 个单位成本用于购买 L,将会在保持成本不变的条件下增加总产量,从而增加利润。因此,追求技术上的最优恰好与厂商的利润最大化相一致。

3. 生产要素最优组合不同的表现

(1) 等产量曲线和等成本线。把等产量曲线和等成本线结合起来,就可得出生产要素最优组合的条件,如图 4-5 所示,等成本线和等产量曲线的切点 E 代表了劳动与资本的数量为企业生产要素的最佳配置。

$$MPL/PL \text{ 或者 } MPL/MPK = PL/PK \quad (4-14)$$

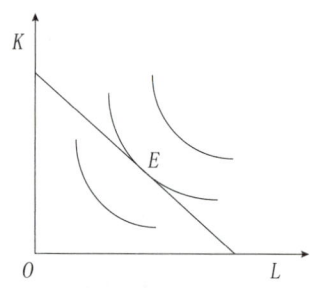

图 4-5　等产量曲线和等成本线

此时，只有厂商每单位成本购买任意一种生产要素得到的边际产量都相等，才能用既定的成本生产出最大的产量，E 点表示：在成本不变的情况下，产量最大；或者在产量不变的情况下，成本最低。

（2）生产扩展曲线。生产扩展曲线表示在生产要素价格和其他条件不变的情况下，随着厂商成本的增加，厂商的生产要素最优组合点描述出的轨迹，由所有等产量曲线与等成本线的切点构成。其表示在生产要素价格和其他条件不变的情况下，当生产过程的投入（成本）增加时，厂商必然会沿着生产要素的最优组合扩展其生产。

（3）生产要素最优组合与利润最大化。厂商生产要素的最优组合与利润最大化之间是一致的。

4.3.2　规模经济

1. 规模经济的定义

大规模生产导致的经济效益简称"规模经济"，是指在一定的产量范围内，随着产量的增加，平均成本不断降低的事实。规模经济是由于在一定的产量范围内，固定成本可以认为变化不大，新增的产品可以分担更多的固定成本，从而使总成本下降。

人们根据生产力因素数量组合方式变化规律的要求，自觉地选择和控制生产规模，求得生产量的增加和成本的降低，从而取得最佳的经济效益。规模经济或生产力规模的经济性，就是确定最佳生产规模的问题。

规模经济包括部门规模经济、城市规模经济和企业规模经济。在西方经济学里，规模经济主要用来研究企业经济。但作为生产力经济学的重要范畴，规模经济的含义更加广泛，包括从宏观到微观能获得经济利益的各个层次的经济规模。

2. 规模经济的形成原因

一般认为，规模经济的形成原因，主要有内在原因和外在原因，分别对应西方经济学家所说的内部规模经济和外部规模经济。

内部规模经济是指经济实体在规模变化时由内部引起的收益增加。

外部规模经济的市场结构是完全竞争，造成产业集群的现象。

3. 规模经济的原因

（1）专业化。从亚当·斯密的著作开始，人们认识到分工可以提高效率。规模越大的企业，其分工必然越详细。

（2）学习效应。随着产量的增加，工人可以使熟练程度增加，提供效率。

（3）可以有效地承担研发费用等。

（4）运输、购买原材料等方面存在的经济性。

（5）价格谈判上的强势地位。

4. 规模经济的主要类型

规模经济的主要类型有以下三种。

（1）内部规模经济，指经济实体在规模变化时由内部引起的收益增加。

（2）外部规模经济，指整个行业（生产部门）的规模变化使个别经济实体的收益增加。如行业规模扩大后，可降低整个行业内各公司、各企业的生产成本，使之获得相应收益。

（3）结构规模经济，指各种不同规模经济实体之间的联系和配比，形成一定的结构规模经济，包括企业结构规模、经济联合体结构规模、城乡结构规模等。

5. 制约规模经济的因素

制约规模经济的因素主要有以下四个。

（1）自然条件，如石油储量决定油田规模。

（2）物质技术装备，如化工设备和装置能力影响化工企业的规模。

（3）社会经济条件，如资金、市场、劳动力、运输、专业化协作对企业规模的影响。

（4）社会政治历史条件等。在经济实体规模扩大时，产量的增加小于投入要素的增加比例。收益递减，就是规模不经济。在市场经济中，生产经营者总是追求规模经济，避免规模不经济。追求规模经济、研究取得最佳经济效益的合理规模及其制约因素和各种不同经济规模之间的相互联系及配比，揭示经济规模结构的发展趋势，寻求建立最佳规模结构的主要原则和对策，对于发展社会生产力具有极为重要的意义。

6. 规模经济的确定方法

规模经济是通过扩大规模表现的，经过生产要素的合理配置使企业获得最佳的经济效益。企业的规模经济应通过对企业规模的分析，确定它的最佳经济规模结构，按照这个经济规模组织生产经营活动，以使企业获得最高经济效益。经济规模是指在一定的生产技术组织条件下，对生产要素进行合理配置，从而使企业获得经济效益的生产能力。当经济效益达到最佳状态时，所对应的经济规模就是规模经济。确定企业最佳经济效益的方法有很多，下面介绍几种日常的方法。

（1）会计分析计算法。会计分析计算法是对同一企业不同时期不同规模的成本，或不同规模企业同一时期的成本、利润的对比分析，从而确定企业规模经济的方法。会计分析计算法包括多种具体方法，常用的方法如下。

①短期成本法。短期成本法是指在现有企业扩建前的短期内，只调整原材料和劳动力等的投入量（而不调整固定资产的投入量）与其各种产出量相对应的成本。短期成本法实际上是以盈亏平衡分析法为基础，所以在实际工作中要将短期成本划分为变动成本和固定成本，将利润为零时的产量定为起始规模，而利润最大时对应的产量称为"最佳经济规模"。

②最小总费用法。最小总费用法是指通过制定各种可行的年产量方案，分析计算出各种方案的总费用，然后对各方案的总费用进行分析比较，选择其中总费用最小的年产量方案，就是最佳的经济规模。这种方法的数学表达式如下：

$$F(Q) = C(Q) + S(Q) + I(Q) \times E(d) \quad (4\text{-}15)$$

式中：$F(Q)$ —— 年产量为 Q 的总费用；

$C(Q)$ —— 年产量为 Q 的生产成本；

$S(Q)$ —— 全部产品运到消费者手中的费用；

$I(Q)$ —— 新建、改扩建企业所需的全部投资；

$E(d)$ —— 投资效果系数。

式（4-15）表明，在一定的生产技术组织条件下，达到年产量为 Q 的经济规模所需支付的年总费用，它包括生产过程和流通过程中的支付、在标准投资回收期内每年应分摊的基本建设投资和贷款利息。

③最小费用函数法。最小费用函数法是依据企业的经济规模，受到企业内部和外部因素，以及内外部关联因素影响和制约的客观规律，而建立的数学表达式。

$$F(Q) = V(Q) + D(Q) + G(Q) \quad (4\text{-}16)$$

式中，$F(Q)$ —— 单位产品总费用函数；

$V(Q)$ —— 单位产品企业内部费用函数；

$D(Q)$ —— 单位产品企业外部费用函数；

$G(Q)$ —— 单位产品企业内部与外部关联费用函数。

运用规划论方法对式（4-16）求解得到变量 Q，从而得到优化后的企业年产量 Q 值，即获得企业最佳经济效益对应的经济规模（企业的规模经济）。求解企业最佳经济规模的具体方法，是在费用函数方程参数量已知的条件下，求最优解，有以下两种情况。

a. 当费用函数无约束条件时，对费用函数求导，并令 $F'(Q)=0$，即求出企业的最佳规模 Q 值。

b. 当总费用函数有约束条件时，即在一定条件下求极小值，要运用规划论求解，通常情况是建立表达式 F(Q) 结构关系的三个函数与一组约束不等式，便可运用规划论方法求解出变量 Q 值。一般来说，上述函数和不等式具有非线性关系，需用非线性规划方法求解。

④成本函数法。成本函数法是指在产出一定的条件下，对投入要素进行优化配置时，将会实现生产成本最小的目标。它的数学表达式为：

$$\min C(Q) = PK \cdot K + PL \cdot L \quad (4-17)$$

式中：$C(Q)$——成本函数；

　　　K——投入的资金；

　　　L——投入的劳动；

　　　PK——投入资金 K 的价格；

　　　PL——投入劳动 L 的价格。

利用数学优化方法，在满足一定生产函数关系的产出水平上可以找到成本函数 $C(Q)$ 的极小点；把不同产出水平上许多这样的优化点连接起来得到长期成本曲线；利用曲线拟合技术，选用适当的函数对曲线进行拟合，得到既描述生产过程的内在联系，又反映产出与成本相互关联的长期成本函数。这种方法能近似地反映理论成本曲线，由此得出的企业经济规模具有实用价值。

上述方法在实际工作中有一定的实用价值。由于经济规模受多种因素制约，因此上述方法存在局限性。其中，短期成本法是一种静态分析法，而且只能适用于短期经济活动分析，实用性较差；最小总费用法和最小费用函数法，由于在实际应用中费用受多种因素影响，在客观上找到稳定而准确的数据是很困难的，建立准确的费用函数同样是困难的，因此由它确定的经济规模也不会准确，只能作为参考，提供一种定量方法，在实际工作中要结合各种因素，综合考虑后确定的经济规模可能更准确；成本函数法也是应用数学模型，描述企业中各项经济活动及其内在联系和相互制约的经济技术规律，从数学关系式的角度来看是科学的、有价值的，但在实际工作中，企业的生产经营活动是复杂而微妙的过程，数学模型是不可能准确描述复杂的生产经营过程的，因此成本函数法也只是为决策者提供一种具有参考价值的定量分析方法。

（2）工程法。工程法是依据生产技术及工艺特点，在生产能力平衡的前提下，综合考虑成本、运输、投资三项费用来确定企业的起始规模和最佳规模。在具体操作时需列出若干可行方案，分别计算各方案的三项费用，从中选出计算费用最少的方案作为合理方案，该方案对应的生产能力称为"企业的最佳经济规模"。

工程法是从生产能力平衡的角度出发，以设备负荷率（或设备利用率）为依据确定企业的经济规模，这种方法是根据企业的技术人员素质、管理人员素质、技术工人素质、设备技术素质、管理工作素质状态，考虑资源的合理配置，从而确定的经济规模，这个规模虽然能真实地反映企业的现状，但不一定是效益最佳经济规模，即不一定是规模经济，在实际工作中，应结合会计分析计算法对企业进行综合分析研究，最终确定一个合理的经济规模，即企业的规模经济。

项目小结

本项目主要讲述了生产及生产函数概述、短期生产函数和长期生产函数。生产及生产函数概述主要包括生产者及其行为目标、生产与生产要素、生产函数与技术系数、短期生产函数、长期生产函数；短期生产函数主要包括产量概述、边际收益递减规律、一种可变生产要素的合理投入；长期生产函数主要包括生产要素的最适组合（生产者均衡）、规模经济。

思考与练习

一、单项选择题

1. 当其他生产要素不变时，一种生产要素增加，总产量会（　　）。
   A. 一直增加　　B. 一直减少
   C. 先增加而后减少　　D. 先减少而后增加

2. 当总产量递增达到最大时，一种生产要素的投入会使（　　）。
   A. 边际产量为零
   B. 边际产量等于平均产量
   C. 边际产量为正
   D. 平均产量为零

3. 等成本线平行向外移动，说明（　　）。
   A. 生产要素的价格按不同的比例提高了
   B. 产量增加了
   C. 成本增加了
   D. 成本减少了

4. 边际产量曲线与平均产量曲线相交于（　　）的点。
   A. 边际产量大于平均产量
   B. 边际产量小于平均产量
   C. 边际产量等于平均产量
   D. 不相交

5. 边际收益递减规律的适用条件是（　　）。
   A. 生产技术没有发生重大变化
   B. 不考虑生产技术是否变化
   C. 生产技术发生变化
   D. 以上三条都不适用

二、多项选择题

1. 共同市场实现了（　　）等生产要素的自由流动。
   A. 资本　　B. 技术
   C. 土地　　D. 劳动力

2. 生产要素包括（　　）。
   A. 自然资源　　B. 资本
   C. 劳动力　　D. 制度

3. 下列选项中，说法正确的有（　　）。
   A. 只要总产量减少，边际产量一定为负数
   B. 随着某种生产要素投入量的增加，边际产量和平均产量增加到一定程度将趋于下降，其中边际产量的下降一定先于平均产量
   C. 边际产量曲线一定在平均产量曲线的最高点与之相交
   D. 当边际产量大于平均产量时，平均产量增加

4. 关于等产量线，下列说法正确的有（　　）。
   A. 离原点越远，表示产量越高
   B. 离原点越远，表示产量越低
   C. 同一平面坐标上的任意两条等产量线不会相交
   D. 等产量线斜率为负

5. 边际报酬递减规律发挥作用的基本前提是（　　）。
   A. 技术进步
   B. 技术水平保持不变
   C. 只有在可变投入达到一定数量，才开始递减
   D. 只有部分投入是可变的，而且单位可变投入的效率必须相同

三、判断题

1. 可变技术系数是指在一定技术水平条件下，生产某种产品需要的各种生产要素的组合比例不发生变化。（ ）

2. 长期是指厂商可以根据其要达到的产业调整其全部生产要素的时期。（ ）

3. 平均产量曲线可以和边际产量曲线在任何一点上相交。（ ）

4. 规模收益递增是指产量的增加比例大于投入要素的增加比例。（ ）

5. 因为规模过大可能会加剧企业之间的竞争，从而出现降低收益的情况，所以属于规模不经济。（ ）

四、简答题

1. 生产者行为目标是什么？

2. 生产要素最优组合条件是什么？

项目 5　成本理论

知识目标

◎ 掌握成本的定义和分类；
◎ 掌握短期成本；
◎ 掌握长期成本分析。

技能目标

◎ 掌握会计成本与经济成本；
◎ 掌握各类短期成本的变动规律及其关系；
◎ 掌握收益与利润最大化。

案例导入

虽然很高的固定成本是企业亏损的原因，但不是企业关门的原因。

案例思考

分析企业不会因高固定成本关门的原因。

本章导语

通过本章的学习，了解成本在经济中的实际应用，能区分各类短期成本的变动规律及其关系。

任务 5.1　成本的定义和分类

5.1.1　会计成本与经济成本

1. 会计成本

会计成本是指企业在生产中按照市场价格购买的生产要素的货币支出。会计成本可以用货币计量，且能够在会计账目上直接反映。会计成本是过去的支出，因此也称为"历史成本"；同时，这种成本在企业中是显而易见的，因此又称为"显性成本"。例如，企业雇用工人所支出的工资、向银行贷款所支付的利息、租用土地所支付的地租、购买原材料或劳动力所支付的费用等。

2. 经济成本

经济成本是指企业在生产过程中发生的显性成本与隐性成本之和。

（1）显性成本。显性成本是指厂商在生产要素市场上购买或租用需要的生产要素的实际支出，即企业支付给企业以外的经济资源所有者的货币额。例如，支付的生产费用、工资费用、市场营销费用等，因而它是有形的成本。

（2）隐性成本。隐性成本是指企业本身拥有的并且被用于该企业生产过程的生产要素的总价格，是企业自己拥有并使用的资源成本。例如，企业自有资金的利息、自有土地的地租、自有厂房和设备等固定资产的折旧费、企业所有者自己提供的劳务报酬等。隐性成本实际上是一种机会成本，应当从机会成本的角度按照企业自有生产要素在其他用途中得到的最高收入支付和计算。

（3）显性成本和隐性成本的区别。

①显性成本能通过会计学的方法直接计算得出，而隐性成本则不能通过会计学的方法直接计算得出。

②显性成本原指涉及现金流出的成本，也指资产显示可否再生值的成本，它的内涵功能和外延效能，又指可确定软硬绩效利用比值状况的多种分类能否再生值的成本。隐性成本原指虽然不需要有现金的流出，但是因各类资产利用价值比等相关因素连带的成本，或是原以货币形式放弃或未置收益的价值来衡量的成本。隐性成本符合这样的特征：一物中的双性或多值性并存，如利用效率和利用价值比不同，在"多值链成本收益"价值分析看来，不能被最佳对应选择利用的部分，即为隐性成本。

5.1.2　机会成本

机会成本是指当把一定资源用于生产某种经济物品时，放弃的其他用途能产生的最大收益。也就是说，决策者在资源既定的条件下，为获得某种收入放弃的其他机会的最高收入。

在理解机会成本时应该注意以下问题。

（1）机会成本不是做出某项选择时实际支付的费用或损失，而是一种观念上的成本或损失。

（2）机会成本是做出一种选择时放弃的其他若干种可能的选择中最好的一种。

（3）机会成本并不全是由个人选择引起的，其他人的选择也会带来机会成本。

（4）在运用"机会成本"这一概念时，要考虑两个条件：

①被配置的资源有多种用途（可以有多个投向）；

② 资源的用途不受限制。

在现实中,有很多企业在购进某种生产要素时,这种要素的市场价格较低,一段时间后,这种生产要素的市场价格上扬。这时,是按照原来的生产计划加工这种生产要素,还是直接出售这种生产要素呢?如果选择前者,那么直接销售可能获得的收益就是再加工的机会成本。机会成本和经济利润都可以用来衡量一项决策的经济利益。经济利润与会计利润的主要区别就在于它考虑了机会成本。

机会成本与会计成本的区别具体如下。

(1) 机会成本不是企业的实际支出,而会计成本是企业的实际支出。

(2) 机会成本在会计账目上反映不出来,又称为"隐性成本";而会计成本能够在会计账目上反映出来,又称为"显性成本"。

【情景5-1】某人拥有11 000元的资金,可用于甲、乙、丙三种用途,所得收入及利润情况见表5-1。

表5-1 甲、乙、丙三种用途所得的收入及利润情况

单位:元

项目	用途		
	甲用途	乙用途	丙用途
预计各种用途获得的销售收入	15 000	17 000	18 000
预计各种用途得到的利润	4 000	6 000	7 000

在表5-1中,把资金用于甲用途,可以得到销售收入15 000元,其中失去了什么?

一是失去了11 000元的资金,把资源用于甲用途就失去了拥有11 000元资金的机会(机会成本为11 000元);二是失去了用于乙、丙两种用途的机会,即失去了获得6 000元、7 000元利润的机会,其中最大的机会损失是7 000元,所以资金用于甲用途的第二个机会损失是7 000元(机会成本为7 000元)。

【情景5-2】"机会成本"与"鱼和熊掌"。

分析机会成本得失的过程,就是抉择的过程。

两千多年前,孟子的《鱼我所欲也》:"鱼,我所欲也;熊掌,亦我所欲也。二者不可得兼,舍鱼而取熊掌者也。"道出了当二者不可兼得的时候,我们应当做出合理的取舍。

在王晓萌的职业生涯中,也经历过曲折的转型与选择。

自她踏入职场之日起,就在广告公司做设计与制作方面的工作,梦想有朝一日能成为名副其实的广告人。在这个过程中,她一直很努力地学习与提升,能力与水平也在不断地提高,做到了制作部门的主管。

但由于她并不是广告或设计专业出身,在职业生涯的提升过程中遭遇了瓶颈。无论是薪资还是技术水平,都受到了局限。那是她最迷茫的一段时光,想转型又无从下手,只是希望尽早有大的提升与改变。

"鱼和熊掌"是选择的"双刃剑",如果没有对机会成本进行分析与选择,就有可能付出沉重的成本。

5.1.3 私人成本与社会成本

1. 私人成本

私人成本是指企业在生产过程中投入的所有生产要素的价格,是从企业私人角度来看的成本,企业投入的生产要素的价格均应计入私人成本。西方经济学中讨论的成本概念与一般企业会计人员所指的成本有着不同的含义。私人成本包括以下内容:企业在生产过程中投入的所有生产要素(如劳动、资本、土地、企业家才能)的货币价格;由行业之间的竞争决定的资本家对企业进行经营管理的报酬;由行业之间的竞争决定的在风险相同的情况下资本的正常报酬,如厂商拥有的资本和土地应得到的利息与租金;企业家承担某些不

确定性风险而应得到的风险贴水。除了要素价格以外的其他内容可以称为"厂商的正常利润",而一般会计人员所说的成本则不包括这一部分。企业的私人成本仅仅按照生产要素价格和正常利润计算,因此在外部不经济情况下产生的环境污染、生态破坏、给别人和社会带来的损失都没有被计入私人成本,从而使得私人成本低于社会成本;同时,在外部经济情况下,私人成本高于社会成本。这些都会造成资源的不合理配置,经济学家主张用津贴、公共管理或税收、法律等办法解决这些问题。

2. 社会成本

社会成本是与私人成本相对的概念,等于私人成本加上对别人没有补偿的损失,是一种从整个社会角度来看的机会成本。社会成本考察的是将生产一种产品时的投入改为该产品之外的其他最优用途时的收益,以及因此给别人带来的损失。例如,某企业生产食品,在未给别人带来损失的情况下,一年可获利10万元;若该企业以同样数量的投入经营化工产品,则一年可获利12万元。但经营化工产品向空气和水中排放的有毒物质使得附近的农作物因环境污染而产量下降,从而减少收入3万元,但企业不会把这3万元计入自己的成本,而社会成本则必须考虑这3万元的损失。社会成本与资源的稀缺性密不可分,因为从整个社会来看资源是极其有限的,考虑社会成本有利于资源的有效配置。这个例子属于外部不经济问题,企业没有补偿农作物歉收给农民带来的损失,其进行的成本核算也只是计算自己付出的生产要素的价格,所以这时私人成本小于社会成本。同理,在外部经济的情况下,私人成本大于社会成本。外部性一般会使私人成本不等于社会成本,这时要么受损失的一方得不到补偿,要么产品的生产不能达到最优产量,从而导致资源的不合理配置。因此,西方经济学家主张用津贴或公共管理的办法鼓励产生外部经济的厂商扩大生产,同时用税收或制定法律的办法解决外部不经济问题,使私人成本等于社会成本。

5.1.4 短期成本与长期成本

短期成本是指企业在短期内生产一定产量需要的成本总额,是短期内每一产量水平的固定成本和可变成本之和。所谓短期,即在这期间厂商不能调整其生产规模。在短期中,企业不能根据其要达到的产量调整全部生产要素。其中,不能在短期内调整的生产要素的费用,如厂房和设备的折旧、管理人员的工资等,属于固定成本。固定成本不随产量的变动而变动。在短期内可以调整的生产要素的费用,如原料、燃料的支出,以及工人的工资等均属于可变成本。可变成本随产量的变动而变动。

长期成本是指在规模和各种要素的数量都能够变动情况下,生产一定产量必须花费的可能的最低成本。所谓长期,即所有投入品都是可变的时间期限。在长期中,厂商可以根据其要达到的产量调整全部生产要素,因此一切成本都是可变的,不存在固定成本和可变成本的区别。

由此可见,短期与长期的区别就在于生产规模是否发生变化。无论短期还是长期,关于总可变成本、平均可变成本和边际成本关系的分析都是其基本组成部分。对于短期成本的分析,只要加上固定成本即可;对于长期成本的分析,其基本规律更是一致的,只要考虑到同短期成本的关系,进一步加以具体化就可以。

【情景5-3】中国车企须直面零部件成本上升。

由于居于产业链上游的零部件企业多次停工,汽车行业的整车生产频频受到牵连。这显示了汽车行业整个产业链之间密不可分的关系,同时也带给行业一个新的思考。在这里抛开零部件供应等生产体系的问题,深入探讨一下上游劳动力成本的增加对上下游关系的影响。

作为整车成本控制的重要一环,居于产业链

上游的零部件工人的薪酬会普遍提高,这将给整车生产企业带来冲击。最终,整车企业和零部件的关系可能需要重新进行调整。

在汽车行业中,产业链上游是主要的成本构成。一般来说,零部件成本占了整车成本的60%左右,由此可见,零部件成本的控制对于整车生产企业的成本控制极为重要。

在汽车行业中,除了体现核心技术实力的动力总成本被控制在整车企业手里之外,其余的零部件往往是由上游的配套商提供。虽然整车企业与零部件企业是双向选择的关系,但二者的地位并不平等,整车企业居于汽车产业链的中间环节,拥有最大的话语权,上游的零部件企业往往需要满足整车企业的成本控制诉求。

特别是在困难时期,整车企业对上游零部件企业的成本控制诉求更加强烈。比如,丰田章男在担任丰田汽车总裁之后,为了应对亏损,将成本控制的主要任务分给了零部件供应商,提出了零部件成本要在未来3年内降低30%的要求。

但是,历史上的零部件停工事件,都是以加薪作为结局。这显示出未来上游的零部件企业将不得不面对日益增长的劳动力成本。而劳动力成本是成本控制中最活跃的可变因素,必将推高零部件企业的成本。

如何化解上游零部件企业不断增加的成本压力,不仅是零部件企业需要考虑的问题,整车企业也需要重新审视、调整和零部件企业的关系,共同消化增加的成本,而不是一味地单方面要求零部件企业控制成本。这对习惯了强势的整车企业来说,既是一个新的课题,也是一个不得不面对的课题。

任务 5.2 短期成本分析

5.2.1 短期成本的分类

短期成本包括短期总成本、短期平均成本和短期边际成本。

1. 短期总成本

短期总成本是指短期内生产一定量产品需要的成本总和。短期总成本包括短期总可变成本和短期总固定成本,用公式表示为:

$$STC=STFC+STVC \qquad (5\text{-}1)$$

式中,STC——短期总成本;

$STFC$——短期总固定成本;

$STVC$——短期总可变成本。

2. 短期平均成本

短期平均成本是指短期内平均生产每个单位产品需要的成本。短期平均成本是短期总成本除以产量的商,用公式表示为:

$$SAC=STC/Q \qquad (5\text{-}2)$$

式中,SAC——短期平均成本;

Q——产量。

短期平均成本包括短期平均可变成本和短期

平均固定成本。短期平均固定成本是短期固定成本除以产量的商。短期平均可变成本是短期可变成本除以产量的商，用公式表示为：

$$SAFC=STFC/Q \quad (5-3)$$
$$SAVC=STVC/Q \quad (5-4)$$
$$SAC=SAFC+SAVC \quad (5-5)$$

式中，$SAFC$——短期平均固定成本；
$SAVC$——短期平均可变成本。

3. 短期边际成本

短期边际成本是指企业每增加1个单位产量增加的总成本量，用公式表示为：

$$SMC=\Delta STC/\Delta Q \quad (5-6)$$

式中，SMC——短期边际成本；
ΔSTC——短期总成本的增量；
ΔQ——产量的增量。

短期总成本、短期平均成本、短期边际成本是互相联系、密切相关的。其中，短期边际成本的变动是短期总成本和短期平均成本变动的决定性因素。

5.2.2　各类短期成本的变动规律及其关系

各类短期成本随产量增加而变动的规律及其关系，可以通过表5-2所列短期成本变动情况的数据表示。同时，还可以根据表5-2绘制出各类短期成本的曲线。

表5-2　短期成本变动情况

产量 Q（1）	短期总固定成本 $STFC$（2）	短期总可变成本 $STVC$（3）	短期总成本 STC（4）=（2）+（3）	短期边际成本 SMC（5）	短期平均固定成本 $SAFC$（6）=（2）/（1）	短期平均可变成本 $SAVC$（7）=（3）/（1）	短期平均成本 SAC（8）=（6）+（7）
0	64.0	0	64.0	—	—	—	—
1	64.0	20.0	84.0	20.0	64.0	20.0	84.0
2	64.0	36.0	100.0	16.0	32.0	18.0	50.0
3	64.0	51.0	115.0	15.0	21.3	17.0	38.3
4	64.0	64.0	128.0	13.0	16.0	16.0	32.0
5	64.0	80.0	144.0	16.0	12.8	16.0	28.8
6	64.0	111.0	175.0	31.0	10.7	18.5	29.2
7	64.0	168.0	232.0	57.0	9.1	24.0	33.1
8	64.0	320.0	384.0	152.0	8.0	40.0	48.0

1. 短期总固定成本、短期总可变成本和短期总成本

短期总固定成本曲线是一条平行于横轴的水平线，表明短期总固定成本是一个既定的数值（本例为64.0），它不随产量的增减而改变。短期总可变成本是产量的函数，短期总可变成本曲线是一条向右上方倾斜的曲线。其变动规律是从原点出发，随着产量的增加成本也相应增加。也就是说，短期总可变成本随产量的增加，先以越来越慢的速度增加，而后以越来越快的速度增加。

短期总成本曲线是由短期固定成本曲线与短期总可变成本曲线相加而成，其形状与短期总可变成本曲线一样，且在短期总可变成本曲线的正上方，是短期总可变成本曲线向上平行移动一段相当于短期总固定成本的距离，即短期总固定成本曲线与短期总可变成本曲线在任一产量上的垂直距离等于短期总固定成本，但短期总固定成本曲线不影响短期总成本曲线的斜率。因此，短期总固定成本的大小与短期总成本曲线的形状无关，而是与短期总成本曲线的位置有关。短期总成本曲线也是产量的函数，其形状取决于边际收益递减规律。STFC 曲线、STVC 曲线和 STC 曲线分别如图 5-1 所示，其中横轴 OQ 表示产量，纵轴 OC 表示成本。

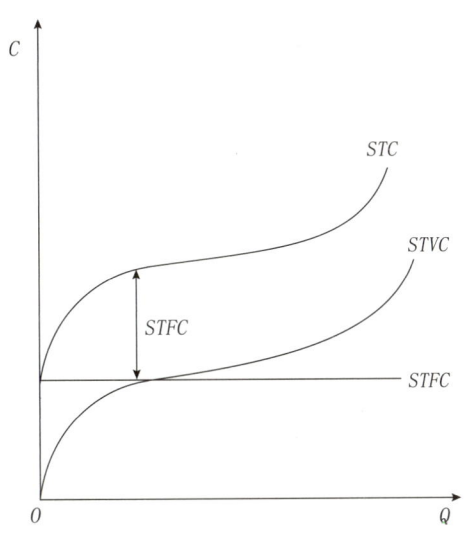

图 5-1　STFC 曲线、STVC 曲线和 STC 曲线

2. 短期平均固定成本、短期平均可变成本和短期平均成本

短期平均固定成本曲线是一条向右下方倾斜的曲线，开始比较陡，随后逐渐平缓，这表示随着产量的增加，短期平均固定成本一直在减少，但开始时减少的幅度大，随后减少的幅度越来越小。短期平均可变成本曲线和短期平均成本曲线均是"U"形曲线，表明随着产量的增加，短期平均可变成本和短期平均成本都是先下降后上升。短期平均成本曲线在短期平均可变成本曲线的上方，开始时短期平均成本曲线比短期平均可变成本曲线下降的幅度大，随后二者的变动规律相似。SAFC 曲线、SAVC 曲线和 SAC 曲线如图 5-2 所示。

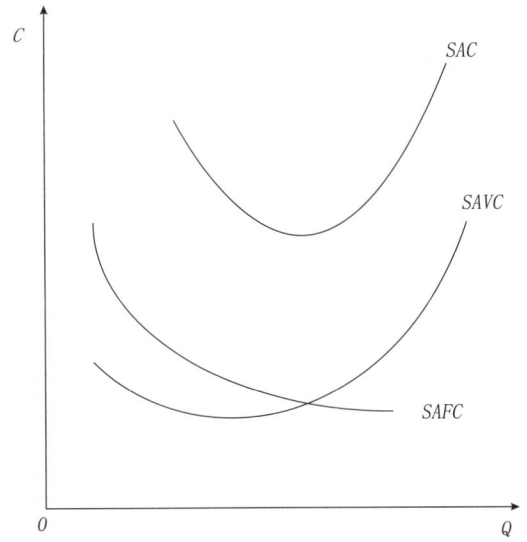

图 5-2　SAFC 曲线、SAVC 曲线和 SAC 曲线

3. 短期边际成本、短期平均成本和短期平均可变成本

短期边际成本曲线是一条先下降、后上升的"U"形曲线，开始时边际成本随产量的增加而减少；当产量增加到一定程度时，边际成本会随着产量的增加而增加。

（1）短期边际成本和短期平均可变成本的关系。造成 SMC 曲线和 SAVC 曲线呈"U"形的原因是投入要素的边际成本的递减或递增，也就是边际收益率的递增或递减，但两种成本的经济含义和几何含义不同。SMC 曲线反映的是 STVC 曲线上某一点的斜率。而 SAVC 曲线则是 STVC 曲线上任一点与原点连线的斜率。SMC 曲线与 SAVC 曲线相交于 SAVC 曲线的最低点 A。由于短期边际成本对产量变化的反应要比短期平均可变成本灵敏得多，因此不管是下降还是上升，SMC 曲线的变动都快于 SAVC 曲线，SMC 曲线比 SAVC 曲线更早到达最低点。在 A 点上，SMC=SAVC，即短期边际成本等于短期平均可变成本；在 A 点左边，SAVC 曲线在 SMC 曲线之上，SAVC 曲线一直递减，SAVC＞SMC，即短期边际成本小于短期平均可变成本；在 A 点右边，SAVC 曲线在 SMC 曲线之下，SAVC 曲线一直递增，SAVC＜SMC，即短期边际成本大于短期平均可变成本。A 点被称为"停止营业点"，即在这一点上，价格收入只能弥补短期平均可变成本，这时的损失是即使不生产也要支付短期平均固定成本。因此，如果低于 A 点，价格收入就不能弥补短期平均可变成本，生产者无论如何也不能开工。

（2）短期边际成本和短期平均成本的关系。短期边际成本和短期平均成本的关系与短期平均可变成本的关系相同。SMC 曲线与 SAC 曲线相交于 SAC 曲线的最低点 B。在 B 点上，SMC=SAC，即短期边际成本等于短期平均成本；在 B 点左边，SAC 曲线在 SMC 曲线之上，SAC 曲线一直递减，SAC > SMC，即短期平均成本大于短期边际成本；在 B 点右边，SAC 曲线在 SMC 曲线之下，SAC 曲线一直递增，SAC < SMC，即短期平均成本小于短期边际成本。B 点被称为"收支相抵点"，这时的价格为短期平均成本，短期平均成本等于短期边际成本，生产者的成本（包括正常利润在内）与收益相等。

SMC 曲线、SAC 曲线和 SAVC 曲线如图 5-3 所示。

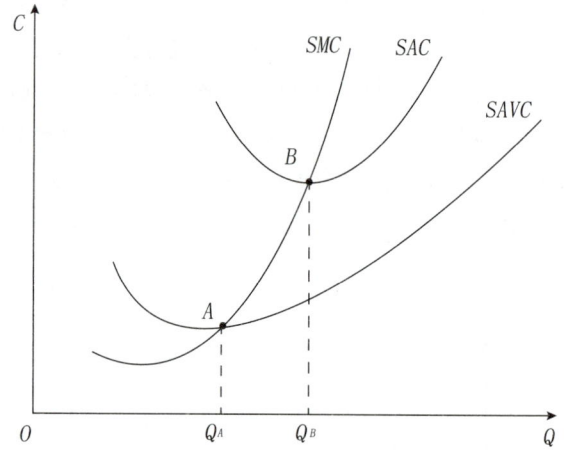

图 5-3 SMC 曲线、SAC 曲线和 SAVC 曲线

任务 5.3 长期成本分析

5.3.1 长期总成本

长期总成本是指长期生产一定量产品需要的成本总和。长期总成本随产量的变动而变动，没有产量就没有总成本。长期总成本（LTC）曲线是一条由原点出发向右上方倾斜的曲线，表示长期总成本随着产量的增加而增加，如图 5-4 所示。

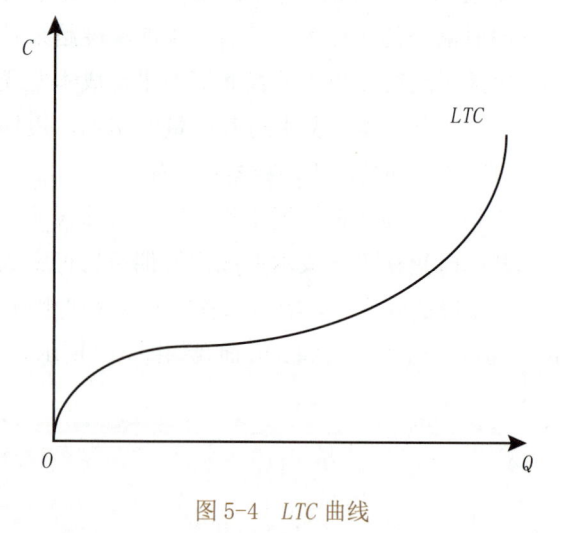

图 5-4 LTC 曲线

由图 5-4 可知，在开始生产时，要投入大量生产要素；当产量少时，这些生产要素无法得到充分利用，因此成本增加的比率大于产量增加的比率；当产量增加到一定程度后，生产要素开始得到充分利用，这时成本增加的比率小于产量增加的比率，这也是规模经济的效益；最后，由于规模收益递减，成本增加的比率又大于产量增加的比率。可见，长期总成本曲线与短期总可变成本曲线的形状是一致的。不同的是，短期总可变成本曲线的形状是由可变投入要素的边际收益率先递增、后递减决定的；而在长期，由于所有投入要素都是可变的，因此这里对应的不是要素的边际收益率问题，而是要素的规模报酬问题，长期总成本（LTC）曲线的形状是由规模报酬先递增后递减决定的。

5.3.2 长期平均成本

1. 长期平均成本的概念

长期平均成本，是指长期中平均每个单位产品的成本。它等于长期总成本除以产量，用公式表示为：

$$LAC = LTC/Q \tag{5-7}$$

式中，LAC——长期平均成本；

LTC——长期总成本；

Q——产量。

2. 长期平均成本曲线的特征

长期平均成本曲线表明了当资本和劳动都可以变动时，可以达到的最低平均总成本与产量之间的关系。长期平均成本曲线随着产量的增加而变动，开始时呈递减趋势，达到最低点后转而递增，是一条先下降后缓慢上升的"U"形曲线。LAC 曲线如图 5-5 所示。

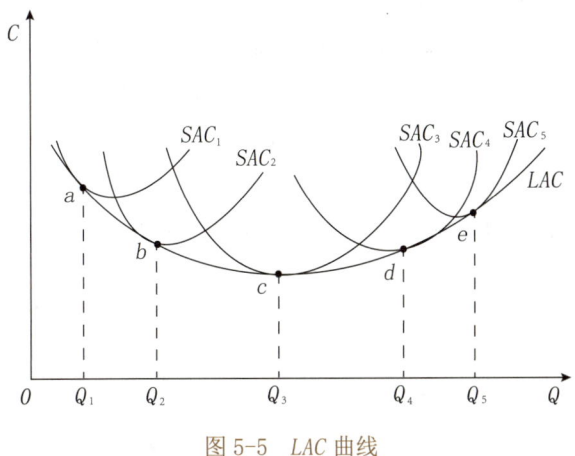

图 5-5　LAC 曲线

从图 5-5 可以看出，五条短期平均成本曲线分别表示不同生产规模下短期平均成本的变化情况，越是往右，代表生产规模越大，每条短期平均成本曲线与长期平均成本曲线相切，并且只有一个切点，从而形成一条包络曲线，这是为了降低成本而选择生产规模的结果。生产者要根据产量的大小决定生产规模，其目标是使长期平均成本达到最低。需要注意的是，长期平均成本曲线并不是与所有的短期平均成本曲线的最低点相切，而是只与其中一条短期平均成本曲线的最低点相切，即图 5-5 中的 c 点，它也是长期平均成本曲线的最低点。其他规模的短期平均成本曲线则是和长期平均成本曲线的较低点相切。在 c 点的左侧，长期平均成本曲线与短期平均成本曲线最低点的左侧相切，如 a 点和 b 点；在 c 点的右侧，长期平均成本曲线与短期平均成本曲线最低点的右侧相切，如 d 点和 e 点。所以，长期平均成本曲线是由无数条短期平均成本曲线集合而成的，从而表现为一条与无数条短期平均成本曲线相切的曲线。

在长期中，生产者按照这条曲线制订计划，确定生产规模，因此这条长期平均成本曲线又称为"计划曲线"或"包络曲线"。

长期平均成本曲线与短期平均成本曲线的区别在于：长期平均成本曲线无论在下降时还是上升时都比较平坦，这说明在长期中平均成本无论是减少还是增加的变动都较小。这是因为在长期中，全部生产要素都可以随时调整，从规模收益递增到规模收益递减之间有一个较长的规模收益不变阶段；而在短期中，规模收益不变阶段很短，甚至没有。

3. 不同行业的长期平均成本

以上对长期平均成本的讨论前提都假设生产要素的价格是不变的。如果考虑到生产要素价格的变动，则各行业长期平均成本变动的特点又有所不同。根据长期平均成本变动的情况，一般可以把不同行业分为三种：成本不变的行业、成本递增的行业、成本递减的行业。

（1）成本不变的行业。在这种行业中，各企业的长期平均成本不受整个行业产量变化的影响，无论产量如何变化，长期平均成本都是基本不变的。这一行业成本不变的原因主要有以下两个。

①成本不变的行业在经济中所占的比重很小。也就是说，与其他行业相比，这一行业的占比是微小的，其需要的生产要素在全部生产要素中所占的比例也很小，使其产量变化不会对生产要素的价格产生影响。因此，这一行业中各企业的长期平均成本不会由于这一行业产量的变动而变动。

②成本不变的行业使用的生产要素的种类与数量同其他行业呈反方向变动。这样，其产量的变动就不会引起生产要素价格的变动，从而保持长期平均成本不变。

（2）成本递增的行业。在成本递增的行业中，各个企业的长期平均成本会随着整个行业产量的增加而增加。这种行业在经济活动中较为普遍，其成本递增的原因主要是生产要素是有限的，会导致整个行业产量增加从而使生产要素价格上升，引起各企业的长期平均成本增加。这就是由于外部因素，一个行业规模的扩大给其中一个企业带来的"外在不经济"。在以自然资源为主要生产要素的行业，如农业、矿业等，这种情况更为突出。

（3）成本递减的行业。在成本递减的行业中，各企业的长期平均成本会随着整个行业产量的增加而减少。这就是之前所说的规模经济中的"外在经济"。这种行业成本递减的原因主要是受到外在经济的影响。例如，在同一地区建立若干个汽车制造厂，各企业会由于在交通、辅助服务等方面的节约而产生成本递减。但应该指出的是，这种成本递减的现象只是在一定时期内存在。在长期中，外在经济必然会变为"外在不经济"。因此，一个行业内的成本递减无法长期维持下去。

5.3.3 长期边际成本

长期边际成本是指长期中增加每个单位产品所增加的成本。用公式表示为：

$$LMC=\Delta LTC/\Delta Q \qquad (5-8)$$

式中，LMC——长期边际成本；

ΔLTC——长期总成本的增量；

ΔQ——产量的增量。

长期边际成本是随产量的增加先减少、后增加的，因此长期边际成本曲线也是一条先下降、后上升的"U"形曲线，但它比短期边际成本曲线要平缓一些。

长期边际成本和长期平均成本的关系与短期边际成本和短期平均成本的关系一样，即在长期平均成本下降时，长期边际成本小于长期平均成本（$LMC<LAC$）；在长期平均成本上升时，长期边际成本大于长期平均成本（$LMC>LAC$）；在长期平均成本的最低点，长期边际成本等于长期平均成本（$LMC=LAC$）。LMC曲线如图5-6所示。

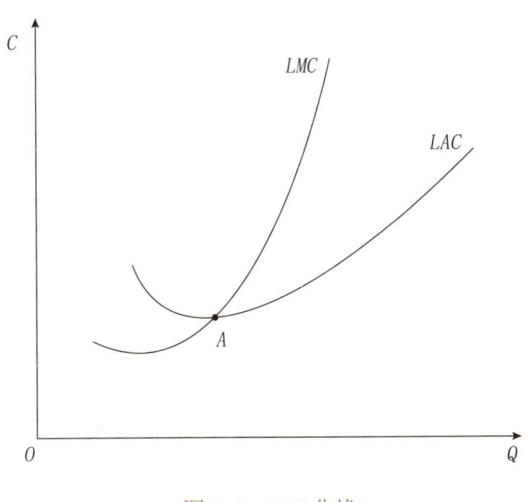

图 5-6 LMC 曲线

在图 5-6 中，LMC 曲线，与 LAC 曲线相交于曲线最低点 A。在 A 点，LMC=LAC，即长期边际成本等于长期平均成本。在 A 点左侧，LAC 曲线在 LMC 曲线之上，LAC 曲线一直递减，LAC＞LMC，即长期平均成本大于长期边际成本；在 A 点右侧，LAC 曲线在 LMC 曲线之下，LAC 曲线一直递增，LAC＜LMC，即长期平均成本小于长期边际成本。

任务 5.4　收益与利润最大化

5.4.1　收益分析

1. 收益

企业收益是指企业出卖产品得到的全部货币收入，即价格与销售量的乘积。收益中既包括了成本，又包括了利润。

2. 收益分类

（1）总收益。总收益是每个时期企业总的销售额。

总收益＝价格×数量（在完全售出的情况下）

经济学中总收益指一种物品的买者支付从卖者得到的量，用该物品的价格乘以销售量计算。

总收益与该物品是否具有需求弹性有关，当需求缺乏弹性时，价格和总收益同方向变动；当需求富有弹性时，价格与总收益反方向变动；当需求是单一弹性时，价格变动，总收益不变。计算公式为：

$$TR = P \cdot Q \quad (5\text{-}9)$$

（2）平均收益。平均收益是指厂商平均每个单位产品销售获得的收入。计算公式为：

$$AR = TR/Q \quad (5\text{-}10)$$

式中，AR——平均收益；

　　TR——总收益；

　　Q——产量。

（3）边际收益。边际收益是指增加 1 个单位产品的销售增加的收益，即最后 1 个单位产品的售出取得的收益。它可以是正值，也可以是负值。边际收益是企业分析中一个重要的概念。利润最大化的一个必要条件是边际收益等于边际成本，此时边际利润等于零，达到利润最大化。在完全竞争条件下，任何企业的产量变化都不会影响价格水平，需求弹性对个别厂商来说是无限的，总收益随销售量的增加同比例增加，边际收益等于平均收益，等于价格。计算公式为：

$$MR=\Delta TR/\Delta Q \tag{5-11}$$

TR 曲线、AR 曲线与 MR 曲线如图 5-7 所示。

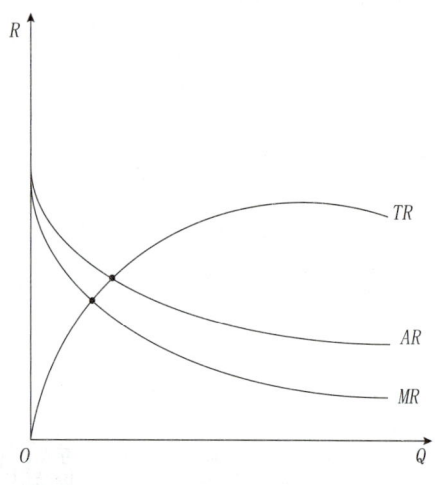

图 5-7　TR 曲线、AR 曲线与 MR 曲线

【情景 5-4】某明星要在体育馆举办一场演唱会。体育馆可以容纳 2 万人，这时演唱会已经售出 15 000 张票了，还有 5 000 张票没有售出，那么剩下的 5 000 张票就是所谓的边际量，经济学家往往会用边际成本衡量这些票的成本。也就是说，当演唱会的门票卖出 15 000 张后，每卖出 1 张票的边际成本几乎为零，即后面的 5 000 张票是纯赚的利润。

如果这场演唱会只有 1 个观众，其耗费的成本就是巨大的，包括整场演唱会的开销、场地费、人员费等。

所以，很多东西实际上是从 1 到 n 的过程，从商业角度来说，不管是门票，还是产品，卖的越多，其边际成本就越趋于零，这时的边际收益是远远大于边际成本的。

因此，"边际"的意思就是"每多 1 个"或者"增加的增量"，边际成本就是每增加 1 个量要产生的成本，边际收益就是每增加 1 个量带来的收益或效用。

5.4.2　利润最大化原则

1. 利润

企业从事生产或出售商品的目的是赚取利润。如果总收益大于总成本，就会有剩余，这个剩余就是利润。需要注意的是，这里讲的利润是指超额利润，不包括正常利润，正常利润包括在总成本中。如果总收益等于总成本，企业就不亏不赚，只获得正常利润；如果总收益小于总成本，企业就要发生亏损。

利润是生产活动中一个重要的价值概念，是指生产中获得的总收益与投入的总成本之间的差额。如果以 TR 表示总收益，TC 表示总成本，π 表示利润，则有：

$$\pi = TR - TC \tag{5-12}$$

2. 利润最大化

在早期西方资本主义社会，从纯经济学角度来看，企业的行为目标就是利润最大化。近期的经济学从伦理学角度出发，相信从长线来说，只有具备商业信誉、社会责任的企业，其利润才会有最大化。厂商从事生产或出售商品，不仅要求获取利润，而且要求获取最大利润。当边际成本等于边际收益（$MC=MR$）时，利润达到最大化。边际收益是最后增加 1 个单位销售量增加的收益，边际成本是最后增加 1 个单位产量增加的成本。这一利润最大化条件适用于所有类型的市场结构。

为什么在边际收益等于边际成本时能实现利润最大化呢？

（1）如果边际收益大于边际成本（$MR>MC$），则表明企业每多生产 1 个单位产品增加的收益大于生产这 1 个单位产品增加的成本。这时，对该企业来说，还有潜在的利润没有得到，企业可能会继续扩大产量，也可能有新企业进入该市场。也就是说，没有达到利润最大化。

（2）如果边际收益小于边际成本（$MR<MC$），

则表明企业每多生产1个单位产品增加的收益小于生产这1个单位产品增加的成本。这时，对该企业来说，增加产量不仅不能增加利润，还会发生亏损，更谈不上利润最大化，因此企业必然减少产量或退出市场。

（3）无论边际收益大于还是小于边际成本，企业都要调整其产量，说明没有实现利润最大化。只有在边际收益等于边际成本（$MR=MC$）时，企业才不会调整产量，表明企业已把该赚的利润都赚到了，即实现了利润最大化。

【情景5-5】 企业人员雇佣中的利润原则及其应用。

（1）企业人员雇佣中的利润最大化原则。按照西方经济学理论，企业是追求利润最大化的经济人。作为企业管理中重要环节的人员雇佣工作必须遵循利润最大化原则。企业人员雇佣中的利润最大化原则是：边际收益减去边际成本最大化，即正的利润增量最大化。

①企业人员雇佣中的成本与收益分析。

a. 企业人员雇佣中的成本分析。

招聘成本。招聘成本包括岗位空缺的广告费用、雇佣前的管理活动费用、录用面试费用、考试费用、集体评审费用、差旅费和迁移费用，雇佣后的情况收集和报告费用，新员工体检医疗费用、培养费（脱产培训和在实际工作中因缺乏知识造成的不必要的生产成本的增加）以及委托职业招聘机构的代理费用等。

开发成本。开发成本是指企业为使获得的人力资源达到符合具体工作岗位要求的业务水平和提高其工作技能的费用。其包括为使新员工熟悉企业有关情况而发生的成本、员工在职培训成本和脱产培训成本等。

使用成本。一类是工资和福利成本，包括货币工资、奖金和非货币的实物工资、医疗健康、生活保险、养老保险等一切货币和非货币支付。另一类是为保障员工开展工作而提供的必要的工作条件所发生的成本。如劳保用品、办公设备、交通费、机器设备等。

其他成本。企业雇佣成本除了以上三种外，还包括重置成本（再获得同样作用的雇员而需要花费的成本）、机会成本（新进员工与离职员工在工作绩效上的差异和雇员流失给企业造成的间接损失）、竞业成本（员工跳槽到其他企业给原企业带来的竞争优势的下降）和直接离职费用（包括与离职有关的管理活动费用、离职金、增加的失业税等）。另外，企业雇员流失对企业绩效也会产生严重影响。

边际成本。在企业人员雇佣中发生的成本是多方面的，但它们对于企业人员雇佣的原则并没有太大影响。真正影响企业人员雇佣的是边际成本。所谓人员雇佣的边际成本，是指随着企业人员雇佣数量的连续增加，每增加1个员工的雇佣所引起的总成本的增加。这一边际成本可以用公式表示为：

$$MC=\Delta TC/\Delta L \quad (5-13)$$

例如，某生产车间原有员工100名，车间生产的总成本是100万美元，员工增加到101名，总成本增加到102万美元，那么最后这名新增员工（第101名员工）的边际成本就是2万美元。

b. 企业人员雇佣中的收益分析。

企业人员雇佣中的收益是指企业雇佣了员工并投入使用后，员工创造的产出（包括产品和劳务）与其市场价格的乘积之和，一般用货币单位表示。如某雇员共生产了100件产品，每件产品的市场价格是10美元，那么该员工创造的收益是100×10=1 000（美元）。如果市场价格既定，经济学中就用产品数量代替收益。另外，企业人员雇佣的收益还表现为员工之间的相互关联，新增员工对其他员工绩效的影响，这种影响既可以是正向的，也可以是负向的。

企业人员雇佣中的边际收益是指企业每增加1名员工的雇佣所引起的额外总收益的增加。这一边际收益可以用公式表示为：

$$MC=\Delta TR/\Delta L \quad (5-14)$$

例如，某车间原有员工100名，总收益为1 000美元，员工增加到101名，总收益增加到1 008美元，那么边际收益为8美元。这8美元是由新增加的第101名员工创造的收益，即边际收益。需要强调的是，新员工增加引起收益变化是一个复杂的过程，因为员工生产不仅仅是其个人的事。在不同类型的工作中，员工之间既可能是相互独立的，也可能是相互影响的，还可能是相互配合的。随着新员工的加入，其他员工的绩效可能不受影响，也可能因此下降，还可能因此增加。因为只有边际收益减去边际成本后正的利润增量才是真正影响企业人员雇佣的变量。

②企业人员雇佣中的利润最大化原则。企业人员雇佣中的利润最大化原则是指边际收益减去边际成本后的利润增量最大化，即正的利润增量最大化。原因分析如下。

a. 影响企业人员雇佣的不只是边际成本。边际成本低不等于雇员给企业带来的正的利润多。例如，新雇佣1个大学生的边际成本是2 000美元，而新雇佣1个高中生的边际成本只有1 000美元，但我们不能由此确定应该雇佣大学生还是应该雇佣高中生，也不能由此确定企业应不应该增加人员雇佣。因为边际成本大小不能说明企业的新增利润情况。

b. 影响企业人员雇佣的不只是边际收益。边际收益高不等于雇员给企业带来正的利润多。例如，新雇佣1个大学生的边际收益是1 500美元，而新雇佣1个高中生的边际收益只有900美元，但我们不能由此确定应该雇佣大学生还是应该雇佣高中生，也不能由此确定企业应不应该增加人员雇佣。因为边际收益大小不能说明企业新增利润情况。

c. 真正影响企业人员雇佣的变量是边际收益减去边际成本最大化（正的利润增量最大化）。不管新增员工的边际收益和边际成本是多少，只要新增员工的边际收益与边际成本的差额为正值，企业雇佣这个新员工就是理性的；相反，只要新员工的边际收益与边际成本的差额为负值，企业就不应该雇佣这个新员工。同样地，大学生与高中生相比，谁带来正的经济利润最大，企业就应该雇佣谁。之所以这个变量重要，是因为这个变量符合利润最大化原则，只要企业按照这个原则进行人员雇佣，就能得到最大的经济好处。

(2) 利润最大化原则在企业人员雇佣中的应用。

①企业人员雇佣中的数量问题。企业人员雇佣中的数量问题是其首先需要解决的问题。根据以上分析，企业人员雇佣的数量标准是，雇员的边际收益等于边际成本。

a. 雇员的边际收益大于边际成本。企业每增加1个人员的雇佣，带来的收益（边际收益）大于为此付出的新增加的成本（边际成本），因此增加雇佣还会带来正的利润增量。权衡利弊，理性的企业在这一阶段应该继续增加雇佣，以获得更多的利润。

b. 雇员的边际收益小于边际成本。这意味着每增加1个人员的雇佣，带来的新增加的收益（边际收益）小于为此付出的新增加的成本（边际成本）。因此，增加人员雇佣不仅不会给企业带来正的利润增量，还会带来负的利润，即企业因此亏损。权衡利弊，理性企业在这一阶段应该辞退一部分员工，直到边际收益不再小于边际成本为止。

c. 边际成本等于边际收益。由以上分析可见，不管增加雇佣还是辞退员工，理性的企业都在寻找一个最优点。在这一点上，企业得到了所有可能得到的好处，也避免了不必要的损失。这个最优点就是边际成本等于边际收益的点（$MR=MC$）。在这个点上，企业不再增加人员雇佣，也不再辞退员工，实现了企业人员雇佣的均衡。

②企业人员雇佣中的质量问题。企业人员雇佣中另一个既重要又经常被扭曲的问题是，企业应该雇佣什么标准的员工，即应该雇佣高学历的员工还是应该雇佣低学历的员工，是雇佣熟练工人还是雇佣非熟练工人，等等。企业人员雇佣的标准是：谁的边际收益减去边际成本的差额大，即谁的正的利润增量大就雇佣谁。

a. 高学历、高技能的员工可能给企业带来更多的总收益的增加（边际收益），但这些员工的雇佣也可能带来更高的总成本的增加（边际成本）。也就是说，这些员工不一定给企业带来更大的好处，甚至不能给企业带来负的利润。

b. 低学历、低技能的员工可能给企业带来较少的总收益的增加（边际收益），但这些员工的雇佣可能只需要较低的总成本增加（边际成本）。也就是说，这些员工给企业带来的好处不一定少，但也不能给企业带来更大的正的利润增量。

c. 雇佣那些正的利润增量最大化的员工。显然，企业雇佣员工的标准不是学历、技能等因素，而是边际收益减去边际成本的差额最大，即谁的正的利润增量最大就应该雇佣谁。

③长期和短期情况下的人员雇佣问题。前面关于人员雇佣的数量和质量问题都没有区分长期与短期的不同情形，但在实践中对此进行区分是非常必要的，原因如下。

a. 同一员工在不同时期的正的利润增量是不同的。为了招聘新员工产生了很高的招聘成本，新员工上岗前还要进行必要的培训，产生了培训成本。这两项成本分摊到员工的整个使用期，并随着工作年限的增加而逐年下降。相反，新员工上岗后总有一个适应期，这个时期的工作绩效是很低的，甚至没有任何产出。随着工作时间的延长，雇员的技术状况得到了进一步改善，工作也变得越来越熟练，绩效明显提高。

所以，即便是同一个员工，考察期限不同，其边际收益减去边际成本的差额（正的利润增量）也是不一样的。

b. 不同员工在不同时期的正的利润增量是不同的。例如，对大学生和高中生的投资收益情况进行考察，第一年考察的结果可能是高中生的正的利润增量大于大学生的正的利润增量；第二年考察的结果可能是两者的正的利润增量相等；第三年考察的结果可能是大学生的正的利润增量大于高中生的正的利润增量。可见，在对两个不同的员工进行比较时，其正的利润增量大小还取决于考察期限的长短。

从以上分析可见，在按照利润最大化原则确定人员的雇佣数量和雇佣标准时，边际收益和边际成本的计算都必须以整个合同期为单位，进行综合考察，否则得到的结论不一定是客观合理的，甚至会违背利润最大化原则。

④企业人员的雇佣和解雇问题。企业必须不断招聘新员工加盟，因为新进员工（特别是年轻员工）进入企业的同时带来了新的技术和新的思想。这对于那些正在经历快速技术变革的行业来说是最重要的。在这些行业里，新员工常常通过正规的学校教育学到最新的技术。而那些许多年前经过正规培训的资深员工尽管掌握了熟练精深的工作技能，却不能像年轻人那样了解最新的研究成果。所以，如果实现了新老员工的某种组合就能创造出一种最具有生产率的工作环境。

问题是企业有时候没有足够的空缺岗位，只好辞退一部分老员工。那么，企业应遵循什么原则辞退老员工和招聘新员工呢？答案是新进员工的净收益大于被辞退员工的净收益加净损失（离职成本），即辞退员工（被迫离职）产生的离职成本以及被辞退员工如果继续留用可能给企业创造的收益应该由新进员工补偿。

另外，新进员工产生了边际成本，而辞退的员工不再发生使用成本。所以，只要新进员工的净收益大于被辞退员工的净收益加离职成本，企业就可以选择解雇老员工，聘用新员工。当然，企业同样需要进行长期和短期的综合考察，以便使决策真正符合利润最大化原则。

⑤机器设备发生变化情况下的人员雇佣问题。前面的分析并没有考虑到机器设备（代表生产技术）的变化情况。研究表明，使用老式机器设备（或是劳动密集程度高）的车间里，熟练工人的成本收益率高于专业技术工人的成本收益率。使用新式机器（或是资本密集程度高）的车间里，专业技术工人的成本收益率高于熟练工人的成本收益率。因此，可以得出以下结论：企业一旦提高了其使用的资本存量和质量，就要相应地改善劳动力质量，以保证雇员正的利润增量最大。根据该结论，企业在确定人员雇佣数量和雇佣标准的时候，应充分考虑企业资本设备可能发生的变化。

⑥不同类型企业中的人员雇佣问题。企业类型不同，员工之间在效率方面的关联度也不同。当工在工作中是相互作用的时候，一个员工对于产量的贡献还包括他对其他同事的产量产生的影响。因此，与员工之间的产量相互独立时的情况相比，当员工之间的产量存在着相互作用时，企业愿意雇佣更多的也是更好的员工。那么，在这两种不同情形下，企业雇佣人员的原则是否还是正的利润增量最大呢？

a. 员工在工作中相互独立工作时的雇佣原则是正的利润增量最大化。例如，某个专门从事推销的公司，每名员工的销售额都取决于个人的能力和努力程度，而与其他销售人员的努力程度无关。在这样的企业里，企业员工雇佣的原则是正的利润增量最大化。因为只要满足这个原则，企业就能得到最大好处。

b. 员工在工作中存在相互联系时的员工雇佣原则也是正的利润增量最大化，如律师事务所。律师事务所要做的工作很多，有些律师专门负责招揽业务，有些律师专门负责研究工作，还有一些律师专门负责打官司。律师事务所里每名员工的工作价值还取决于其他员工的表现，这种以最优方式组织起来的结构性团队虽是一个组织遇到的难题之一，但不管这个问题有多复杂，都不会影响"最大化原则"。因为所谓的"边际收益"和"边际成本"是一个综合指标，其数值是用报告期总量减去基期总量求得的，包含了因为相互作用引起的其他员工的收益变化和成本变化。所以，在这样的企业里，企业员工雇佣的原则还是正的利润增量最大化，只要满足了这个原则，企业总能得到最大好处。

项目小结

本项目主要讲述了成本的定义和分类、短期成本分析、长期成本分析、收益与利润最大化。成本的定义和分类主要包括会计成本与经济成本，机会成本，私人成本与社会成本，短期成本与长期成本；短期成本分析主要包括短期成本的分类，各类短期成本的变动规律及其关系；长期成本分析主要包括长期总成本、长期平均成本、长期边际成本；收益与利润最大化主要包括收益分析、利润最大化原则。

思考与练习

一、单项选择题

1. 某企业每年从总收入中取出一部分作为自己提供的生产要素的报酬，这部分资金被视为（　　）。

A. 显性成本　　B. 隐性成本
C. 经济利润　　D. 沉没成本

2. 随着产量的增加，短期平均固定成本（　　）。

A. 在开始时减少，然后趋于增加
B. 一直趋于减少
C. 一直趋于增加

D. 固定不变

3. 短期边际成本曲线与短期平均成本曲线的相交点是（　　）。

A. 短期平均成本曲线的最低点
B. 短期边际成本曲线的最低点
C. 短期平均成本曲线下降阶段的任何一点
D. 平均成本曲线上升阶段的任何一点

4. 随着产量的增加，长期平均成本的变动规律是（　　）。

A. 先增加而后减少　　B. 先减少而后增加
C. 一直趋于减少　　D. 一直趋于增加

5. 利润最大化原则是指（　　）。

A. 边际成本等于边际收益
B. 边际成本小于边际收益
C. 边际成本大于边际收益
D. 边际成本等于平均成本

二、多项选择题

1. 关于会计成本与经济成本，下列说法正确的有（　　）。

A. 会计成本主要包括显性成本
B. 经济成本既包括显性成本，也包括隐性成本
C. 当存在隐性成本时，经济成本一般大于会计成本
D. 会计成本与经济成本体现了对待成本问题的两种视角

2. 经济成本包括（　　）。

A. 显性成本　　B. 会计成本
C. 机会成本　　D. 隐性成本

3. 企业的长期成本与短期成本的区别是（　　）。

A. 当产量为零时，长期成本为零
B. 当产量为零时，短期成本等于固定成本
C. 时间的长短是最主要的区别
D. 长期成本比短期成本数额大

4. 关于长期成本和短期成本，下列说法正确的有（　　）。

A. 长期成本曲线的起点是原点
B. 短期成本曲线的起点是原点
C. 长期成本中的一部分是固定的
D. 短期成本中的一部分是固定的

5. 短期边际成本曲线与短期平均成本曲线的交点是（　　）。

A. 平均成本曲线最低点
B. 边际成本曲线最低点
C. 相交之后边际成本等于平均成本
D. 相交之后边际成本大于平均成本

三、判断题

1. 在长期中，企业可以根据其要达到的产量调整全部生产要素，因此一切成本都是可变的，不存在固定成本和可变成本的区别。（　　）

2. 短期总成本曲线和长期总成本曲线一样，都是从原点出发向右上方倾斜的一条曲线。（　　）

3. SMC 曲线与 SAVC 曲线相交于 SAVC 曲线的最低点，这个点被称为"收支相抵点"。（　　）

4. SMC 曲线与 SAC 曲线相交于 SAC 曲线的最低点，这个点被称为"停止营业点"。（　　）

5. 当边际收益等于边际成本时，企业的利润为零。（　　）

四、简答题

1. 什么是短期总成本、短期平均成本和短期边际成本？

2. 短期边际成本与短期平均成本的关系如何？

项目 6 市场理论

知识目标

◎ 掌握完全竞争市场；

◎ 掌握不完全竞争市场。

技能目标

◎ 掌握垄断竞争市场上的企业均衡；

◎ 掌握寡头垄断市场上的价格决定；

◎ 掌握四种市场结构的比较。

案例导入

啤酒市场一旦形成寡头垄断竞争格局，对啤酒价格、产量的影响如何？

案例思考

分析啤酒市场竞争。

本章导语

通过本章学习，充分了解完全竞争市场和不完全竞争市场的内容，并掌握垄断竞争市场上的均衡。

任务 6.1 完全竞争市场

6.1.1 完全竞争概述

1. 完全竞争的概念

完全竞争又称"纯粹竞争",是这样一种市场结构:在其中同质的商品有很多卖者,没有一个卖者或买者能控制价格,进入很容易,并且资源可以随时从一个使用者转向另一个使用者。例如,许多农产品市场可以看成无限近似完全竞争市场,但是并不等同,因为完全竞争市场是理想化的。也就是说,完全竞争是一种不受任何阻碍、干扰和控制的市场结构,是指那些不存在足以影响价格的企业或消费者的市场,是经济学中理想的市场竞争状态,也是几个典型的市场形式之一。可以证明,完全竞争的结果符合帕累托最优。

2. 实现完全竞争的条件

由于完全竞争是指一种竞争不受任何阻碍、干扰和控制的市场结构。而"不受任何阻碍、干扰和控制"的含义是:不存在垄断现象,不受政府影响。因此,实现完全竞争的条件有四个。

(1) 市场上有许多生产者与消费者。每个生产者与消费者的规模都很小,即任何一个市场主体所占的市场份额都极小,无法通过自己的行为影响市场价格和市场的供求关系,因而每个主体都是既定市场价格的接受者,而不是决定者。

(2) 市场上的产品是同质的,即不存在产品差别。产品差别是指同种产品在质量、包装、牌号或销售条件等方面的差别,而不包括不同种类产品之间的差别,如创维彩电与长虹彩电的差别,而不是彩电与空调的差别。因此,企业不能凭借产品差别对市场实行垄断。

(3) 所有资源都可以完全自由流动而不受任何限制。任何一个企业都可以按照自己的意愿自由地扩大或缩小生产规模,进入或退出某一完全竞争行业。

(4) 市场信息是畅通的。企业与消费者双方都可以获得完备的市场供求信息,双方不存在相互欺骗的现象。

具有上述条件的市场叫作"完全竞争市场"。很显然,在现实中很少存在这样的市场结构,比较符合条件的有农产品市场和没有大户操纵的证券市场。但是,分析完全竞争市场的企业行为具有重要的理论意义。

【情景6-1】中国已经成为世界啤酒第一产销大国,啤酒市场进入成长期。加入世界贸易组织之后,越来越多的国际资本势不可当地涌入中国,与急需增强资本优势开拓国内、国际市场的中国啤酒企业展开合作,形成优势互补,共同开拓中国啤酒市场。外资第一次大规模进入中国啤酒市场是在20世纪90年代初期,50多家外资啤酒品牌全面进军中国,当时国内大多数大中型啤酒企业被外资控股或收购,市场上出现大量外资啤酒品牌。90年代中后期,由于中国啤酒市场地方保护严重、价格战产生的恶性竞争使绝大多数外资啤酒企业水土不服,大规模撤出中国市场。中国加入世界贸易组织后,外资又纷纷重新抢滩中国啤酒市场。现在,外资在策略上已经比较成熟和现实,找到更为可行的介入方式——"改用资本说话",绝大部分采用参股、控股国内强势企业的策略。目前,我国三大啤酒品牌(青岛、燕京和珠江)都有外资参股、控股。在外资推动下,啤酒市场新一轮的品牌整合将渐次展开,寡头垄断竞争格局有可能出现。分析人士指出,就啤酒行业而言,国际啤酒市场趋于饱和,近10年增长缓慢。中国啤酒市场有很大潜力,每年有5%~10%的增长。中国人均消费啤酒量约19升,如果要达到国际中等人均消费啤酒水平30升，我国啤酒年产量将达到4 000万吨的规模，市场空间巨大。

随着啤酒产品结构的改善和西部地区、农村地区消费需求的进一步挖掘，啤酒市场尤其是中低档啤酒市场的春天会再次到来。20世纪90年代中后期，进入中国啤酒行业的外资为什么大规模撤出中国？中国加入世界贸易组织后，为什么越来越多的国际资本涌入中国啤酒市场？一旦形成寡头垄断竞争格局，对啤酒价格、产量的影响如何？

分析：啤酒市场竞争可以看作完全市场竞争，这是因为20世纪90年代中后期啤酒行业进入门槛相对较低，市场上的生产厂家众多，普通大众都是消费者；如果没有品牌的差异，啤酒这种产品就可以看作无差异产品，市场信息传播也基本是无障碍的。正是市场的完全竞争导致一些恶性的竞争结果，如竞相降价、产品质量下降、地方保护主义等，外资在这种恶性竞争下无利可图，所以大规模撤出中国。中国加入世界贸易组织后，随着市场制度的完善，啤酒市场的竞争逐渐规范；同时，中国的资本市场也不断发展壮大。外国投资者不仅对中国潜力巨大的啤酒市场充满信心，而且外资可以利用资本市场的运作，进入条件和进入方式更加方便，使得国际资本更多地涌入中国，追求中国啤酒市场的利润。啤酒市场一旦形成寡头垄断竞争，市场由少数厂商控制，对啤酒价格、产量方面的影响就可能出现古诺模型、斯威齐模型和卡特尔协议中描述的情形。

6.1.2 完全竞争市场上的供求、价格及收益

1. 完全竞争市场上的供求和价格

在完全竞争市场条件下，对整个行业来说，需求曲线是一条向右下方倾斜的曲线，供给曲线是一条向右上方倾斜的曲线。整个行业的产品价格就是由这种需求与供给关系决定的，如图6-1（a）所示。但对个别企业来说，情况就不一样了。当市场价格确定之后，对个别企业而言，这一价格是既定的，无论其如何增加产量，都不会影响市场价格。因此，市场对个别企业产品的需求曲线就表现为一条与横轴平行的水平线，如图6-1（b）所示。

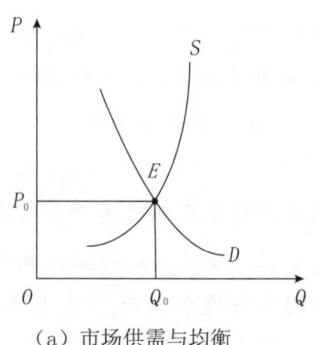

（a）市场供需与均衡

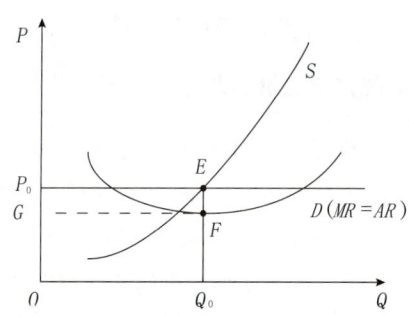

（b）个别企业产品的需求曲线

图6-1 市场供需均衡和个别企业的需求曲线

在图6-1（b）中，需求曲线的需求价格弹性系数为无限大，即在市场价格既定时，对个别企业产品的需求是无限的。在完全竞争市场上，个别企业产品的需求曲线D与平均收益曲线AR和边际收益曲线MR三条线重合在一起。

2. 完全竞争市场上的收益

在各种类型的市场上，平均收益与价格都是相等的，即$AR=P$，因为每单位产品的售价就是其平均收益。对个别企业来说，只有在完全竞争市场上，平均收益和边际收益才与价格相等，即$AR=P=MR$，因为只有在这种情况下，个别企业销售

量的增加才不影响价格。在完全竞争市场上,企业每增加 1 个单位产品的销售,市场价格不变,从而每增加 1 个单位产品销售的边际收益 MR 也不会变,边际收益也等于价格。

6.1.3 完全竞争市场上企业的短期均衡

当一个企业获得最大利润时,其既不会增加生产也不会减少生产,所以处于均衡状态。前面已经证明,边际收益等于边际成本,即 MR=MC,是利润最大化的条件。短期均衡是指企业不能根据市场行情调整其生产规模,也不能变换某一行业的均衡。在完全竞争条件下,MR=AR=P,所以完全竞争市场上企业的短期均衡即取得最大利润的必要条件是:MC=MR=AR=P。完全竞争市场上企业的短期均衡随着均衡价格的变化,可能出现以下四种情况。

(1) 供不应求状况下的短期均衡——企业获得超额利润。对个别企业来说,其需求曲线 D 是从行业市场价格 OP 引出的一条平行线,该曲线也是平均收益曲线 AR 和边际收益曲线 MR。SMC 为短期边际成本曲线,SAC 为短期平均成本曲线。

在产品供不应求的情况下,由于需求曲线 D 在短期平均成本曲线与短期边际成本曲线交点的上方,即市场价格大于个别厂商的平均成本,因此该企业有利润存在。

企业要实现利润最大化,就必须满足边际收益等于边际成本,即 MR=MC。边际收益曲线 MR 与边际成本曲线 MC 的交点 E 决定了企业利润最大化时的产量为 OQ^*。这时该企业的总收益(TR)等于平均收益(AR)乘以产量(OQ^*),即图 6-2 中的 OQ^*EP^*;总成本(TC)等于平均成本(AC)乘以产量(OQ^*),即图中的 OQ^*FG。由于 TR > TC,该企业可获得的超额利润为图 6-2 中的 $GFEP^*$(TR−TC)。

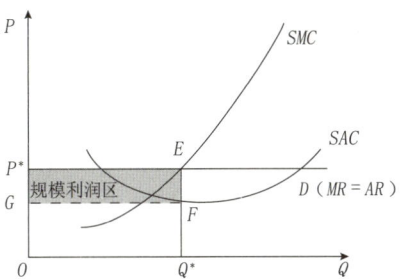

图 6-2 供不应求状况下的短期均衡

由于超额利润的存在会吸引更多企业进入,其结果是整个行业的投资增加、生产规模扩大、产出增加,从而在整个行业出现供过于求的状况,导致市场价格下降,部分企业出现亏损。

(2) 供求平衡状况下的短期均衡——企业获得正常利润。在供求平衡的情况下,由于需求曲线 D 通过短期平均成本曲线与短期边际成本曲线的交点,即市场价格等于个别企业的平均成本,因此 MR=MC=AR=AC,此时企业的总收益(TR)等于平均收益(AR)乘以产量(OQ^*),总成本(TC)等于平均成本(AC)乘以产量(OQ^*)。所以,总收益(TR)等于总成本(TC)。此时,企业没有超额利润,可以获得正常利润,因为正常利润是总成本的一部分。这时现有企业都不愿意离开这个行业,也没有新的企业愿意加入这个行业,如图 6-3 所示。

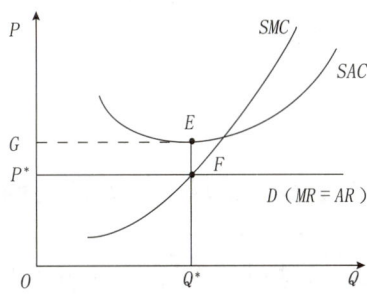

图 6-3 供求平衡状况下的短期均衡

(3) 供过于求状况下的短期均衡——企业遭受亏损。在供过于求的情况下,由于需求曲线 D 在短期平均成本曲线与短期边际成本曲线交点的下方,即市场价格低于个别企业的平均成本（AR＜AC），该厂商面临亏损。企业为了最大限度减少亏损，必须满足边际收益等于边际成本（MR=MC）。边际收益曲线与边际成本曲线的交点 E 决定了企业亏损最小化时的产量为 OQ^*。这时，该企业的总收益（TR）等于平均收益（AR）乘以产量（OQ^*），即图 6-4 中的 OQ^*EP^*；总成本（TC）等于平均成本（AC）乘以产量（OQ^*），即图 6-4 中的 OQ^*FG。由于 TR＜TC，因此该企业的亏损额为图 6-4 中的 $GFEP^*$（TR-TC）。

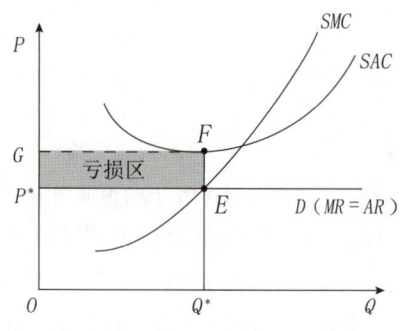

图 6-4　供过于求状况下的短期均衡

由于存在亏损，部分亏损企业退出该行业，结果是整个行业的投资减少、生产规模缩小、产出下降，从而在整个行业出现供求平衡甚至供不应求的状况，导致市场价格上升，出现行业盈利的状况。如此循环往复，最终会趋于市场的长期均衡。

（4）停止营业点。如果行业市场价格低于个别企业的平均成本，企业的平均收益不足以弥补平均成本的支出，该企业就会面临收支相抵的问题，至于是否停止生产，还要看平均可变成本与行业市场价格之间的关系。

在图 6-5 中，SAC 为短期平均成本曲线，SAVC 为短期平均可变成本曲线。短期平均成本曲线与短期平均可变成本曲线之间的距离就等于短期平均固定成本。从项目 5 的分析可知，短期成本曲线 SMC 分别交于这两条平均成本曲线的最低点，如图 6-5 中 A 点和 B 点所示。当市场价格高于 OP_A 时，平均收益高于平均可变成本，但仍小于平均成本。这时，虽然发生亏损，但企业从事生产是值得的，因为得到的收益能弥补一部分固定成本，使得亏损额比不生产时小一些；如果企业停止生产，那么企业将负担全部的固定成本损失。当市场价格低于 OP_A 时，企业所得的收益连可变成本都不能补偿。这时，停止生产产生的亏损比从事生产时要小一些。当价格等于 OP_A 时，平均收益恰好等于平均可变成本，企业从事生产和不从事生产产生的亏损是一样的，其亏损额都等于固定成本。这时，企业处于营业的边际状态。因此，价格等于最低的平均可变成本这一点（图 6-5 中的 A 点）就叫作"停止营业点"。

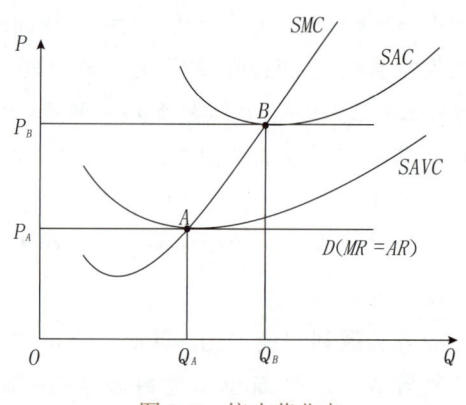

图 6-5　停止营业点

6.1.4　完全竞争市场上企业的长期均衡

完全竞争市场上企业的长期均衡是指在完全竞争市场条件下，每个企业都可以根据市场价格调整全部生产要素和生产，并可以自由进入或退出所属行业的均衡生产状态。这样，整个行业供给的变动就会影响市场价格，从而影响各企业的均衡。

在完全竞争企业的长期生产中，所有生产要素都是可变的，且在市场价格给定的条件下，一方面，企业可以调整生产要素的使用量进而选择生产规模以实现利润最大化；另一方面，由于不存在进退限制，企业可以决定继续停留于该产业或退出转而进入其他产业，在产业之外的完全竞争企业也可以进入该产业。在短期内，完全竞争企业是根据 $MR=SMC$ 确定其短期内最优产量的。类似地，在长期内，完全竞争企业是根据 $MR=LMC$ 确定其长期最优产量的。

1. 企业对最优生产规模的选择

分析企业在长期生产中对最优生产规模的选择如图6-6所示。在图6-6中，假定完全竞争市场的价格为 P。在短期内，假定企业已拥有的生产规模以曲线 SAC 和曲线 SMC 表示。由于在短期内生产规模是给定的，所以企业只能在既定的生产规模下进行生产。根据 $MR=SMC$ 短期利润最大化的均衡条件，企业选择的最优产量为 Q_1，获得的利润为图6-6中较小的阴影部分 $HKJI$ 的面积。而在长期内，根据 $MR=LMC$ 长期利润最大化的均衡条件，企业会选择 SAC_2 曲线和 SMC_2 曲线代表的最优生产规模进行生产。相应地，最优产量为 Q_2，获得的利润为图中较大阴影部分 $EFGH$ 的面积。很明显，在长期中，企业通过选择最优生产规模，使自己的状况得到更大的改善，从而获得了比在短期内能获得的更大的利润。

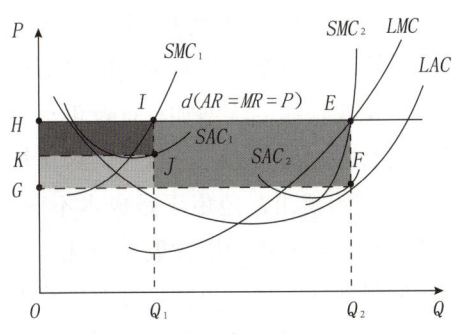

图6-6　企业对最优生产规模的选择

2. 企业进入或退出一个行业

分析企业在长期生产中进入或退出一个行业的决策及其对单个企业利润的影响如图6-7所示。企业在长期生产中进入或退出一个行业，实际上是生产要素在各个行业之间的调整，生产要素总是流向能获得更大利润的行业，也总是从亏损的行业退出。正是行业之间生产要素的这种调整，使得完全竞争企业长期均衡时的利润为零。如果开始时的市场价格较高为 P_1，根据 $MR=LMC$ 的利润最大化原则，企业选择的产量为 Q_1；相应地，最优生产规模由曲线 SAC_1 和曲线 SMC_1 代表。此时，企业获得利润，这会吸引一部分企业进入该行业。随着行业内企业数量的逐步增加，市场上的产品供给也会增加，市场价格就会逐步下降；相应地，单个企业的利润会逐步减少。只有当市场价格水平下降到使单个企业的利润减少为零时，新企业的进入才会停止。相反，如果市场价格较低为 P_3，则企业选择的产量为 Q_3；相应地，最优生产规模由曲线 SAC_3 和曲线 SMC_3 代表。此时，企业是亏损的，这使行业内原有企业中的一部分退出该行业的生产。随着行业内企业数量逐步减少，市场的产品供给也会减少，但市场价格会逐步上升，相应地，单个企业的亏损就会减少。只有当市场价格水平上升到使单个企业的亏损消失即利润为零时，原有企业的退出才会停止。总之，不管是新企业的进入，还是原有企业的退出，这种调整都会使市场价格达到等于长期平均成本最低点的水平，即图6-7中的价格水平 P_2。在这一价格水平上，行业内的每个企业既无利润，也无亏损，但都实现了正常利润。于是，企业成为进入或退出该行业的动力，行业内的每个企业都实现了长期均衡。

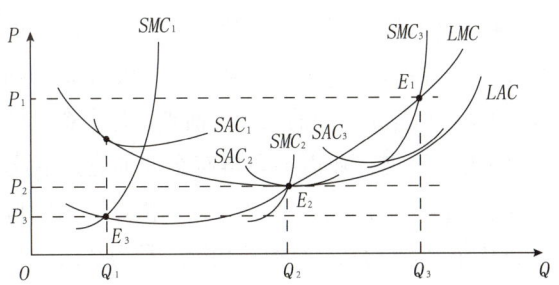

图6-7　企业进入或退出一个行业

图6-7中 E_2 点是完全竞争企业的长期均衡点。在企业的长期均衡点 E_2 上，曲线 LAC 达到最低点，相应地，曲线 LMC 经过该点；企业的需求曲线与曲线 LAC 相切于该点；代表最优生产规模的曲线 SAC_2 相切于该点，相应地，曲线 SMC_2 经过该点。总之，完全竞争企业的长期均衡出现在曲线 LAC 的最低点。这时生产的平均成本降到长期平均成

本的最低点，商品的价格也等于最低的长期平均成本。

由此，我们得到完全竞争企业的长期均衡条件为：$MR=LMC=SMC=LAC=SAC$，式中，$MR=AR=P$。此时，单个企业的利润为零。

6.1.5 完全竞争行业的长期供给曲线

在前面的分析中，始终隐含着一个假定，即生产要素的价格是不变的。也正是在这个假定条件下，直接由企业的短期供给曲线水平加总得到了行业的长期供给曲线。然而，在分析行业的长期供给曲线时，用这个假定显然是不合理的。因为，当企业进入或退出一个行业时，整个行业产量的变化有可能对生产要素的市场需求产生影响，从而影响生产要素的价格。根据行业产量变化对生产要素价格可能产生的影响，完全竞争行业可区分为成本不变行业、成本递增行业和成本递减行业。这三类行业的长期供给曲线各有特色。

1. 成本不变行业的长期供给曲线

成本不变行业的产量扩张以及由此引起的生产要素需求量的增加，不会引起生产要素价格的变动，企业始终在既定的长期平均成本的最低点从事生产。在这种情况下，行业的长期供给曲线是一条水平线，如图6-8所示，由市场需求曲线D_1和市场短期供给曲线S_1的交点A决定的市场均衡价格为P_1。在价格水平P_1上，企业在E点实现短期均衡，假设E点也是企业的长期均衡点，每个企业的利润均为零，则行业内不会再有企业的进入和退出，故称A点为行业的一个"长期均衡点"。此时，企业的均衡产量为Q_1，行业的均衡产量为Q_2。

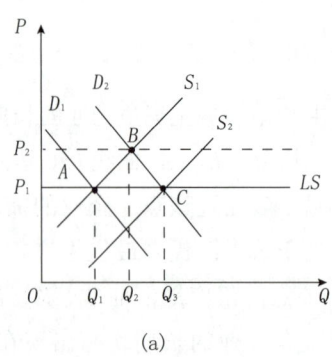

(a)

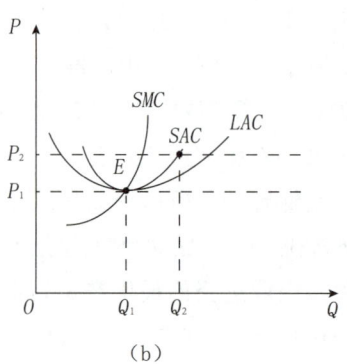

(b)

图6-8 成本不变行业的长期供给曲线

假设由于某些因素的影响使市场需求增加，需求曲线D_1向右移至需求曲线D_2，新的市场均衡点为B。短期内行业只能沿短期供给曲线S_1移动，市场价格上升到P_2。在此价格下，企业短期内利润最大化的产量是Q_2。这里的产量上升是靠行业内现有企业在固定投入不变的条件下增加可变投入来实现的，并且企业能获得利润。

从长期看，单个企业获得利润吸引新企业加入该行业，导致行业供给增加。行业供给增加会产生两方面的影响：一方面，行业供给增加会增加对生产要素的需求，但由于是成本不变行业，所以生产要素的价格不会因此发生变化，企业的成本曲线位置不变；另一方面，行业供给增加会使企业的曲线S_1不断向右平移，市场价格随之逐步下降，单个企业的利润也逐步减少。这个过程要持续到单个企业的利润消失为止，即曲线S_1要移动到曲线S_2的位置，从而使得市场价格又回到原来的长期均衡价格水平P_1，单个企业又在原来的曲线LAC的最低点E实现长期均衡，单个企业的产量仍然为Q_1。所以，曲线D_2和曲线S_2的交点C是行业的又一个长期均衡点。市场的均衡产量为Q_3，市场均衡产量的增加量为Q_1Q_3，是由新加入的企业提供的。

连接 A、C 这两个行业长期均衡点的直线 LS 就是行业的长期供给曲线。所以，成本不变行业的长期供给曲线是一条水平线。它表示成本不变行业是在不变的均衡价格水平上提高产量，该均衡价格水平等于企业的不变长期平均成本最低水平。市场需求变化会引起行业长期均衡产量的同方向变化，但长期均衡价格不会发生变化。

2. 成本递增行业的长期供给曲线

成本递增行业的产量增加引起的生产要素需求增加，会导致生产要素价格上升，从而使企业成本曲线上移。成本递增行业的长期供给曲线是一条向右上方倾斜的曲线，如图6-9所示。

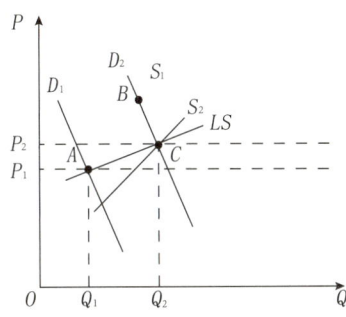
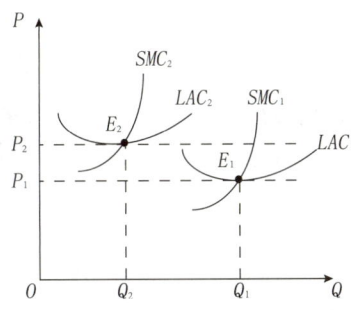

图6-9 成本递增行业的长期供给曲线

成本递增行业的长期供给曲线推导过程与成本不变行业的相同。假定市场需求增加使市场曲线从 D_1 向右移动至 D_2 的位置，并与原市场短期供给曲线 S_1 相交形成新的更高的价格水平。在此价格水平上，企业在短期内仍以曲线 SMC_1 代表的既定生产规划生产，并由此获得利润。长期内会有新企业进入该行业，使行业供给曲线右移，一直移动到 S_2，直到企业的利润消失为止。新的行业均衡点为 C，市场价格由 P_1 上升到 P_2，企业的产量由 Q_1 减少到 Q_2。但与成本不变行业不同的是，价格不会回落到原来的水平 P_1，因为行业的扩张提高了生产要素的价格，单个企业的长期平均成本曲线从 LAC_1 上移到 LAC_2。当再次达到长期均衡时，价格为与企业新的长期成本曲线 LAC_2 的最低点 E_2 对应的价格 P_2，新的行业长期市场均衡点为 C。

连接 A、C 这两个行业长期均衡点的 LS 曲线就是行业的长期供给曲线。成本递增行业的长期供给曲线是向右上方倾斜的。它表示在长期内，行业的产品价格和供给量呈同方向变动。市场需求的变动不仅会引起行业长期均衡价格的同方向变动，还会引起行业长期均衡产量的同方向变动。行业均衡产量为 Q_2，行业内企业人数增加了，单个企业的产量既可能较最初减少，也可能增加，这取决于新的长期成本曲线 LAC_2 的位置。

3. 成本递减行业的长期供给曲线

由成本递减行业的产量增加引起的生产要素需求增加，会使生产要素的价格下降，从而使企业的成本曲线下移。这是因为生产要素行业的产量增加，使行业内单个企业的生产效率提高，从而使生产要素价格下降。成本递减行业的长期供给曲线是向右下方倾斜的，如图6-10所示。

与图6-9的分析相似，开始时行业在 A 点实现长期均衡，企业在 E_1 点实现长期均衡，A 点和 E_1 点是相互对应的。不同的是，当市场价格上升，新企业由于受到利润吸引而加入该行业时，一方面，在成本递减行业，行业供给增加导致的对生产要素需求的增加，反而使生产要素的市场价格下降。它使得图6-10中原来的曲线 LAC_1 和曲线 SMC_1 的位置向下移动到曲线 LAC_2 和曲线 SMC_2 的位置。另一方面，行业供给增加表现为曲线 S_1 向右移动。这两种变动要持续到行业在 C 点实现长期均衡，企业在 E_2 点实现长期均衡为止。此时，由曲线 D_2 和曲线 S_2 决定新的价格水平 P_2，企业在曲线 LAC_2 的最低点实现长期均衡，每个企业的利润又恢复为零。

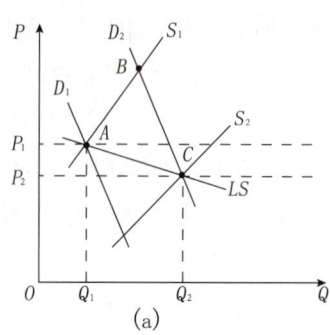

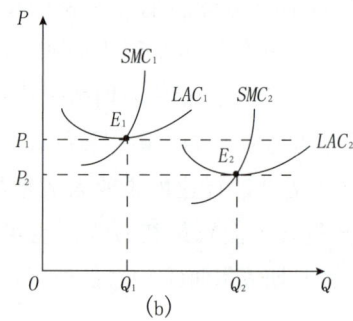

图 6-10 成本递减行业的长期供给曲线

连结 A、C 这两个行业长期均衡点的曲线 LS 就是行业的长期供给曲线。所以,成本递减行业的长期供给曲线是向右下方倾斜的。它表示在长期内,行业的产品价格和供给量呈同方向变动。市场需求的增加会引起行业长期均衡价格的反方向变动,行业长期均衡产量的同方向变动。

任务 6.2　不完全竞争市场

6.2.1　垄断概述

1. 垄断的含义

垄断又称"完全垄断",是指整个行业的市场完全处于一家企业控制的状态,即一家企业控制了某种产品的市场。垄断企业与完全竞争企业不同,它是价格的制定者而不是价格的接受者,它可以自行决定产量和销售价格,从而使自己的利润最大化。垄断企业可以根据获取利润的需要在不同的销售条件下实行不同的价格,即实行差别价格。

2. 垄断的形成原因

与完全竞争相比,垄断也不存在有规律性的长期供给曲线,这是由垄断形成的原因决定的,有以下四个。

（1）技术原因。

（2）法律原因(如煤、电力、铁路等行业)。

（3）自然垄断原因,企业控制了生产某种产品必需的原料供给。

（4）市场经济原因。

3. 垄断的类型

垄断可分为两种类型。

（1）政府垄断，通常在公共事业中居多，如国有铁路、邮电等部门。

（2）私人垄断，如根据政府授予的特许经营，或根据专利生产的独家经营以及由于资本雄厚、技术先进而建立的排他性私人垄断经营。

4. 垄断市场的特征

垄断市场的特征有：

（1）市场上只有一家企业生产和销售产品；

（2）产品缺乏近似替代品；

（3）其他企业不可能进入该行业；

（4）企业独自决定价格。

形成完全垄断的主要条件有：

（1）政府借助政权对某一行业进行完全垄断；

（2）政府特许私人完全垄断；

（3）某些产品市场需求很小，只要有一家企业生产即可满足全部需求，这样该企业很容易实现对这些产品的垄断；

（4）某些企业控制了某些特殊的自然资源或矿藏，从而做到对用这些自然资源或矿藏生产的产品垄断；

（5）对生产某些产品的特殊技术的控制。

垄断和完全竞争相比，是另一种极端的市场类型。在西方国家，完全符合上述垄断条件的情况是不存在的。

【情景6-2】有一段时间，麦当劳和肯德基的竞争直接表现在圆筒冰激凌、辣鸡翅、辣鸡腿汉堡包、饮料等同类产品的短兵相接上。到目前为止，尽管在个别产品上麦当劳和肯德基仍存在正面交锋，但两者的战略差异已经越来越明显。

"麦当劳的新战略是扩大目标客户。"有业内人士分析。麦当劳在全球推出主题为"我就喜欢"的新一轮广告宣传活动后，业内人士认为，它意味着麦当劳已经将传统的儿童、家庭定位向更有消费潜力的年轻一族身上延伸。这一行为的直接战略意图就是重新强化麦当劳统一品质、快速服务的品牌特质。

肯德基则把重点放在了加速推出中国特色浓郁的新产品上。肯德基推出新品的速度明显比麦当劳更快，中国化的趋势也更明显。肯德基正在通过这种国际化与本土化结合的方式在中国增强吸引力，实现更大利润。

6.2.2 垄断市场的需求曲线、收益曲线

1. 需求曲线

在垄断市场上，一家企业就是整个行业。因此，整个行业的需求曲线就是一家企业的需求曲线。这时，需求曲线就是一条表明需求量与价格呈反方向变动的向右下方倾斜的曲线。作为市场上唯一的供给者，垄断企业可以制定任何价格，但向右下方倾斜的需求曲线又决定了企业如果提高价格，其销售量必然会相应下降。

2. 收益曲线

在垄断市场上，每个单位产品的售价就是它的平均收益，也就是它的价格，即 $AR=P$。因此，平均收益曲线 AR 仍然与需求曲线 D 重合。

但是，在完全垄断市场上，当销售量增加时，产品的价格会下降，从而使边际收益减少，边际收益曲线就不与需求曲线重合了，而是位于需求曲线的下方。而且，随着产量的增加，边际收益曲线与需求曲线的距离越来越大，这表示边际收益比价格下降得更快，同时平均收益大于边际收益。总收益、平均收益、边际收益的关系如表6-1所示。

表 6-1　总收益、平均收益、边际收益的关系

价格（P） （1）	销售量（Q） （2）	总收益（TR） （3）=（1）×（2）	平均收益（AR） （4）=（3）/（2）	边际收益（MR） （5）=Δ（3）/Δ（2）
7	0	0	—	—
6	1	6	6	6
5	2	10	5	4
4	3	12	4	2
3	4	12	3	0
2	5	10	2	-2
1	6	6	1	-4

根据表 6-1，可以绘制出垄断市场的需求曲线和收益曲线，如图 6-11 所示。

在图 6-11 中，D 是需求曲线，AR 是平均收益曲线，MR 是边际收益曲线。边际收益曲线 MR 在重合的需求曲线 D 与平均收益曲线 AR 的左下方。边际收益曲线 MR、需求曲线 D 和平均收益曲线 AR 都向右下方倾斜。

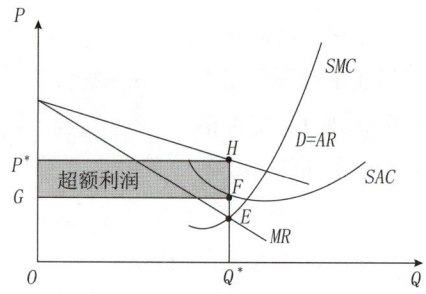

图 6-11　垄断市场的需求曲线和收益曲线

6.2.3　垄断市场上企业的短期均衡及长期均衡

1. 垄断市场上企业的短期均衡

与完全竞争企业一样，垄断企业生产的目的也是利润最大化，而且居于垄断地位的企业不能为所欲为，同样受到市场需求的限制。如果定价过高，消费者就会减少需求或寻求替代品。所以在短期内，企业产量的调整受到固定生产要素的限制。垄断企业虽然根据利润最大化原则决定产出数量和价格，但也要考虑短期市场的需求状况。也就是说，垄断企业也会面临供过于求或供不应求的情况。当出现供过于求时，就会面临亏损；当出现供不应求时，就会获得超额利润；当供求相等时，就会获得正常利润。在这里，对垄断企业短期均衡的分析，与对完全竞争企业短期均衡的分析基本一样。垄断企业通过调整产量和价格实现利润最大化。

垄断企业虽然可以通过调整产量和价格实现利润最大化，但在短期内，产量的调整会受到固定生产要素无法调整的限制。和完全竞争企业一样，垄断企业在短期内可能出现以下几种情况。

（1）供不应求状况下的短期均衡——企业获得超额利润。如图 6-12 所示，在供不应求的状况下，边际收益曲线与边际成本曲线的交点 E 决定了企业的产量为 OQ^*，从 Q^* 点引出向上的垂线与需求曲线 D 相交于 H 点，从而决定了价格水平为 OP^*。这时该企业的总收益（TR）等于平均收益（AR）乘以产量（OQ^*），即图中的 OQ^*HP^*；总成本（TC）等于平均成本（AC）乘以产量（OQ^*），即图中的 OQ^*FG。由于 TR＞TC，该企业可获得的超额利润为图中的 $GFHP^*$（TR-TC）。

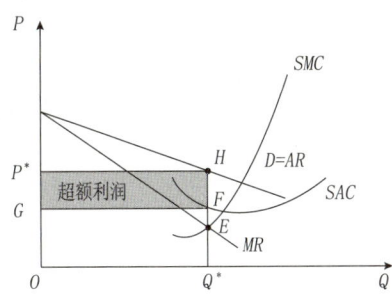

图6-12 供不应求状况下的短期均衡

（2）供求平衡状况下的短期均衡——企业获得正常利润。如图6-13所示，在供求平衡的状况下，总收益与总成本相等，都为OQ^*FP^*，所以收支相抵，只有正常利润。

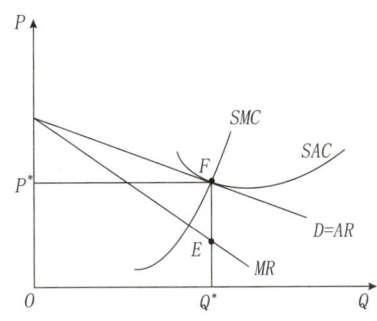

图6-13 供求平衡状况下的短期均衡

（3）供过于求状况下的短期均衡——企业遭受亏损。在供过于求的状况下，企业的总收益TR为OQ^*HP^*，总成本TC为OQ^*FG。由于$TR<TC$，因此该企业的亏损额为图中的$GFHP^*$。平均可变成本曲线AVC与平均收益曲线AR相切于H点，可以维持产量OQ^*，此时H点为停止营业点，因为如果价格再低，就无法生产了。

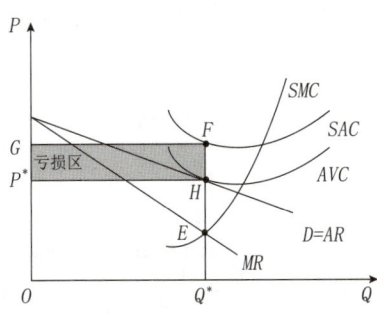

图6-14 供过于求状况下的短期均衡

综上所述，垄断市场上企业的短期均衡条件是：$MR=MC$。

2. 垄断市场上企业的长期均衡

垄断市场上企业的长期均衡是指企业根据市场需求的变化，不断调整生产规模，在长期内实现利润最大化的均衡生产状态。在长期生产过程中，由于垄断市场上只有一家企业，因此垄断企业有能力，也有条件把价格和产量调整到对自己最有利的位置上，从而实现利润最大化。所以，垄断市场上企业的长期均衡条件是：$MR=LMC=SMC$。

如图6-15所示，短期边际成本曲线SMC、长期边际成本曲线LMC和边际收益曲线MR相交于E点，E点确定的均衡产量为OQ^*。此时，垄断企业可以在长期内获得最大利润，其垄断利润为$GFHP^*$。

垄断企业在长期均衡中，如果要达到最优生产规模，不但要求$MR=LMC=SMC$，还要求LAC曲线最低，这就要求均衡产量OQ^*位于曲线MR通过LAC的最低点。由于曲线LMC一定在曲线LAC的最低点与曲线LAC相交，所以当$MR=LMC=SMC$时，垄断企业在长期均衡中达到最优生产规模。如果曲线MR与曲线LMC的交点位于曲线LAC最低点的左边，就说明垄断企业处于长期均衡时的规模小于最优生产规模；如果曲线MR与曲线LMC的交点位于曲线LAC最低点的右边，就说明垄断企业处于长期均衡时的规模大于最优生产规模。

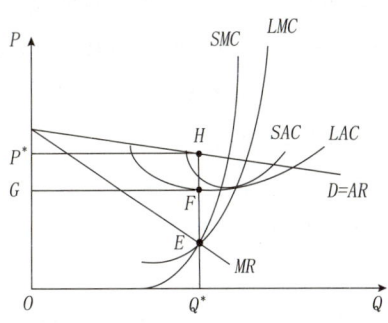

图6-15 垄断市场上企业的长期均衡

任务 6.3 垄断竞争市场上企业的均衡

6.3.1 垄断竞争概述

垄断竞争与寡头垄断是市场结构中介于完全竞争与垄断两个极端之间的一种中间情形。

垄断竞争是指有许多企业在市场上销售近似但不完全相同的产品。它是一种既有垄断又有竞争，既不是完全竞争又不是垄断的市场结构。垄断竞争市场的主要特征有以下四个。

（1）市场上有众多消费者和企业，每个企业所占的市场份额均较小。一个企业竞争策略的制定和实施不必考虑其他企业的反应。也就是说，企业之间是彼此独立的。

（2）企业生产的产品存在差别，即有很大的替代性，而这种差别的存在是垄断竞争形成的基本条件。企业之间的竞争不仅是价格竞争（完全竞争企业由于产品没有差别，企业之间的竞争只是价格竞争），而且存在质量竞争、服务竞争等非价格竞争。

（3）企业面对的需求曲线是一条略微向下倾斜的曲线。需求曲线的倾斜程度与需求价格弹性有关，垄断竞争企业的需求价格弹性不再像完全竞争企业那样无穷大，这说明企业有了一定程度的价格制定权。因此，每家企业面对的需求曲线都是一条向右下方倾斜的曲线。

（4）企业进入或退出一个行业是自由的。由于企业的规模较小，花费的资金较少，进入或退出一个行业比较容易。

在现实市场中，垄断竞争是一种普遍现象。最明显的垄断竞争市场有零售商店、饭店、轻工业品市场等。

6.3.2 垄断竞争市场上企业的短期均衡与长期均衡

1. 垄断竞争市场上企业的短期均衡

在短期均衡的实现过程中，垄断竞争市场同垄断市场一样，也会出现超额利润、收支相抵、亏损三种情况。与垄断企业不同的是，垄断竞争企业面对的市场需求曲线斜率较小。在考虑生产成本因素之后，垄断竞争企业会选择在边际成本与边际收益相等的条件下生产，即如图 6-16 所示的 E 点。E 点决定的产量为 OQ^*，价格为 OP^*。由于此时的短期平均成本为 OG，垄断竞争企业是有利润的，其利润为 $GFHP^*$。所以，垄断竞争市场上企业的短期均衡条件是：$MR=MC$。

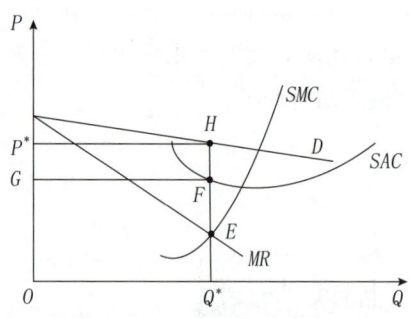

图 6-16　垄断竞争市场上企业的短期均衡

垄断竞争企业决定产量和价格时的方式与垄断企业完全相同。另外，垄断竞争企业也可能有损失出现。在图 6-16 的产量 OQ^* 下，如果短期平均收益低于短期平均成本，垄断竞争企业就会亏损。但无论是盈利还是亏损，在短期内都不会吸引其他企业加入或使原有企业退出。长期的情形则不同,因为在垄断竞争市场上,每家企业的规模都不大,而且企业数量很多,企业进出市场都非常自由。所以,当企业在短期内有利润存在时,就会吸引新的企业加入;当企业有亏损时,就会有企业退出。

2. 垄断竞争市场上企业的长期均衡

在长期内,企业可以任意变动一切生产要素的投入。如果某一行业出现超额利润或亏损,该行业就会通过新企业的进入或原有企业的退出,消除超额利润或亏损。因此,在达到长期均衡时,整个行业的超额利润为零。所以,垄断竞争与垄断不同(垄断长期拥有超额利润),而是与完全竞争一样,在长期内由于总收益等于总成本,所以企业只能获得正常利润,如图6-17所示。

在图6-17中,在长期内,垄断竞争企业仍然会维持在MR=MC的条件下生产,即图6-17中的E点。E点决定的产量为OQ^*,价格为OP^*。在长期均衡时,平均收益等于平均成本,因此利润为零。此时,垄断竞争市场达到长期均衡。综上所述,垄断竞争市场上企业的长期均衡条件是:$MR=MC$,$P=AR=AC$。

【情景6-3】在中国移动刚面市时,不存在竞争对手,通信市场完全被它垄断。最初,开一个新手机号码是需要收费的,由于无竞争、无压力,中国移动在最初阶段获得了巨大的利润,所以吸引了中国联通与中国电信进军手机通信行业。由此三足鼎立产生的平衡一直维持到现在,它们相互之间既存在竞争,又保持着应有的利润。

【情景6-4】从我国房地产市场实际来看,企业虽然都是生产和销售同种产品即商品房,但每家企业开发的楼盘或多或少都与其他楼盘有所差别,不存在绝对相同的楼盘。目前,全国房地产企业达2.3万余家。同时,进出房地产业的门槛并不高。显而易见,房地产市场是一个垄断竞争市场。

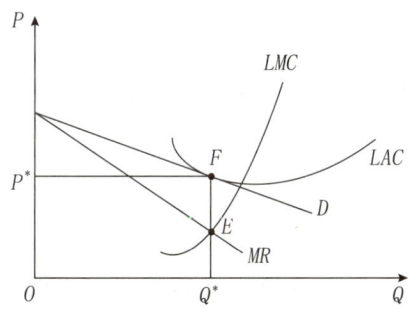

图6-17 垄断竞争市场上企业的长期均衡

6.3.3 垄断竞争市场上企业的非价格竞争

在垄断竞争市场上,企业间既存在价格竞争,也存在非价格竞争。价格竞争虽然能使一部分企业得到好处,但是从长期来看,价格竞争会导致产品价格持续下降,最终使企业的利润消失。因此,非价格竞争成为垄断竞争企业普遍采用的竞争方式。在垄断竞争市场上,因为每家企业生产的产品都是有差异的,所以垄断竞争企业往往通过改进产品品质、精心设计商标、改善售后服务,以及加大广告宣传力度等手段扩大自己产品的市场销售份额。但在完全竞争市场上,由于每家企业生产的产品都是同质的,企业之间不可能存在非价格竞争。进行非价格竞争是需要花费成本的,如改进产品性能会增加生产成本,增加售后服务网络需要增加投入,还需要增加广告宣传的费用。企业进行非价格竞争花费的总成本必须小于由此增加的总收益,否则,企业是不会进行非价格竞争的。边际成本等于边际收益的利润最大化原则,对于非价格竞争仍然适用。经济学家对非价格竞争,既有支持观点,又有反对观点。支持观点认为,非价格竞争作为企业之间相互竞争的一种形式,强化了市场的竞争程度,并且非价格竞争的一些具体做法,客观上满足了消费者的某些需要。反对观点认为,非价格竞争增加了消费者对某些产品的依赖程度,从而使企业增加了对自己产品的垄断程度。

任务 6.4　寡头垄断市场上企业的均衡

6.4.1　寡头垄断概述

1. 寡头垄断的概念

寡头垄断也称"少数企业垄断市场"，是指几家大企业控制了一种产品的全部或大部分产量和供给的市场结构。其与垄断市场和垄断竞争市场均不相同：垄断市场只有一家企业，这家企业的供给和需求就是一个行业的供给和需求；垄断竞争市场则有较多的企业，每家企业只是行业中的一小部分。

寡头垄断市场在当代经济生活中占有十分重要的地位，是一种普遍存在的市场结构。

2. 寡头垄断市场形成的原因

一般来说，寡头垄断市场形成的原因主要有以下四个。

（1）这一行业产品的生产经营建立在规模经济基础上。

（2）这一行业产品的生产技术不容易为一般中小型企业掌握和模仿。

（3）寡头企业采取了种种排他性措施。

（4）政府对寡头企业的扶植和支持。

3. 寡头垄断市场的类型

寡头垄断市场的类型主要有两种。

（1）无差别寡头（纯粹寡头），即寡头企业生产的产品无差别，如冶金、石油、建材等行业的寡头。

（2）有差别寡头，即寡头企业生产的产品有差别，如飞机、汽车、机械、香烟等行业的寡头。

4. 寡头垄断市场的特征

（1）寡头企业之间存在相互依存性。由于行业中只有少数几家大企业，因此它们的供给量占有市场的较大份额，各个寡头企业之间容易达成某种形式的相互勾结和妥协。

（2）寡头企业的决策互相影响，其决策产生什么样的结果具有很大的不确定性。因为任何一个寡头企业在做出决策时，都必须考虑竞争对手对其做出的反应。

（3）寡头企业的竞争手段是多种多样的，价格和产量一旦确定，就具有了相对稳定性。也就是说，各寡头企业由于难以捉摸对手的行为，一般不会轻易变动已确定的价格与产量水平。

5. 寡头垄断市场的若干模式

（1）突点的需求曲线。理解寡头的需求曲线突点的关键在于理解寡头价格变动的相互影响。因为寡头市场为若干寡头分割，一家寡头企业涨价，其他寡头企业价格不变，这家寡头企业的消费者就会购买其他寡头企业的商品，其需求量就会大幅减少；反过来，一家寡头企业降价，其他寡头企业跟着降价，然后部分抵消这家寡头企业降价的效应，使这家寡头的需求量增加有限。需求曲线的突点折断了边际收益曲线，这是由需求曲线作为平均收益曲线与边际收益曲线的关系决定的。边际成本曲线与此折断处相交，既不影响价格也不影响产出。

（2）市场份额模式。理解市场份额的关键就是遵循 $MR=MC$ 的规则，确定市场份额的分配。在成本不同，而需求曲线和边际收益曲线相同的情况下，边际成本低的企业市场份额大、价格低，而边际成本高的企业市场份额小、价格高。

（3）价格领头模式。上述两种情况是寡头企业各自定的价格。实际上，在很多情况下，都是一家寡头企业定价，其他寡头企业只是价格的接受者。

（4）博弈论模式。寡头垄断企业间的竞争实际上是一种博弈，就是竞争各方都充分考虑对方在现有条件下可能做出的选择，然后做出对自己最有利的决策。

6.4.2 寡头垄断市场上的价格决定

寡头垄断市场上的价格决定也要区分存在勾结或不存在勾结两种情况。在不存在勾结的情况下，价格决定的方法是价格领先制和成本加成法；在存在勾结的情况下，价格决定的方法则是建立卡特尔。

1. 价格领先制

价格领先制（价格领导制）是指一个行业的价格通常由某一寡头率先制定，其余寡头追随其后确定各自的价格。领价者既不是自封的，也不是共同推选的，而是自然形成的。这种自然形成的领价者或者说价格领袖，一般有以下三种。

（1）支配型价格领袖。这种企业在本行业规模最大、最具有支配地位，由于其在市场上占有的份额最大，对价格的决定具有举足轻重的作用。支配型企业根据自己利润最大化原则确定产品价格及其变动，其余规模较小的寡头就像完全竞争企业一样，是价格的接受者，需根据支配型企业的价格确定自己的价格以及产量。

（2）"晴雨表型"价格领袖。这种企业在本行业并不一定是规模最大、成本最低、效率最高的，但在掌握市场行情变化或其他信息方面明显优于其他企业。这种企业的价格变动首先传递了某种市场信息，因此其价格在该行业具有"晴雨表"的作用，其他企业会参照这种企业的价格变动调整自己产品的价格。

（3）效率型价格领袖。这种企业在本行业中成本最低、效率最高，其对价格的确定也使其他企业不得不随之变动。高成本企业如果按照自己利润最大化原则确定价格，就会丧失销路，得不偿失。

2. 成本加成法

成本加成法是寡头垄断市场上最常用的定价方法。这种方法就是在核定成本的基础上，加上一个百分比或预期利润额来确定价格，是按照利润最大化原则事先确定利润目标的定价方法。成本加成法之所以能为市场所接受，是因为垄断组织控制着生产和市场销售的最大份额。

3. 建立卡特尔

卡特尔是生产同类产品的企业在划分销售市场、规定商品产量、确定商品价格等方面签订协议而成立的同盟。通过建立卡特尔，几家寡头企业协调行动，共同确定价格，这就有可能像垄断企业一样，使整个行业的利润达到最大。但由于卡特尔各成员之间存在矛盾，有时达成的协议很难兑现，甚至可能导致卡特尔解体。此外，各寡头企业还能通过暗中串通确定价格。

6.4.3 博弈论的运用

博弈论是研究人们在各种策略情况下如何行事的方法。这里的策略是指每个人在决定采取什么行动时，必须考虑其他人对这种行动会做出什么反应。由于寡头垄断市场上企业的数量很少，每家企业都必须按策略行事。每家企业都知道自己的利润不仅取决于自己生产多少，而且取决于其他企业生产多少。在做出生产决策时，寡头市场上的每家企业都必须考虑自己的决策会如何影响其他企业的生产决策。

【情景6-5】哈佛大学一位教授提出了一个博

弈模型。

有三个枪手，A的命中率是80%，B的命中率是60%，C的命中率是40%。他们同时举枪瞄准、同时射击另外两个人中的一个，要尽可能消灭对手，每个人只有一次机会、一颗子弹，目标是努力使自己活下来。谁活下来的可能性最大？

如果你认为枪法最准的A会胜出，那么你就错了。

毫无疑问，A会瞄准对他威胁最大的B，而B也会瞄准对他威胁最大的A，而C也可能瞄准A，那么三个人存活的概率是多少呢？

A=100%−60%−（1−60%）×40%=24%

B=100%−80%=20%（因为命中率为80%的A在瞄准他）

C=100%（因为没有人瞄准他）

原来，枪法最不准的C竟然活了下来。

那么，换一种玩法呢？

如果三个人轮流开枪，那么谁会生存下来？

如果A先开枪的话，A还是会先打B，如果B被打死了，下一个开枪的就是C，此时A生存的概率为60%，而C依然是100%（他开过枪后A没有子弹了，游戏结束）；如果打不死B，下一轮B在开枪的时候就会全力回击，A的生存率为40%，不管是否打死A，第三轮A、B的命运都掌握在C的手里。

如果游戏规则规定必须由C先开枪，那么如果你是C，你怎么才能让自己活下来呢？

答案是胡乱开一枪，只要不针对A、B任何一人即可。

当C开枪完毕后，A、B会陷入互相攻击困境。

6.4.4　四种市场结构的比较

1. 四种市场结构的特点比较

四种市场结构的特点比较见表6-2。

表6-2　四种市场结构的特点比较

项目	市场结构			
	完全竞争市场	垄断竞争市场	寡头垄断市场	垄断市场
产量	最大	中等	较小	最小
长期平均成本	最低	中等	较高	最高
市场价格	最低	中等	较高	最高
超额利润	零	零	有	有
经济运行效率	最高	中等	较低	最低
企业数目	非常多	许多	几个	一个
产品性质	无差别	有差别	标准或有差别	唯一
价格与产出决策	MR=MC	MR=MC	考虑到战略依存	MR=MC
进出市场情况	进出市场容易	进出市场容易	进入市场困难	几乎无法进入市场
举例说明	农副产品、证券业	餐饮业、服饰业	汽车行业、电子产品行业	公共事业、水电行业

2. 四种市场结构的优缺点比较

（1）完全竞争市场。

优点：

①可以实现社会供给与需求的大体均衡；

②通过完全竞争和资源的自由流动，生产要素能够得到比较有效的利用；

③消费者在既定收入下能够得到较多的消费者剩余。

缺点：

①各企业的平均成本最低并不一定就是最低的社会成本；

②产品没有差别这一假设是不现实的。

(2)垄断竞争市场。

优点：

①在平均成本上，垄断竞争市场的平均成本高于完全竞争市场，低于垄断市场；

②在价格上，垄断竞争市场的价格水平高于完全竞争市场，低于垄断市场；

③在产量上，垄断竞争市场的产量水平高于垄断市场，低于完全竞争市场；

④垄断竞争有利于刺激企业进行创新。

缺点：在垄断竞争条件下，企业的销售成本会增加，从而使总成本和平均成本增加。

(3)寡头垄断市场。

优点：

①可以实现规模经济，降低成本，提高经济效益；

②可以促进科技的进步。

缺点：寡头企业之间往往达成价格协议，共同抬高价格，从而使消费者利益和社会的经济福利受损。

(4)垄断市场。

优点：垄断企业的经济实力雄厚，可以促进技术的进步，尤其是政府对一些公用事业的垄断，并不是追求垄断利润。

缺点：

①在垄断市场上，垄断企业可以通过高价销售获得超额利润，但销量较少，会使资源无法得到充分利用；

②垄断企业完全左右市场价格，使消费者剩余减少；

③垄断利润是垄断企业对整个社会的剥削，会引起社会收入分配不公。

项目小结

本项目主要讲述了完全竞争市场、不完全竞争市场、垄断竞争市场上企业的均衡、寡头垄断市场上企业的均衡。完全竞争市场主要包括完全竞争概述，完全竞争市场上的供求、价格及收益，完全竞争市场上企业的短期均衡，完全竞争市场上企业的长期均衡，完全竞争行业的长期供给曲线；不完全竞争市场主要包括垄断概述，垄断市场的需求曲线、收益曲线，垄断市场上企业的短期均衡及长期均衡；垄断竞争市场上的企业均衡主要包括垄断竞争概述、垄断竞争市场上企业的短期均衡与长期均衡、垄断竞争市场上企业的非价格竞争；寡头垄断市场上企业的均衡主要包括寡头垄断概述、寡头垄断市场上的价格决定、博弈论的运用、四种市场结构的比较。

思考与练习

一、单项选择题

1. 下列选项中接近完全竞争市场的行业有（　　）。
A. 原油　　　　B. 小麦
C. 电影　　　　D. 汽车

2. 完全竞争市场上企业的短期均衡条件是（　　）。
A. 平均收益等于边际收益
B. 边际收益等于平均成本
C. 价格、平均收益、边际收益与边际成本均相等
D. 边际产量等于边际成本

3. 垄断市场上企业的长期均衡条件是（　　）。
A. 边际收益等于平均成本
B. 边际收益等于长期平均成本
C. 边际收益等于长期边际成本
D. 价格等于平均成本

4. 垄断竞争市场上企业的短期均衡条件是（　　）。
A. 平均收益等于平均成本
B. 边际收益等于边际成本
C. 总收益等于总成本
D. 平均收益等于边际成本

5. 采用价格领先制定价的市场是（　　）。
A. 寡头垄断市场　　B. 完全竞争市场
C. 垄断市场　　　　D. 垄断竞争市场

二、多项选择题

1. 完全竞争市场的特征有（　　）。
A. 市场上有无数的买者和卖者
B. 企业供给的产品没有任何差异
C. 具有完全信息
D. 企业可以自由进入或退出

2. 不完全竞争市场的种类包括（　　）。
A. 完全竞争市场　　B. 垄断市场
C. 垄断竞争市场　　D. 寡头垄断市场

3. 垄断竞争市场的特点有（　　）。
A. 存在很多的生产者
B. 产品具有差异性
C. 企业是市场价格的接受者
D. 企业进入与退出市场较容易

4. 垄断竞争的特点有（　　）。
A. 垄断竞争与非垄断竞争并存
B. 价格竞争与非价格竞争并存
C. 国内竞争与国际竞争并存
D. 垄断企业与非垄断企业的控制和反控制的竞争

5. 关于垄断竞争市场，下列说法正确的有（　　）。
A. 企业的需求曲线就是行业的需求曲线
B. 不同企业生产的产品存在差别
C. 企业不是完全的价格接受者
D. 进入或退出市场比较容易

三、判断题

1. 实现完全竞争的条件之一是不存在产品差别。（　　）

2. 在完全竞争市场上，任何一家企业都可以成为价格的决定者。（　　）

3. 在完全垄断市场上，一家企业就是一个行业。（　）

4. 引起垄断竞争的基本条件是产品无差别。（　）

5. 由于寡头之间可以进行勾结，因此寡头之间并不存在竞争。（　）

四、简答题

1. 实现完全竞争的条件是什么？

2. 如何理解寡头垄断市场上的价格决定？

项目 7　分配理论

知识目标

◎ 掌握生产要素的需求特点；
◎ 理解什么是生产要素的需求；
◎ 掌握收入分配的衡量。

技能目标

◎ 理解影响生产要素需求的因素；
◎ 掌握要素所有者如何决定自己的要素供给量。

案例导入

假设某厂商只使用可变要素劳动进行生产。其生产函数是 $Q=36L+L^2-0.01L^3$，Q 为该企业每天的产量，L 为工人的日劳动小时数，企业为完全竞争企业，产品价格为 0.10 元 / 件，工资为 4.80 元 / 小时。

案例思考

求当该企业的利润最大时：
（1）该企业每天将投入多少劳动小时？
（2）如果该企业每天支付的固定成本为 50 元，该企业每天生产的纯利润是多少？

本章导语

通过本章的学习，理解生产要素的需求、供给及要素市场均衡，掌握完全竞争市场的要素需求、供给及均衡，了解劳动、资本和土地市场均衡。

任务 7.1　生产要素需求及市场分析

7.1.1　生产要素的需求

1. 生产要素

生产要素是经济学中的一个基本范畴。现代西方经济学认为，生产要素包括劳动、土地、资本、企业家才能四种，随着科技的发展和知识产权制度的建立，技术、信息也作为相对独立的要素投入生产。这些生产要素通过市场交换，形成了各种各样的生产要素价格及其体系。例如，软件编程企业，其需要程序员的时间（劳动）、机构所处的实际空间（土地）、办公楼和店面设备（资本），以及管理者的管理（企业家才能）。对应的生产要素价格为工资、地租、利息和利润，进行这些要素交易的市场被称为"要素市场"。就要素的供给来看，其不是来自企业，而是来自个人或家庭。个人或家庭在消费者行为理论中是消费者，在要素价格理论中是生产要素所有者。个人或家庭拥有并向企业提供各种生产要素。个人或家庭、企业、产品市场与要素市场的关系如图 7-1 所示。

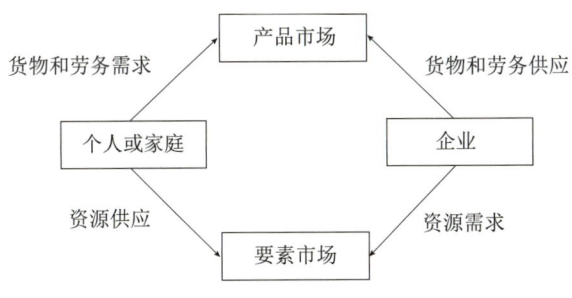

图 7-1　个人或家庭、企业、产品市场与要素市场的关系

2. 生产要素需求的概念

生产要素需求是指企业在一定时期，在一定价格水平上，愿意而且能够购买的生产要素量。生产要素需求是购买欲望和支付能力的统一，两者缺一不可。

3. 生产要素需求的特点

生产要素需求具有如下特点。

（1）生产要素需求是一种派生需求。派生需求又称"引致需求"，是指由于对产品的需求产生的对生产要素的需求。生产要素的需求来自企业。企业之所以需要生产要素，是因为用这些生产要素可以生产各种可供消费的物品以满足消费者的需要。如果消费者不需要各种物品，企业就不需要生产要素了。因此，对生产要素的需求是由对消费品的需求派生的。例如，消费者需要消费面包，企业要生产面包就必须购进劳动力、机器设备等生产要素。

在这里，产品市场和生产要素市场是相互依存的。企业作为产品的生产者需求要素而供给产品；同时，生产要素的所有者供给要素而需求产品。企业对生产要素的需求是在生产要素市场上完成的，而它供给的产品是在产品市场上完成的；与此同时，生产要素的所有者在生产要素市场上供给生产要素，在产品市场上购买商品。因此，产品的成本 = 生产要素收入 = 产品价值。

企业对生产要素的需求取决于生产要素具有的生产产品的能力。生产要素的所有者作为消费者对产品的需求取决于产品的效用和边际效用。例如，在经济条件低下的情况下，消费者认为食物是最有效用的，但企业大量购进钢铁、煤炭等，能够生产出面包吗？答案是显而易见的。

（2）生产要素的需求是相互依赖的需求。任何产品的生产都需要多种生产要素互相补充，共同合作。例如，公司想建一座大楼，仅有砖而没有工人是不行的；同样地，两手空空的工人也不能有生产价值。因此，不能说某种投入独自创造了产出，而应该说产出是不同要素相互作用的结果。

生产要素需求的相互依赖性还体现在各种生产要素之间存在着互相替代的关系。例如，在劳动力和资本之间，10个劳动力和100个单位的资本可以生产出1 000个单位的产品，同样地，20个劳动力和50个单位的资本也可生产出1 000个单位的产品，10个劳动力可以替代50个单位的资本。由于这种替代性的存在，企业对某一生产要素的需求，不仅受到该生产要素价格的制约，还受到其他生产要素价格的影响。生产要素的派生性和相互依赖性，使它的需求比产品的需求要复杂得多。对生产要素需求的分析要考虑如下四项。①产品市场的结构。产品市场是完全竞争市场还是不完全竞争市场，不同的产品市场结构对生产要素的需求也不同。②生产要素需求的层次。一个企业的生产要素需求有别于整个行业对生产要素的需求，也有别于市场对生产要素的需求，这三者之间既相互联系又存在区别。③是一种生产要素变动，还是多种生产要素变动。④生产要素市场的结构，即生产要素市场是完全竞争市场，还是不完全竞争市场。

4. 影响生产要素需求的因素

（1）市场对产品的需求及产品本身的价格。一般情况下，如果市场对某种产品的需求越大，那么该产品的价格往往越高，企业获得的利润就越多，从而使企业对生产这种产品使用的各种生产要素的需求越大；反之亦然。

（2）生产要素密集类型。如果企业的生产是资本密集型的，则对资本的需求大；如果企业的生产是劳动密集型的，则对劳动的需求大。

（3）生产要素的需求弹性。生产要素的需求弹性，取决于使用该生产要素生产商品的需求弹性。商品需求越富有弹性，该生产要素的需求弹性就越大。因为，当商品需求富有弹性时，商品的需求量变动比率大于商品价格变动的比率。只要商品价格降低，商品需求量就有较大比例的增加，生产这种商品的生产要素的需求量也会随着商品的增加而同比例增加。

（4）生产要素的替代性。某种生产要素替代品的价格越低、质量越好，其替代品的需求弹性越大，该生产要素的需求量就会大量减少。例如，企业在生产某种产品时既可使用机器设备，也可以更多地使用人类劳动。对于机械设备来说，如果劳动工资水平较低，而且劳动者的技术水平高，就会以人类劳动替代机械设备进行生产，从而增加对人类劳动的需求。

5. 生产要素的需求曲线

企业对生产要素的需求取决于该要素的边际生产力。边际生产力是指在其他条件不变的情况下，每增加1个单位生产要素的投入增加的产量。以实物表示生产要素的边际生产力，称为"边际物质产品"(MPP)；以收益表示生产要素的边际生产力，称为"边际收益产品"(MRP)。

由于存在边际收益递减规律，生产要素的边际收益曲线是一条向右下方倾斜的曲线，这条曲线就是生产要素的需求曲线，如图7-2所示。

在图7-2中，横轴OQ表示生产要素需求量，纵轴OP表示生产要素价格，曲线MRP是生产要素的边际收益曲线，也就是生产要素的需求曲线。

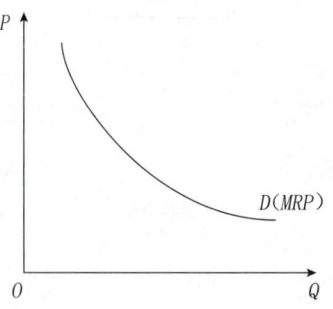

图7-2　生产要素的需求曲线

7.1.2 生产要素的供给

生产要素的供给是指在不同的报酬下，生产要素市场上提供的要素数量。生产要素的供给价格是指生产要素所有者对提供一定数量生产要素愿意接受的最低价格。

一般来说，如果某种生产要素的价格提高，这种生产要素的供给就会增多；如果某种生产要素的价格降低，这种生产要素的供给就会减少。因为生产要素的供给数量与价格呈同方向变化，所以生产要素的供给曲线表现为一条向右上方倾斜的曲线，如图7-3所示。

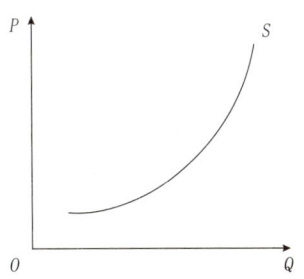

图7-3 生产要素的供给曲线

在图7-3中，横轴OQ表示生产要素供给量，纵轴OP表示生产要素价格，S表示生产要素的供给曲线。

7.1.3 生产要素价格的均衡

同商品的价格（和产销数量）是由商品的供给和需求共同决定一样，生产要素的价格（和使用量）也是由生产要素的供给和需求共同决定的。但由于企业对要素的需求取决于人们对商品的需求，而商品的供求与要素的供求之间存在上述相互依存和相互制约的关系，因此对要素需求的分析要比对商品需求的分析复杂一些。

在对生产要素的供给和需求进行分析时，还必须区分不同情况。

（1）在完全竞争市场上，生产要素的供给曲线与需求曲线相交于E点，相对应的均衡价格为P_e，均衡数量为OQ_e，如图7-4所示。

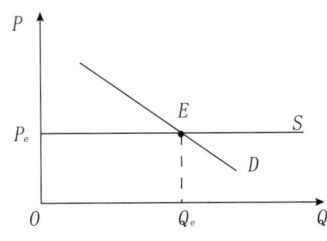

图7-4 完全竞争市场上的企业均衡

（2）在不完全竞争市场上，生产要素的供给曲线与需求曲线相交于E点，相对应的均衡价格为OP_e，均衡数量为OQ_e，如图7-5所示。

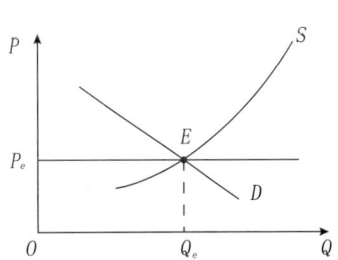

图7-5 不完全竞争市场上的企业均衡

7.1.4 完全竞争市场及不完全竞争市场上的生产要素需求

1. 完全竞争市场上的生产要素需求

完全竞争市场上的生产要素需求取决于要素的边际收益与边际成本,为了实现利润最大化,必须使购买最后 1 个单位生产要素支出的边际成本与其带来的边际收益相等。在完全竞争市场上,边际收益=平均收益=价格。因此,企业对生产要素的需求就是要实现边际收益、边际成本与价格相等:

$$MR=MC=P \quad (7-1)$$

在完全竞争市场上,对企业来说,价格是不变的,所以企业对生产要素的需求就取决于生产要素的边际收益。生产要素的边际收益取决于该要素的边际生产力(MPP)。在其他条件不变的前提下,生产要素的边际生产力是递减的,因此生产要素的边际生产力曲线是一条向右下方倾斜的曲线。这条曲线也是生产要素的需求曲线,如图 7-6 所示。

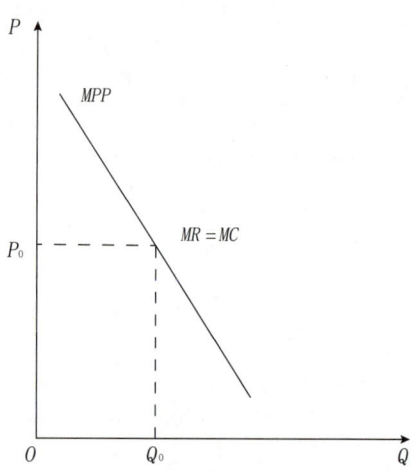

图 7-6 生产要素的需求曲线

2. 不完全竞争市场上的生产要素需求

在不完全竞争市场上,单个企业具有控制市场的力量,其面临的是一条向右下方倾斜的需求曲线。这时,企业要出售增加的产品,其价格必须低于以前的单位产品价格,因此售出每个追加单位产品获得的边际收益就会降低,这就使得不完全竞争企业的边际收益曲线与完全竞争的边际收益曲线不尽相同。

尽管两条曲线都是向右下方倾斜的,但是两条曲线下降的原因不同。在完全竞争市场上,要素的边际收益曲线随要素的边际生产力曲线下降而下降,即由于要素的边际生产力递减而下降;而在不完全竞争市场上,边际收益曲线除了取决于要素的边际生产力外,还取决于价格水平。因此,不完全竞争市场上企业的边际收益曲线要比完全竞争市场上企业的边际收益曲线更加陡峭。

任务 7.2 工资、利息、地租、利润理论

7.2.1 工资理论

工资是劳动的价格，或劳动力提供的劳务的报酬。劳动的价格是在劳动市场上形成的。同一般商品的价格决定一样，在完全竞争市场和不完全竞争市场上，工资的决定也有不同的情况。

1. 完全竞争市场上工资的决定

这里所说的"完全竞争"是指在劳动市场上的完全竞争状况，无论是劳动的买方还是卖方，都不存在对劳动的垄断。在这种情况下，工资完全是由劳动的供求关系决定的。

（1）劳动的需求。从需求方面来说，劳动的价格取决于这一要素的边际收益，也就是取决于劳动的边际生产力。随着劳动数量的增加，劳动的边际收益产量递减，劳动的需求曲线是一条向右下方倾斜的曲线，表明劳动的需求量与工资呈反方向变动，如图 7-7 所示。

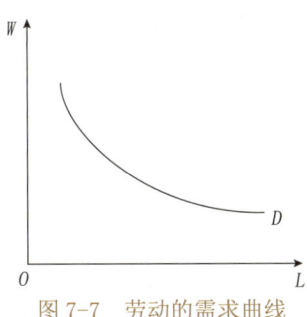

图 7-7 劳动的需求曲线

在图 7-7 中，横轴 OL 表示劳动的需求量，纵轴 OW 表示工资水平，D 表示劳动的需求曲线。

（2）劳动的供给。从供给方面来说，劳动的供给曲线是一条向右侧弯曲的曲线。最初从左下方向右上方倾斜，在达到一定点以后，开始转向左上方弯曲，即劳动的供给量开始时随工资的提高而增加，后来则随工资的提高而降低，如图 7-8 所示。

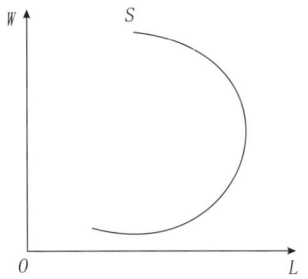

图 7-8 劳动的供给曲线

在图 7-8 中，横轴 OL 表示劳动的供给量，纵轴 OW 表示工资水平，S 表示劳动的供给曲线。

劳动的供给主要取决于劳动的成本，包含实际成本和心理成本。一般来说，工资收入的增加固然可以为劳动者增加效用，但也由此占用了劳动者的闲暇时间，这是一种负效用；当收入达到一定程度，由工资收入给劳动者增加的正效用不足以抵消劳动的负效用时，劳动者宁愿减少工作时间也要增加闲暇时间，从而使劳动供给减少。劳动供给取决于工资变动引起的替代效应和收入效应。随着工资的增加，由于替代效应的作用，劳动者用工作代替闲暇，从而使劳动供给增加；同时，随着工资的增加，由于收入效应的作用，家庭需要更多的闲暇时间，从而使劳动供给减少。当替代效应大于收入效应时，劳动供给随工资的增加而增加；当收入效应大于替代效应时，劳动供给随工资的增加而减少。一般的规律是，当工资较低时，替代效应大于收入效应；当工资达到某个较高水平时，收入效应大于替代效应。因此，劳动供给曲线是一条向右侧弯曲的曲线。

（3）劳动市场上工资的决定。劳动的需求与供给共同决定了完全竞争市场上的工资水平，如图 7-9 所示。

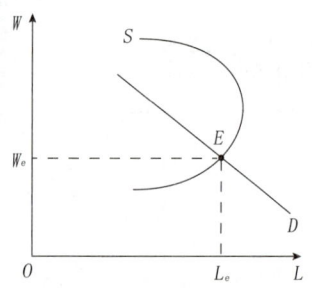

图7-9 劳动市场上工资的决定

在图7-9中，横轴OL表示劳动的供给量，纵轴OW表示工资水平。劳动的需求曲线D向右下方倾斜，劳动的供给曲线S开始向右上方倾斜，过一定点后，转而向左上方弯曲。曲线D和曲线S的交点E，决定了劳动要素的均衡数量为L_e，均衡价格为W_e。

根据供求定理，在劳动供给不变的条件下，通过增加劳动的需求，不但可以增加工资，而且可以增加就业；在劳动需求不变的条件下，通过减少劳动的供给，同样可以增加工资，但这种情况会使就业减少。

2. 不完全竞争市场上工资的决定

不完全竞争是指劳动市场上存在着不同程度的垄断，包括以下三种情况。

（1）厂商对劳动购买者的垄断，劳动的购买者是"独家买主"的厂商，劳动的供应者则是众多相互竞争的劳动者。

（2）劳动者对劳动的垄断，即劳动者组成工会，垄断了劳动的供给。

（3）"双边垄断"，即卖方与买方都有一定的垄断，主要是劳动者组成的工会通过集体谈判与买方垄断者"独家买主"协定工资和其他雇佣条件。

劳动市场上卖方垄断（工会存在）条件下工资的决定有以下几种情况。

（1）工会通过提倡保护关税、扩大出口等办法扩大产品销路，从而提高对劳动的需求，也可以提高工资，如图7-10所示。

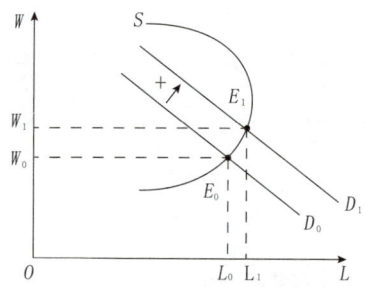

图7-10 需求增加引起的工资变动

在图7-10中，劳动的需求曲线从D_0右移增加到D_1，工资水平和劳动数量分别从W_0、L_0上升到W_1、L_1，说明工资水平提高了，就业水平也提高了。

（2）工会通过限制非会员、移民、童工的使用，以及缩短工作时间、实行强制退休等办法减少劳动的供给，从而提高工资，如图7-11所示。

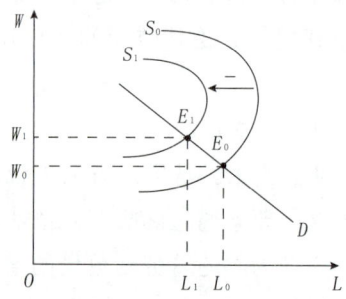

图7-11 供给减少引起的工资变动

在图7-11中，劳动的供给曲线从S_0左移减少到S_1，工资水平从W_0上升到W_1，劳动数量从L_0减少到L_1，说明工资水平提高了，就业水平下降了。

（3）工会迫使政府通过立法规定最低工资，从而使工资维持在较高的水平上，如图7-12所示。

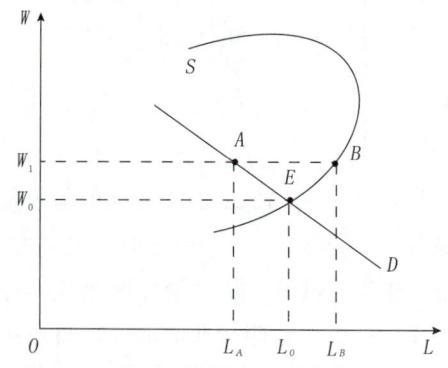

图7-12 最低工资法

在图7-12中，劳动的供给曲线S与需求曲线D相交于E点，决定了工资水平为W_0，劳动数量为L_0，最低工资法规定最低工资水平为W_1，这样就使工资维持在较高水平，但劳动的供给量L_B大于需

求量 L_A，因此有可能出现失业现象。工会对工资的影响是有限度的，一般来说，工资取决于工会力量的大小、工会与资本家双方力量的对比、整个社会的经济状况以及政府的干预程度等。

【情景7-1】 工资的来历。

蜜蜂的社会也是由大量的蜜蜂个体组成的。蜜蜂一只一只地离开蜂房去采集蜂蜜，虽然蜂蜜是每只蜜蜂的劳动所得，但是当它们把蜂蜜放入公共仓库以后，并没有获得工资。这是为什么呢？因为同一个蜂房虽然有许多个体，但它们都是一家的，它们将蜂蜜放在公共仓库中就是放在自己家的仓库中。它们可以随时取用，就像人到自己家的仓库中取食品一样。所以，蜜蜂不需要获得工资。而人就不同了，人分成许多家庭，相应地，人的财产也是分开的，分为你的财产、我的财产。工人在工厂上班，使工厂得以运行，而工厂是别人家的，不是工人的。所以，工厂主必须付给工人工钱，以便工人养活自己的家庭，这样工资就出现了。

分析：如果要工人也像蜜蜂一样不拿工资，那么人类必须像蜜蜂一样只有一个家庭，相应地，财产也是属于整个社会的。这样，整个社会就成了一个工厂，工厂就是工人自己的工厂。工人需要什么，可以随时从社会中取用，自然就不再需要工资了。

7.2.2 利息理论

利息是资本的价格，是资本所有者的收入，或使用资本这一生产要素的报酬。西方经济学认为，资本之所以能带来利息，是因为使用资本可以提高生产效率。利息的多少用利率表示。

1. 对资本支付利息的原因

（1）时间偏好。在未来消费与现期消费中，人们更加偏好现期消费。也就是说，现在多增加1个单位消费带来的边际效用大于将来多增加1个单位消费带来的边际效用。究其原因主要有三个：一是人们预期未来的物品稀缺性会减弱；二是人们认为人生短暂，也许自己活不到享受未来物品的时候；三是人们不太重视未来的欢乐和痛苦，习惯低估未来的需要、低估满足未来需要的物品的效用。时间偏好的存在，决定了人们总是偏好现期消费。一旦人们放弃现期消费而把它变成资本，就应该得到利息作为补偿。例如，人们对现在或两年后购买同一台液晶电视的效用评价。

（2）迂回生产与资本净生产力。迂回生产是指首先生产生产资料（或称"资本品"），其次用这些生产资料生产消费品。迂回生产可以提高生产效率，而且迂回的过程越长，生产效率越高。例如，用猎枪比用弓箭、石头打猎的效率更高。现代生产的特点就在于迂回生产，但实现迂回生产必须有资本。利用资本进行迂回生产，可以提高资本的生产效率，这种因使用资本提高的生产效率叫作"资本的净生产力"。资本具有净生产力是资本能带来利息的根源。

2. 利率的决定

利率取决于对资本的需求与供给。资本的需求主要是企业投资的需求，因此可以用投资代表资本的需求。资本的供给主要是储蓄，因此可以用储蓄代表资本的供给。这样就可以用投资与储蓄说明利率的决定。

（1）资本的需求。企业之所以要借助资本进行投资，是因为资本的使用可以提高生产效率，实现利润最大化，即在于资本具有净生产力。由于投资的边际效率随投资的增加（资本存量的增加）而递减，因此资本的需求曲线是一条向右下方倾斜的曲线。它表示在利润率既定时，利率与投资呈反方向变动，如图7-13所示。

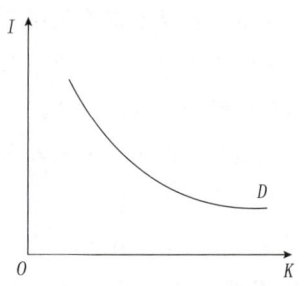

图 7-13　资本的需求曲线

在图 7-13 中，横轴 OK 表示资本的需求量，纵轴 OI 表示利率水平，D 表示资本的需求曲线。

（2）资本的供给。资本的供给就是资本的所有者在各个不同的利率水平上愿意而且能够提供资本的数量。它依存于人们的收入用于个人消费以后的余额——储蓄。利息是为了诱使人们抑制或推迟眼前的消费，对人们的储蓄行为提供一种资本的补偿。这种补偿随着放弃现时消费量的增加而递增，只有相应地提高利率，人们才愿意提供更多的资本，所以资本的供给曲线是一条向右上方倾斜的曲线，表示利率与储蓄呈同方向变动，如图 7-14 所示。

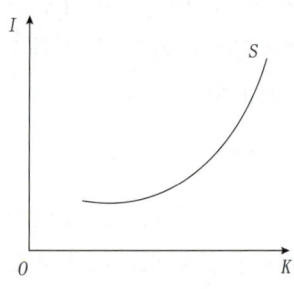

图 7-14　资本的供给曲线

在图 7-14 中，横轴 OK 表示资本的供给量，纵轴 OI 表示利率水平，S 表示资本的供给曲线。

（3）资本市场上利率的决定。利率是由资本的需求方与供给方共同决定的，如图 7-15 所示。

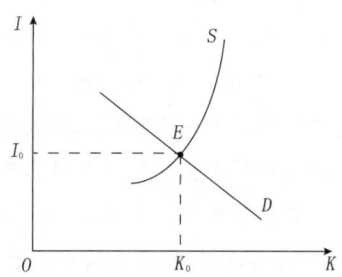

图 7-15　资本市场上利率的决定

在图 7-15 中，资本的需求曲线 D 和供给曲线 S 的交点为 E，均衡利率为 I_0，它表示当利率水平为 I_0 时，投资者对资本的需求恰好等于储蓄者愿意提供的资本，两者均为 K_0。

7.2.3　地租理论

1. 地租的含义

地租是土地所有者凭借土地所有权从土地使用者那里获得的报酬。在某些场合，西方经济学家把地租定义为屋主将其所有的土地、房屋或任何财产租给他人使用获得的报酬，并不一定专指出租土地获得的租金。按照这个定义，地租可分为契约地租和经济地租两类。契约地租又称"商业地租"，是指屋主将土地或其他财物出租给承租者，承租者按照租赁契约支付给屋主的租金。经济地租又称"理论地租"，它有广义和狭义之分。从广义上讲，经济地租是指人们使用任何生产要素获得的超额利润；从狭义上讲，经济地租是指人们利用土地获得的超额利润，即土地总收益扣除总成本的剩余部分。一般所称"地租"，是针对狭义地租而言的。

同劳动和资本一样，地租的高低也是由土地

的供求决定的,租地人对土地的需求取决于土地的边际生产力。但由于土地这种自然资源并非人类劳动的产物,也不能通过人类劳动增加其供应量,具有数量有限、位置不变以及不能再生产的特点,因此地租具有与劳动工资和资本利息不完全相同的特点。

由于土地的供给量是固定不变的,土地的供给曲线是一条与横轴垂直的曲线。又由于土地的边际生产力是递减的,土地的需求曲线是一条向右下方倾斜的曲线。两条曲线的交点决定了地租水平,如图7-16所示。

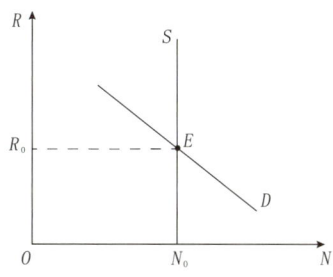

图 7-16　地租的决定

在图7-16中,横轴ON代表土地量,纵轴OR表示地租,垂线S为土地的供给曲线,表示土地的供给量固定为N_0,D为土地的需求曲线,曲线D与曲线S相交于点E,决定了地租为R_0。

随着经济的发展,人们对土地的需求不断增加,而土地的供给不能增加,这样地租就会呈现不断上升的趋势,如图7-17所示。

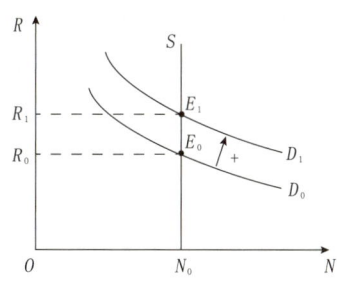

图 7-17　地租的变动

在图7-17中,土地的需求曲线由D_0向右上方移动到D_1,表明土地的需求增加了,但土地的供给曲线仍然为S,均衡点由E_0移动到E_1,相应地,地租由R_0上升到R_1,说明由于人们对土地的需求增加了,因此地租上升了。

2. 地租的分类

(1)绝对地租。绝对地租是指土地所有者凭借土地所有权垄断取得的地租。绝对地租既不是农业产品的社会生产价格与其个别生产价格之差,也不是各级土地与劣等土地之间社会生产价格之差,而是个别农业部门的产品价格与生产价格之差。因此,农业资本的有机构成低于社会平均资本的有机构成是绝对地租形成的条件,而土地所有权的垄断才是绝对地租形成的根本原因。绝对地租的实质和来源是农业工人创造的剩余价值。

(2)级差地租。马克思认为,资本主义的级差地租是经营较优土地的农业资本家获得的,并最终归土地所有者占有的超额利润。级差地租来源于农业工人创造的剩余价值,即超额利润,它不过是从农业资本家手中转移到土地所有者手中。形成级差地租的条件有三个:①土地肥沃程度的差别;②土地位置的差别;③在同一地块上连续投资产生的劳动生产率的差别。马克思按级差地租形成条件的不同,将级差地租分为两种形式:级差地租第一形态(级差地租Ⅰ)和级差地租第二形态(级差地租Ⅱ)。级差地租Ⅰ是指农业工人利用肥沃程度和位置都较好的土地创造的超额利润转化成的地租(由前两个条件产生)。级差地租Ⅱ是指对同一地块连续追加投资,由于各级投资的生产率不同而产生的超额利润转化成的地租。

级差地租Ⅰ和级差地租Ⅱ虽产生条件不同,但二者的实质是一样的,它们都是由产品的个别生产价格低于社会生产价格的差额产生的超额利润转化而成的。级差地租Ⅰ是级差地租Ⅱ的前提、基础和出发点。

(3)垄断地租。垄断地租是指由产品的垄断价格带来的超额利润转化而成的地租。垄断地租不是来自农业雇佣工人创造的剩余价值,而是来自社会其他部门工人创造的价值。

(4)分离地租。在土地所有权与土地经营权相分离的条件下,不论租用农业用地还是非农业用地,都必须支付地租。马克思论述的非农业用地的地租,是指建筑地段地租和矿山地段地租。建筑地段地租是指工商业资本家为了获得多种建筑物所需的土地而支付给土地所有者的地租。建筑地段地租同农业用地地租的明显区别在于：农业用地的肥沃程度和位置对级差地租起决定作用；而建筑地租则是位置起决定作用，同时垄断价格对建筑地租也起着很大的作用。矿山地段地租是指工业资本家为了取得采掘地下矿藏的权利而向土地所有者支付的地租。由于矿山的数量有限，并且存在着垄断经营，使矿产品必须按劣等生产条件决定的生产价格出售，因此优等矿山可以取得超额利润而转化为矿山地段地租。

7.2.4 利润理论

在经济学上，一般把利润分为正常利润和超额利润。这两种利润的性质与来源都不相同。

1. 正常利润

正常利润是企业家才能的价格，也是企业家才能这种生产要素得到的收入。它包含在成本中，其性质与工资类似，也是由企业家才能的需求与供给决定的。不同的是，由于企业家需求和供给的特殊性（边际生产力大和培养成本高），正常利润的数额远远高于一般劳动所得的工资。

因为正常利润包含在经济学分析的成本中，所以收支相抵就是获得了正常利润。在完全竞争市场中，利润最大化就是获得正常利润。超过正常利润的超额利润在完全竞争市场中并不存在。

2. 超额利润

超额利润是指超过正常利润的那部分利润，又称为"纯粹利润"或"经济利润"。根据来源和性质的不同，超额利润具体可分为以下几种情况。

（1）垄断与超额利润。由垄断产生的超额利润称为"垄断利润"。垄断可以分为卖方垄断和买方垄断。卖方垄断是指对某种产品出售权的垄断。垄断者可以提高商品卖价，通过损害消费者的利益获得超额利润。卖方垄断能够为企业提供超过正常利润的纯利润。例如，一家企业享有某种产品的专利权或声誉卓越的商标，因此它能够赚得超过正常利润的垄断利润。买方垄断是指对某种产品或生产要素购买权的垄断。垄断者可以压低收购价格，通过损害生产者或生产要素供给者的利益获得超额利润。垄断产生的超额利润是不合理的，是市场竞争不完全的结果。

（2）创新与超额利润。创新是指对原有均衡的突破。也就是说，创新是指企业家对生产要素实行新的组合。创新主要涉及五个方面：第一，提供新产品；第二，发明新技术和新工艺；第三，开辟新市场；第四，控制原材料的新来源；第五，建立新的组织形式。创新是社会进步的动力，创新能够提高生产效率、促进经济增长。因此，由创新获得的超额利润是合理的，是对创新者的鼓励和补偿。

（3）风险与超额利润。超额利润也可以看成企业进行冒险承担风险的一种报酬。风险是指企业决策面临亏损的可能性。决策多是面向未来的，而未来是不确定的，因此企业决策总是存在风险。一家企业可能从未曾预料到的事件中获得意外的利润，也可能蒙受意外的损失。其中，意外的利润像其他超过正常利润的企业利润一样，可以被列入超额利润的范畴。因此，由于承担风险而产生的超额利润也是合理的，从事具有风险的生产就应该以利润的形式得到补偿。

总之，利润是经济社会进步的动力，它能够激励企业家努力工作，既有利于节约资源，也有利于资源的合理配置。

【情景7-2】熊彼特利润的背景和假设。

熊彼特以"创新理论"解释资本主义的本质特征，解释资本主义发生、发展和趋于灭亡的结局，从而闻名于资产阶级经济学术界，影响颇大。他在《经济发展理论》一书中提出"创新理论"以后，又相继在《经济周期》和《资本主义、社会主义和民主主义》两本书中对其加以运用和发挥，形成了以"创新理论"为基础的、独特的理论体系。"创新理论"最大的特色就是强调生产技术的革新和生产方法的变革在资本主义经济发展过程中至高无上的作用。但在分析中，熊彼特抽掉了资本主义的生产关系，掩盖了资本家对工人的剥削实质。

按照熊彼特的观点和分析，所谓创新就是建立一种新的生产函数，把一种从来没有的、关于生产要素和生产条件的新组合引入生产体系。在熊彼特看来，作为资本主义"灵魂"的企业家的职能就是实现创新，引进新组合。所谓经济发展就是指整个资本主义社会不断地实现新组合。资本主义就是这种"经济变动的一种形式或方法"，即所谓"不断地从内部革新经济结构"的"一种创造性的破坏过程"。因此，在熊彼特假定存在的一种所谓循环运行的均衡情况下，不存在企业家，没有创新，也没有变动和发展，企业总收入等于总支出，生产管理者得到的只是"管理工资"，因而不产生利润，也不存在资本和利息。只有在他所说的实现了创新发展的情况下，才存在企业家和资本，才产生利润和利息。这时，企业总收入超过总支出，这种余额或剩余就是企业家利润，是企业家由于实现了新组合而应得的合理报酬。

任务 7.3　社会收入分配

7.3.1　收入分配的衡量：洛伦兹曲线与基尼系数

1. 洛伦兹曲线

洛伦兹曲线是用来衡量社会收入分配（或财产分配）平均程度的曲线。它是由美国统计学家洛伦兹提出的。假设某国家的人口与收入分布情况见表 7-1。把全部人口从最低收入 A 到最高收入 E 分为五组，各组人数分别占总人口的 20%，同时说明每组的收入在所有人口总收入中所占的百分比。例如，A 组的 20% 人口为最低收入人口，其收入占所有人口总收入的 5%；E 组的 20% 人口为最高收入人口，其收入占所有人口总收入的 40%。

根据表 7-1 中人口与收入百分比的合计，绘制出洛伦兹曲线，如图 7-18 所示。

表 7-1　某国家的人口与收入分布情况

单位：%

组别	人口		收入	
	占总人口的百分比	合计占比	占所有人口总收入的百分比	合计占比
A	20	20	5	5
B	20	40	12	17
C	20	60	18	35
D	20	80	25	60
E	20	100	40	100

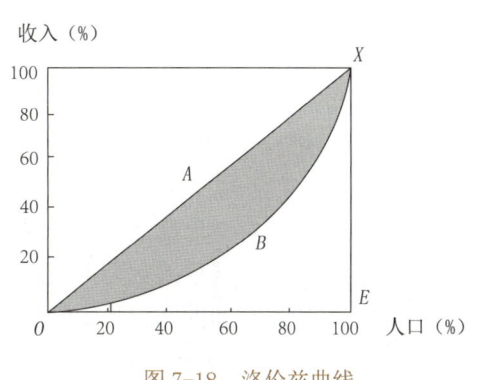

图 7-18　洛伦兹曲线

在图7-18中，横轴代表人口的百分比，纵轴代表收入的百分比。OX线为45°线，在这条线上，每20%的人口得到20%的收入，表明收入分配绝对平均，称为"绝对平均线"。曲线OBX表明收入分配绝对不平均，称为"绝对不平均线"。实际的洛伦兹曲线应该介于这两条线之间，利用洛伦兹曲线可以表明收入或财产分配的不平等程度。洛伦兹曲线离绝对平均线越近，表明收入或财产分配越平等；洛伦兹曲线离绝对不平均线越近，表明收入或财产分配越不平等。

运用洛伦兹曲线可以比较同一个国家不同时期或同一时期不同国家收入分配的平均状况与变化状况，如图7-19所示。

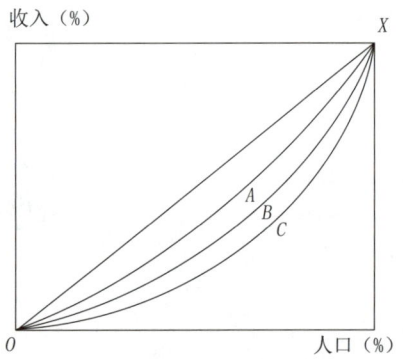

图7-19 洛伦兹曲线的变动

在图7-19中，假如A、B、C三条洛伦兹曲线分别表示甲、乙、丙三个国家的实际洛伦兹曲线，可以看出，甲国收入分配最平等，丙国收入分配最不平等。假如把A、B两条洛伦兹曲线作为实施一项政策前后的洛伦兹曲线，那么可以看出，在实施该项政策后，收入分配更不平等了。

2. 基尼系数

20世纪初，有学者根据洛伦兹曲线找出了判断收入分配平等程度的指标，这一指标被称为"基尼系数"。如果实际收入线与绝对平均线之间的面积用A表示，实际收入线与绝对不平均线之间的面积用B表示，则基尼系数的计算公式为：

$$基尼系数 = A/(A+B) \qquad (7\text{-}2)$$

当实际收入线与绝对平均线之间的面积为零时，收入分配绝对平等，基尼系数为零；当实际收入线与绝对不平均线之间的面积为零时，收入分配绝对不平等，基尼系数为1。基尼系数总是大于零而小于1，基尼系数越小，收入分配越平等；基尼系数越大，收入分配越不平等。世界上基尼系数超过0.5的国家只有10%左右，主要发达国家的基尼系数一般为0.24～0.36。

【情景7-3】逐步形成橄榄型分配格局的具体措施。

理顺国民收入分配关系是实现合理有序分配的关键，是发挥再分配的调节作用实现合理有序分配的保障。一方面，要改善居民、企业和政府在收入分配中的比例关系，逐步提高居民收入在收入分配中的比重；另一方面，要改善劳动、资本、技术、管理、土地、资源等生产要素在初次分配中的比例关系，逐步提高劳动报酬在初次分配中的比重。要做到这两个方面的"提高"，就要推动财税体制改革，进一步推进结构性减税，减轻居民和企业负担；建立企业职工工资正常增长机制和支付保障机制，适时、适度调整最低工资标准。发挥再分配的调节作用，一要按照分类与综合相结合的原则，重构个人所得税制度，逐步开征财产税、遗产税，适当调节过高收入；二要建立公平的社会保障体系，在考虑财力的基础上实现广泛覆盖；三要加大对科技、教育特别是基础教育的投入力度，使民众获得公平接受优质教育的机会；四要重点关注弱势群体增加收入问题，帮助解决城乡低收入居民的生活、就业难题，增加对农村、落后地区公共产品的供给。

【情景7-4】国际通用的基尼系数。

基尼系数是国际上通用的、衡量贫富差距最可行的方法。联合国有关组织规定的基尼系数见表7-2，国际上一般以0.4为警戒线。

表7-2 联合国有关组织规定的基尼系数

基尼系数	收入分配平等程度
0	绝对平等
<0.2	高度平等
0.2～0.3	比较平等
0.3～0.4	基本合理
0.4～0.5	差距较大
>0.5	差距悬殊
>0.6	高度不平等
1	绝对不平等

中国居民收入的基尼系数，2003 年为 0.479，2004 年为 0.473，2005 年为 0.485，2006 年为 0.487，2007 年为 0.484，2008 年为 0.491。近年逐步回落，2009 年为 0.490，2010 年为 0.481，2011 年为 0.477，2012 年为 0.474，2013 年为 0.473，2014 年为 0.469，2015 年为 0.462，2016 年为 0.465，2017 年为 0.467，2018 年为 0.468，2019 年为 0.465，2020 年为 0.468。

基尼系数的优点：便于了解、掌握和比较。人们可以对一个国家不同时期的基尼系数进行比较，也可以对不同国家同一时期的基尼系数进行比较。基尼系数的缺点：①不能说明收入不平等的全部情况；②不同国家可能采用不同的统计口径和资料，可比性较差。

7.3.2 引起收入分配不平等的原因

在现实经济生活中，收入不平等是客观事实。引起收入不平等的原因主要有以下几个。

（1）由历史原因决定的初始财产分配状态的不平等造成。财产的集中，一般是通过以往高收入的积蓄、持有普通股股票或不动产取得的投机收入、大量天然资源的发现、新产品和新工艺的发明等实现的。例如，家庭越富裕，越倾向多储蓄和多留遗产，这样可以把家庭的财产传给下一代。由于财产拥有无限性和可继承性，因此财产的拥有量成为决定收入不平等的重要因素。

（2）来自劳动力的差异，即能力（智能和体能）的不同，决定了具有不同能力的劳动者的收入差距。一个人赚钱的能力由身高、体重、力量等体力因素，以及记忆力、数学与逻辑思维能力、语言能力等智力因素决定。此外，特殊行业和危险部门具有较高的报酬率，甚至运气也有收益，这些也是造成收入不平等的因素。

（3）由要素报酬率的不平等造成。这是由于在现实经济生活中，大致相同的各种生产要素的相对供给量、健全的市场体制和要素的安全自由流动等条件很难得到满足。例如，政府的最低工资法和工会的集体谈判可能会使已就业工人的工资高于由完全竞争市场决定的均衡工资；地理上或专业上的固定性，会阻碍生产要素转移到可能获得更高收入的经济部门等。所以，各种要素之间的相对稀缺性和市场竞争的不完全性会阻碍生产要素获得自己边际生产力的价值，导致要素报酬的不平等，从而引起收入分配的不平等。此外，种族、性别或年龄上的歧视也会严重阻碍许多工人得到自己的全部边际价值产品；经济衰退和失业则会使许多劳动者无任何收入。

【情景 7-5】我国收入分配差距明显缩小。

2013—2017 年，我国城乡居民人均可支配收入比如图 7-20 所示。从图 7-20 中可以看出，我国收入分配差距明显缩小。

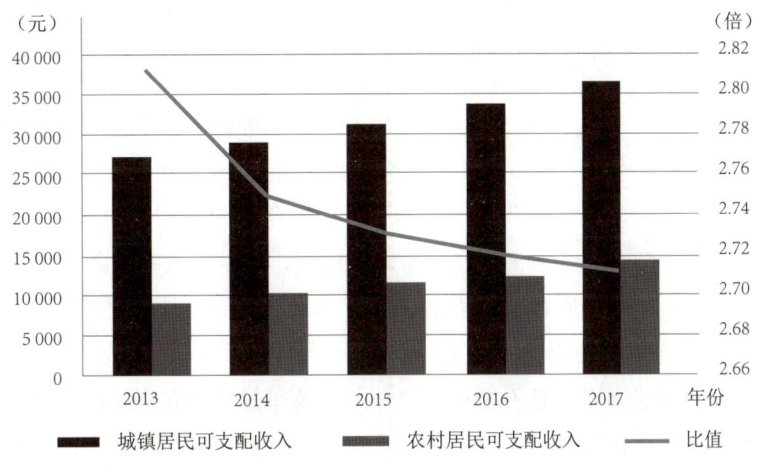

图 7-20　2013—2017 年我国城乡居民人均可支配收入比

分析：2017年，代表全国居民收入水平差距的基尼系数为0.467。2013—2017年，城乡居民收入差距从2.81倍缩小到2.71倍，行业收入差距也有缩小。2016年，城镇私营单位在岗职工年平均工资最高的行业是信息传输、软件和信息技术服务业，为122 478元，首次超过金融业，跃居各行业门类首位。到了2017年，人均工资水平最高的是计算机软件行业，比人均工资水平最低的农林牧渔业多出96 646元。不过从比值上看，从2005年开始，我国平均工资水平最高行业与最低行业的相对差距有逐渐缩小的趋势，2017年为3.65，比2005年的4.73低了许多。

7.3.3　公平与效率

1. 公平

公平是指为人处世中合乎人的正当情感和正义之理，是调节人们相互关系的一种行为准则，是分配社会权利和义务时必须遵循的价值尺度。公平一般是针对分配关系而言的，它属于道德范畴。就我国而言，公平是指每个公民在政治、经济、思想文化等各个方面都真正拥有同等的权利。这种平等是社会主人翁之间平等的实际权利和义务。这种平等是建立在社会主义公有制的经济和政治体系，以及社会主义价值观念基础上的社会公平。从横向来看，公平包括经济利益公平、政治利益公平、社会公共产品享有公平；从纵向来看，公平包括机会公平、起点公平、过程公平、结果公平。

2. 效率

效率是指劳动、工作中消耗的劳动量与获得的劳动效果的比率，属于生产力的范畴。对于一个企业或社会来说，最高效率意味着资源处于最优配置状态，从而使特定范围内的需要得到最大满足，福利或财富得到最大增加，社会已经实现了人尽其才、物尽其用，不存在任何浪费资源的现象，每个劳动者都实现了经济收入最大化。

3. 公平与效率的矛盾

效率优先实际上是指对于一切有效率的事情、方法，我们都应该采纳、实施；公平为主是指一切有违公平的事项，一律不能允许，且不能实行。公平为主是为了保障有公平存在的效率优先产生，优先存在。人与人之间、行业与行业之间、单位与单位之间，素质优劣、能力大小、生产效益好坏是不一样的，因此其生产效率和贡献也不可能相同。不管是按劳分配，还是按生产要素分配，所得报酬都不可能一样。在社会主义初级阶段，在分配问题上只考虑公平，不讲究效率，不利于调动人们的积极性和创造性；而只考虑效率，又会拉大收入差距，不利于实现社会公平。所以正确的做法是，重效率，但不唯效率；讲公平，但不搞"一刀切"。

4. 科学认识和理解公平与效率之间的关系

（1）从社会发展的角度来看，公平与效率是相互对立的关系。这种相互对立的关系表现为两种不同的价值，存在于不同领域或同一领域的不同层次，它们之间存在着此消彼长的相互排斥现象。如果一个社会十分重视公平，兼顾公平与效率的价值，公平的程度就会不断提高，久而久之，就会在一定程度上削弱人们的进取心，导致效率水平下降；反之，如果一个社会十分重视效率的价值，效率程度就会逐步提高，这又会在一定程度上扩大人与人之间的贫富差距，导致公平程度下降。这种对立的关系又表现为二者同步性与不同步性的矛盾。同步是人们的主观愿望，不同步是客观存在的事实。效率在向公平转化时存在一个过程，不是有效率就会立刻有公平。

（2）公平与效率是相互统一的关系。这种相互统一的关系表现为效率与公平互相依存。一方面，效率是公平的基础。从人类历史发展的规律来看，只有当社会生产力的效率提高到一定程度，产生了剩余物质以后，才会出现如何实现公平的问题。如果经济发展效率低下，那么在没有或者很少有剩余产品的情况下谈公平，是毫无意义的。从各国经济发展的历史趋势来看，只有当物质财富日益丰富时，公平才会随之向前发展，高效率才能为高水平的公平奠定雄厚的物质基础；没有生产力的极大发展和效率的极大提高，是不可能实现全体人民共同富裕的。另一方面，公平能促进效率。一般来说，公平的竞争秩序、公平的社会权力、公平的分配原则，有利于发挥制度的激励和调节作用，从而提高经济运行效率，推动生产力的发展。此外，公平与效率的统一性还表现在它们之间是一种内在的互相依存和共生共荣的关系。从理论上讲，公平与效率的统一性还在于它们都是社会主义的核心价值，追求公平与效率的统一是社会主义的内在要求。

初次分配主要由市场调节，坚持以效率为主的分配原则。再次分配过程是指财政转移支付的社会产品的再分配。再分配侧重公平，公平不等于绝对的平均和均等，是指通过社会再分配使每个社会成员，尤其是弱势群体的基本生活有保障。如果太不公平，就会影响效率的进一步提高，进而影响社会的稳定和谐，也不符合我国社会主义国家的性质，因此要关注公平，以促进效率的提高。

【情景7-6】一个有效率的社会是否是公平的社会？

一个有效率的社会不一定是公平的社会。例如，大多数人很穷而极少数人暴富的社会仍然可能是有效率的，但我们认为这种社会是不公平的。

项目小结

本项目主要讲述了生产要素需求及市场分析，工资、利息、地租、利润理论，社会收入分配。生产要素需求及市场主要包括生产要素的需求，生产要素的供给，生产要素价格的均衡，完全竞争市场及不完全竞争市场上的生产要素需求；工资、利息、地租、利润理论主要包括工资理论、利息理论、地租理论、利润理论；社会收入分配主要包括收入分配的衡量：洛伦兹曲线与基尼系数，引起收入分配不平等的原因，公平与效率。

思考与练习

一、单项选择题

1. 在完全竞争市场上,生产要素的需求曲线向右下方倾斜是由于( )。
   A. 要素生产的产品边际效用递减
   B. 要素生产的产品边际产品递减
   C. 投入越多,产出越大,从而产品价格越低
   D. 生产要素的边际生产力是递减的

2. 技术变革导致劳动的边际收益产品(MRP)增加,则( )
   A. 劳动需求曲线向右移动
   B. 劳动需求曲线向左移动
   C. 劳动供给曲线向左移动
   D. 劳动供给曲线向右移动

3. 在生产要素投入量不变的条件下,随着一种生产要素的不断增加,总产量( )。
   A. 一直增加   B. 先增后减
   C. 先减后增   D. 不断递减

4. 如果劳动的边际产值大于工资率,那么可能有( )。
   A. 产品市场的垄断
   B. 要素市场的垄断
   C. 产品和要素市场的完全竞争
   D. 或是产品市场的垄断,或是要素市场的垄断

5. 在完全竞争市场上( )。
   A. 产品有差别
   B. 产品无差别
   C. 产品有的有差别,有的无差别
   D. 以上说法都对

二、多项选择题

1. 生产要素包括( )。
   A. 劳动   B. 土地
   C. 资本   D. 企业家

2. 下列选项中,属于生产要素需求的性质有( )。
   A. 生产要素需求是一种派生需求
   B. 生产要素需求是相互依赖的需求
   C. 生产要素需求是直接需求
   D. 生产要素需求是自发需求

3. 生产要素相应地得到的收入总和,包括( )。
   A. 工资   B. 利息
   C. 地租   D. 利润

4. 不完全竞争是指劳动市场上存在着不同程度的垄断,它包括以下( )情况。
   A. 企业对劳动购买者的垄断,劳动的购买者是"独家买主"的企业,劳动的供应者是众多相互竞争的劳动者
   B. 劳动者对劳动的垄断,即劳动者组成工会,垄断了劳动的供给
   C. "双边垄断",即卖方与买方都有一定的垄断,主要是劳动者组成的工会通过集体谈判与买方垄断者"独家买主"协定工资和其他雇佣条件
   D. 在劳动供给不变的条件下,通过增加劳动的需求,增加工资

5. 地租分为( )。
   A. 绝对地租   B. 级差地租
   C. 垄断地租   D. 分离地租

三、判断题

1. 生产要素需求就是指企业在一定的时期，在一定的价格水平上，愿意而且能够购买的生产要素量。（ ）

2. 劳动的需求曲线是一条向右下方倾斜的曲线，表明劳动的需求量与工资呈反方向变动。（ ）

3. 在不完全竞争条件下，企业生产要素的需求量取决于要素的边际收益与边际成本，为了实现利润最大化，必须使购买最后1个单位生产要素支出的边际成本与其带来的边际收益相等。（ ）

4. 与商品的价格（和产销数量）是由商品的供给和需求共同决定的一样，生产要素的价格（和使用量）也是由生产要素的供给和需求共同决定的。（ ）

5. 地租是土地所有者凭借土地所有权从土地使用者那里获得报酬。（ ）

四、简答题

1. 什么是利息理论？

2. 影响生产要素需求的因素有哪些？

项目 8　国民收入核算理论

知识目标

◎ 了解国民收入核算理论在宏观经济体系中的重要性；
◎ 理解国内生产总值的含义；
◎ 理解国内生产总值与国民生产总值的关系。

技能目标

◎ 了解实际国内生产总值与名义国内生产总值之间的关系；
◎ 掌握宏观经济政策；
◎ 理解国内生产总值与国民生产总值、经济福利之间的关系。

案例导入

20 世纪即将结束时，美国商业部部长把国民收入账户级的发明和运用称为"世纪性杰作"。他认为："当我们要寻找商务部的先驱创造的对美国影响最伟大的成就时，国民经济账户的发明当之无愧。"这得到诺贝尔经济学奖得主保罗·萨缪尔森、詹姆斯·托宾等政要和专家的一致赞同。

案例思考

从这个案例当中你可以得出什么结论？

本章导语

通过本章学习，了解宏观经济学的产生及其特点，国民经济总量指标体系及相关概念，核算国内生产总值的方法和国内生产总值与其他总量的关系。

任务 8.1 宏观经济运行

8.1.1 宏观经济、微观经济

1. 宏观经济

宏观经济即总量经济活动，是指整个国民经济或国民经济总体及其经济活动和运行状态，如总供给与总需求，国民经济的总值及其增长速度，国民经济中的主要比例关系，物价的总水平，劳动就业的总水平与失业率，货币发行的总规模与增长速度，进出口贸易的总规模及其变动等。宏观经济的主要目标是维持高水平和快速增长的产出率、低失业率和稳定的价格水平。

2. 微观经济

微观经济即个量经济活动，是指单个经济单位的经济活动，是个别企业、经营单位及其经济活动，如个别企业的生产、供销，个别交换的价格等。微观经济的运行，以价格和市场信号为诱导，通过竞争自行调整与平衡；而宏观经济的运行，有许多市场机制的作用不能达到的领域，需要国家从社会全局利益角度出发，运用各种手段进行宏观调节和控制。

3. 两者联系

宏观经济与微观经济是经济活动和经济运行的两个不同层次，二者有着密切的联系。微观经济是宏观经济的基础，宏观经济的良好状况是微观经济活动得以顺利进行的必要条件。

社会经济活动本身就是一个整体，宏观与微观之间，生产、流通、分配、交换的各个环节之间都是密切联系在一起的。在社会主义计划经济向市场经济转变的过程中，计划和市场是两种不同的经济调节手段。在现代社会化商品经济条件下，只有合理运用计划与市场这两种配置资源的经济手段，才能更有效地实现社会生产按比例发展。计划与市场两者，市场处在更基础的位置上，计划则是在市场作用下发挥宏观调节功能和微观指导功能。只有将计划和市场有机结合，才能推动我国经济持续、快速、健康地发展。在计划经济向市场经济过渡的时期，国家特别需要用宏观经济的法律手段调控经济。

现代市场经济虽然仍以单个微观经济主体为基本单位，但随着市场规模不断扩大，商品交换日益发展和生产社会化程度越来越高，经济活动已不再是单纯的个体行为，而日益呈现相互联系、相互影响的整体特征。个人财富、家庭福利和企业利润的增加，已经不再单纯地取决于自身的努力，还必然依赖于整体经济状况，整个经济运行越来越表现出明显的总量、综合和全局性特征。

8.1.2 宏观经济政策

1. 宏观经济政策的目标

（1）高的且不断增长的国民产出水平（实际国内生产总值）。

（2）高就业、低失业。

（3）稳定或温和上升的价格水平。

2. 宏观经济总量平衡

政策工具是一种处于政府控制下，并能对一个或多个宏观经济目标施加影响的经济变量。

宏观经济总量的平衡包括以下四点。

（1）积累基金和消费基金的平衡。

首先，在生产发展、国民收入增加的基础上，积累与消费部分都应当有所增长。一是积累与消费之间的统一对立关系。二者的统一主要体现为它们可以相互促进。二者的对立主要体现为积累代表社会的共同利益、长远利益，消费代表个人利益和目前利益。二是如何实现积累和消费都有所增长。前提是国民收入有所增加，这时积累与消费二者不可偏废。以积累的最低限与消费的最高限，积累的最高限与消费的最低限为度。

其次，积累基金和消费基金必须同国民收入的物质构成相一致。在价值形式的国民收入中，积累部分称"积累基金"，消费部分称"消费基金"。在现实经济生活中，国民收入的分配首先是通过价值形式进行的，但是这种分配并不能凭主观愿望任意确定，必须受国民收入的实物形式制约。具体来说，积累基金必须同社会增加的生产资料数量相一致，消费基金必须同社会的消费资料总量相一致。

（2）一个地区范围内的市场供求平衡。供求平衡的实质是使市场商品供应量及其构成与市场上有货币支付能力的商品需求量及其构成之间保持平衡。在社会主义制度背景下，组织市场商品供求平衡，保持供求比例协调，是国民经济综合平衡一项极其重要的内容，也是流通部门安排市场的一项重要工作。因此，组织市场商品供求平衡，使商品供应与商品需求之间保持相互适应的关系，对于发展国民经济、合理组织流通、保障人民生活安定，都具有十分重要的意义。

①供求平衡是保证社会再生产顺利进行的必要条件。只有在商品供求平衡的条件下，生产者的物质消耗才能得到补偿，消费者的购买需求才能得到满足。而商品供求不平衡的任何一种状况，对社会再生产的进行都是不利的。在商品供过于求的情况下，不合理的库存增加会造成社会劳动的浪费，生产资金周转缓慢，甚至处于停滞状态，使生产不能按原有规模进行，甚至迫使生产停顿；在商品供不应求的情况下，会使一部分购买力不能实现，影响人们实际生活水平的提高，还会削弱消费者对商品质量的监督，不利于社会生产企业改进生产、增加花色品种和提高产品质量。

②供求平衡是实现按劳分配原则的重要保证。在社会主义条件下，按劳分配是借助货币通过商品交换形式实现的，劳动者劳动获得的货币收入，只有通过市场买到自己需要的消费品，才能实现最终按劳分配。如果商品供求不平衡，尤其是供不应求，就无法保证城乡居民的货币收入顺利地转化为商品，无法保证社会主义按劳分配原则得到充分贯彻执行，进而无法保证人民生活水平的不断提高，这必然会挫伤人民群众的积极性。

③供求平衡是稳定物价、稳定币值的重要条件。市场商品供求不平衡会引起市场物价的波动，引起城镇居民货币收入出现不正常的再分配。商品供过于求，会造成货币回笼困难；商品供不应求，会造成货币贬值。因此，有计划地组织市场商品供求平衡，有利于保持市场物价的稳定和币值的稳定。

④供求平衡是合理配置社会资源的有效手段。实现供求平衡，有利于合理利用人力、物力、财力和自然资源，避免社会财富的浪费。市场商品供求平衡，意味着国民经济的基本比例关系比较协调，社会总劳动时间按照社会需要按比例分配于各类商品的生产上，整个社会生产以合理的劳动耗费取得好的经济效益。而市场商品供求不平衡的任何一种状况的存在，都会给社会造成浪费和损失。例如，某种商品出现全局性的供过于求，说明投入该商品生产的人力、物力和财力超过了社会需要，造成了商品积压，使得超过部分的产品所耗费的人力、物力、财力得不到社会承认，造成社会劳动的浪费。当商品供不应求时，也会出现社会人力、物力、财力得不到充分利用或使用不当的情况。例如，商品产不足销，供应制约需求，造成生产企业不注意提高产品质量，粗制滥造，不注意对劳动耗费的节约。同时，商品供不应求还会削弱群众对商业服务质量的监督，影响企业改善经营管理、提高服务质量。这既损害消费者的利益，又损害社会的利益。

（3）社会总供给和社会总需求的平衡。总供给与总需求平衡法是现代资产阶级经济学中一种决定国民收入水平的方法，亦即消费与投资决定国民收入的方法。在封闭的两部门经济社会中，从供给方面来看，国民收入等于总供给，即生产要素的收入总和；从需求方面来看，国民收入等于总需求，即消费支出与投资支出之和。一般地，只要储蓄全部用于投资，总需求就等于总供给，由总需求决定的国民收入等于由总供给决定的国民收入，国民收入水平是均衡的。

（4）全国工业部门的生产和需要的平衡。

3. 宏观经济调节方式

（1）以间接调节为主。
（2）以直接调节为主。
（3）始终以调控总供给为主。
（4）始终以调控总需求为主。

4. 宏观经济调节的必要性

（1）宏观经济调节是生产社会化和经济全球化发展的需要。
（2）宏观经济调节是实现经济发展战略目标的需要。
（3）宏观经济调节是推动市场经济良性发展的客观需要。
（4）宏观经济调节是实行经济体制改革与调整的需要。
（5）宏观经济调节是转变国家政府经济职能的需要。

8.1.3 宏观经济调节体系

1. 宏观经济调节目标

（1）促进经济增长。经济增长是经济和社会发展的基础。持续快速的经济增长是实现国家长远战略目标的首要条件，也是提高人民生活水平的首要条件。

（2）稳定物价。运用货币等经济手段对价格进行调节，必要时也可以采用某些行政手段（如制止乱涨价、打击价格欺诈），以保持价格的基本稳定，避免价格的大起大落。

（3）保持国际收支平衡。国际收支是指一个国家或地区与其他国家或地区之间由于各种交易引起的货币收付或以货币表示的财产转移。

（4）宏观经济层面的流动性。流动性过剩从宏观经济层面来看，表现为货币供应量增长过快。当前中国的货币政策主要盯住的是广义货币供应量。

（5）增加就业。就业的增加取决于经济增长的速度和经济增长的就业弹性。要增加就业，首先要促进经济持续快速地增长，这是增加就业的基础；其次要提高就业弹性。

2. 宏观经济调节手段

（1）经济手段。经济手段主要包括经济计划和经济政策，而经济政策包括财政政策、货币政策、收入政策和产业政策等。

（2）法律手段。法律手段主要是制定经济法规和运用经济法规。

（3）行政手段。行政手段主要包括行政命令、指示、规定、指标、禁止、整顿等。

3. 宏观经济调节政策

（1）财政政策。

①自动稳定的财政政策。这种政策具有内在调节功能，无须借助外力，能够根据经济波动情况自动地发挥稳定作用。财政政策的自动稳定性主要表现在两个方面：一是税收的自动稳定效应，二是公共支出的自动稳定效应。

②相机抉择的财政政策。相机抉择的财政政策，是指政府根据宏观经济指标分析宏观经济形势后，斟酌使用的经济政策。这些政策组合包括改变政府购买水平、改变转移支付方案和改变税率。

（2）货币政策。货币政策是指政府（中央银行）通过改变货币供给量影响总需求，从而影响总产出的政策。

（3）收入政策。收入政策是后凯恩斯主流学派提出的政策主张之一，是指政府为了影响货币收入或物价水平而采取的措施,通常是为了降低物价的上涨速度;是政府为降低一般价格水平上升的速度而采取的强制性或非强制性的限制工资和价格的政策,影响或控制价格、货币工资和其他收入的增长率,是货币政策和财政政策以外的政府行为。

(4) 产业政策。产业政策主要通过制订国民经济计划(包括指令性计划和指导性计划)、产业结构调整计划、产业扶持计划、财政投融资、货币手段、项目审批实现。社会主义国家产业政策的内容是产业结构平衡与产业结构升级,核心目标是引导和推动产业结构升级以产生和形成新的经济增长点,使经济可持续发展和人民生活水平不断提高,避开发展中国家的"中等收入陷阱";主要通过国有企业完成指令性与指导性计划、国民产业结构调整计划、产业扶持计划、积极的财政政策、项目审批实现,表现形式为常态化、前瞻性,性质是对称型调控。资本主义国家产业政策的内容是供求均衡,目标是在供求不均衡产生经济危机时通过政府干预使之均衡;主要通过货币政策实现,表现形式为周期性、滞后性,性质是均衡型调控。所以,社会主义国家制定、实现产业政策属于宏观调控的范畴,资本主义国家制定、实现产业政策属于政府干预经济的范畴。以国有企业和财政投资为主导实现产业政策是社会主义国家宏观经济的重要组成部分,是实现经济结构对称,使社会经济可持续高速发展的必要条件,是社会主义制度优越性的表现,也是社会主义市场经济的本质特征之一。政府是社会主义市场经济中的宏观经济主体;政府不在市场体系之外,而在市场体系中;政府通过产业政策自觉进行宏观调控既不是干预市场经济,也不是计划经济,而是市场经济正常运转、产业结构升级、经济可持续发展的必要环节。

(5) 消费政策。消费政策是指国家权衡某一时期的国民经济综合状况和矛盾特点,根据本国各具特色的经济发展道路原则,以实现经济健康发展为前提,确保城乡居民收入、消费水平稳步提高的经济目标,做出的决策选择和采取的具体措施。消费政策是整个经济政策的一部分,是包含宏观消费政策、微观消费政策和与消费相关政策的政策体系。其中,宏观消费政策包括财税政策、货币政策、价格政策,微观消费政策包括消费引导、消费教育、消费信用、消费者权益保护等。

任务 8.2　国内生产总值

8.2.1　国内生产总值的含义

1. 国内生产总值的概念

国内生产总值是国际上通行的用于衡量一个国家或地区经济运行规模的宏观经济指标,其在政治、经济、外交、研究等领域具有广泛应用。国内生产总值是指一个国家或地区在一定时期运用生产要素生产的全部最终产品(商品和服务)的市场价值。

国内生产总值有三种表现形式,即价值创造、收入形成和最终使用。从价值创造来看,它是所有常住单位在一定时期内生产的全部货物和服务价值与同期投入的全部非固定资产货物及服务价值的差额，即所有常住单位的增加值之和；从收入形成来看，它是所有常住单位在一定时期内形成的劳动者报酬、生产税净额、固定资产折旧、营业盈余等各项收入之和；从最终使用来看，它是所有常住单位在一定时期内最终使用的货物和服务价值与货物及服务净出口价值之和。

2. 对国内生产总值的理解

理解国内生产总值的定义应该注意以下几个方面的内容。

（1）国内生产总值是一个市场价值的概念，用货币衡量。其计算公式为：

$$市场价值 = 单位价格 \times 产量 \qquad (8-1)$$

（2）国内生产总值只测定最终产品（包括商品和服务）的价值，而不计算中间产品价值。最终产品是指最后使用者购买的全部商品和服务；中间产品是指用于再出售而供生产别种产品使用的产品和劳务。在实际经济中，某些产品既可以作为最终产品也可以作为中间产品。例如，煤炭在用作燃料发电时是中间产品，而在用作人们生活中的燃料时则是最终产品。这样，把哪部分煤炭计入最终产品，哪部分煤炭计入中间产品就不容易界定了。为了解决这个问题，可以在实际计算中采用增值法，即只计算在各生产阶段增加的价值。

【情景8-1】一件上衣从生产到消费者最终使用要经过五个阶段，即种棉—纺纱—织布—制衣—销售。最终产品价值的核算如图8-1所示。

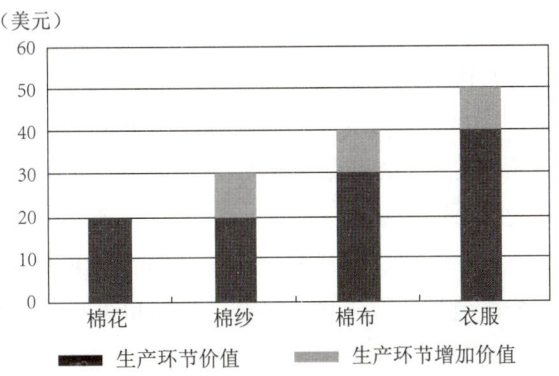

图8-1 最终产品价值的核算

$$最终产品价值 = 各个环节增加值总和 \qquad (8-2)$$

在此例中，上衣作为最终产品，其价值采用增值法计算为50（20+10+10+10）美元，如果不区分最终产品和中间产品，则会得到140美元的总价值，其中含重复计算90美元的产品价值。可见，用增值法可以避免重复计算的问题。

（3）国内生产总值一般以1年为统计核算期限。也就是说，某年的国内生产总值不能包括以前年度生产的商品和服务，只能是当年生产的商品和服务。按此规则，出售以前年度生产的存货所得收入就不能计入当年的国内生产总值。

（4）国内生产总值是一个地域概念，是指一个国家国境内创造的全部最终产品的市场价值，而不管国境内的生产要素是不是本国的，侧重衡量一国本土具备的生产能力。

（5）国内生产总值只衡量市场活动产生的价值。那种用于自己消费的自给性商品和服务，因为不用于市场交换，所以没有价格，不能计入国内生产总值。例如，家政公司的家政工作人员替别人打扫房屋时获得的收入要计入国内生产总值，而家庭主妇清扫自家房屋时却没有收入，所以无法反映在国内生产总值中。

【情景8-2】"绿色"国内生产总值。

传统的国内生产总值衡量不排除污染成本和可再生资源的损耗，也不对耗尽了不可再生的矿产资源"收费"。一些评论家认为，采用传统的国内生产总值进行衡量，会高估经济福利。美国政府曾采取一些试验性措施来纠正这些因素的影响。此项研究的第一阶段就出现了令人吃惊的现象。

统计学家估计了1958—1991年美国年矿产资源存量，目的是测算消费量。尽管美国经济在这33年中使用了大量的矿产资源，但统计学家发现被证实的资源供给几乎没有下降。这是怎么回事呢？

当然，从纯粹物理学的角度来看这是不可能的。美国1991年的地下矿藏储量自然比1958年的少，然而在同一时期，新的矿产资源不断被发现，新技术的应用使某些原先难以得到的或不经济的矿产资源变得可供利用。因此，被证实的资源供给在33年中并没有下降，对矿产资源消耗的调整对官方的国内生产总值数据没有产生任何影响。

3. 国内生产总值的作用

（1）国内生产总值可以反映一个国家或地区的经济发展规模，判断其经济总体实力和经济发展的快慢。对于国内生产总值衡量经济状况的作用，诺贝尔经济学奖获得者保罗·萨缪尔森在其《经济学》教科书中给出这样的评价：国内生产总值是 20 世纪世界上最伟大的发明之一。

（2）国内生产总值可用来进行经济结构分析，是宏观经济决策的重要依据。从生产角度来看，国内生产总值能够反映一个国家的产业结构，即第一、第二、第三产业在国民经济中所占的比重；从使用角度来看，国内生产总值能够反映一个国家的需求结构，即最终消费支出、资本形成总额和货物与服务净出口及其具体构成项目在总需求中所占的比重。通过这些产业结构分析、需求结构分析，可以了解一个国家的经济结构现状及其发展变化规律，对制定产业发展政策，以及消费、投资和进出口政策，都具有十分重要的作用。

（3）国内生产总值可与相关指标结合，计算出具有重要意义的其他指标。例如，国内生产总值与人口指标相结合可以计算人均国内生产总值，人均国内生产总值是衡量一个国家或地区经济发展水平和富裕程度的重要指标，如果把各国的人均国内生产总值转换成美元，就可以进行国际比较。又如，国内生产总值与能源消费量相结合可以计算国内生产总值能耗指标。国内生产总值能耗指标衡量的是经济增长与能源消耗的比例关系，是反映国内生产总值增长质量的重要方面。另外，通过现价国内生产总值和不变价国内生产总值，能够计算国内生产总值缩减指数，其通常被视为一个口径更全的通货膨胀率，反映一个国家价格总水平的变动情况。

（4）国内生产总值能够影响一国的经济利益和政治利益。国内生产总值在一定程度上决定了该国在国际舞台上的话语权，该国承担的国际义务和享受的优惠待遇，该国在国际社会能够发挥的作用。近年来，中国的影响力越来越大，在处理国际事务中也扮演了越来越重要的角色，这与中国近年来国内生产总值不断上升、综合国力不断增强是分不开的。

8.2.2　国内生产总值的核算方法

国内生产总值分别通过生产法、收入法和支出法核算，三种方法分别从生产、分配、使用三个方面反映生产活动的最终成果。

1. 生产法

生产法是从生产过程创造新增价值的角度，衡量核算期内生产活动最终成果的一种计算方法。计算公式为：

$$增加值 = 总产出 - 中间投入 \quad (8-3)$$

国内生产总值等于各行业增加值之和。

生产法核算消除了生产各环节之间的重复计算。从全社会来看，不同产业部门增加值加总的结果是社会最终产品的价值。产业部门增加值反映一个产业部门在国民经济中的地位和本部门对国民经济的贡献。

2. 收入法

收入法是通过计算一定时期整个社会所有的生产要素获得的收入来核算国内生产总值。严格来说，最终产品市场价值除了生产要素收入构成的成本外，还有间接税、折旧和企业未分配利润等内容。其计算公式为：

$$国内生产总值 = 工资 + 利息 + 租金 + 非公司企业主收入 + 公司税前利润 + 企业转移支付 + 企业间接税 + 资本折旧 \quad (8-4)$$

（1）工资、利息和租金等生产要素的报酬。工资既包括所有工作的酬金、津贴和福利费，也包括工资收入者必须缴纳的所得税和社会保险费。利息，是指人们给企业提供的货币资金获得的利息收入，如银行存款利息、企业债券利息等，但政府公债利息和消费信贷利息不包括在内。租金包括出租土地、房屋等获得的收入，以及专利、版权等收入。

（2）非公司企业主收入。非公司企业主收入包括医生、律师、农民和商户的收入，他们使用自有资金并且自我雇佣，其工资、利息、利润和租金等经常被混在一起作为非公司企业主收入。

（3）公司税前利润。公司税前利润是公司销售收入扣除工资、利息、租金后的剩余，包括企业所得税、社会保险费、股东红利和企业未分配利润等。

（4）企业转移支付和企业间接税。企业转移支付和企业间接税虽然不是生产要素创造的收入，但要通过产品价格转嫁给购买者，故应该视为成本。企业转移支付包括对非营利组织的社会慈善捐款和消费者呆账；企业间接税包括货物税或销售税、周转税等。

（5）资本折旧。资本折旧是指在经济活动核算期内损耗的固定资本价值，这些虽不是要素收入，但包括在总投资中，也应该计入国内生产总值。

3. 支出法

支出法是通过核算在一定时期内整个社会购买最终产品的总支出（最终产品的总卖价）来计量国内生产总值。那么，谁是最终产品的购买者？从产品的使用角度来看，最终产品的使用者就是最终产品的购买者。在现实生活中，产品和劳务的最后使用除了居民消费外，还有企业投资、政府购买和净出口。

居民消费（C），包括购买耐用消费品、非耐用消费品和服务等支出。耐用消费品包括家庭轿车和家用电器等，而居民用于住宅的支出则没有被包括在内。非耐用消费品包括食物、衣服等。服务包括医疗、教育培训、旅游和理发等。居民消费是国内生产总值中最大的组成部分，约占国内生产总值2/3；而在居民消费中，服务又是最大的组成部分，约占居民消费1/2。

企业投资（I），包括固定资产投资和存货投资。固定资产投资是指厂房、设备和住宅投资；存货投资是指厂商持有的存货价值的变动。

政府购买（G），是指各级政府部门对商品和服务的购买支出，主要包括政府在军事设施和物资方面的支出，以及政府雇员的薪金支出等。需要强调的是，并非所有的政府支出都要计入国内生产总值，如政府以失业保险、失业救济、抚恤金、各种困难补助和国债利息等形式对个人的单方面支出，即转移支付不能计入国内生产总值。

净出口（X-M），表示本国的最终产品有多少通过外国人的支出实现交换，反映的是国外对本国商品和服务的净购买情况，是出口减去进口得到的差额。对于不同国家来说，净出口数值可正也可负。

把上述四个项目加总求和，即可得到使用支出法计算国内生产总值的公式：

$$GDP = C + I + G + (X-M) \qquad (8-5)$$

2012—2017年度中国按支出法计算国内生产总值的构成情况见表8-1。

表8-1 2012—2017年度中国按支出法计算国内生产总值的构成情况

单位：亿元

年度	最终消费		资本形成		净出口	国内生产总值
	居民消费	政府消费	固定资本	存货增加		
2012	198 536.8	72 576.1	244 600.7	10 639.3	14 636.0	540 988.9
2013	219 762.5	80 575.3	270 924.1	11 148.8	14 552.1	596 962.9
2014	242 539.7	85 772.9	290 052.1	12 664.4	16 515.6	647 181.7
2015	165 980.1	96 286.4	301 503.0	11 332.7	24 007.2	699 109.4
2016	293 443.1	106 467.0	318 083.6	11 054.0	16 584.7	745 632.4
2017	317 509.7	117 943.5	346 440.8	141 186.0	15 958.0	812 038.1

在国内生产总值的三种计算方法中,生产法和收入法都是先核算国民经济各行业的增加值,以增加值加总得到国内生产总值。支出法是从经济整体的角度观察最终产品的去向,从全社会的角度计算国内生产总值。通过三种不同方法计算的国内生产总值,在理论上应该一致,这称为"三方等值原则"。从货物与服务流量的运动过程来看,三方等值原则反映了社会最终产品的生产及初次分配结果与社会最终使用的一致性。但在实际操作过程中,由于资料来源不同,不同计算方法得出的结果存在差异,这种差异被称为"统计误差",统计误差在可接受的范围内允许存在。

【情景8-3】一个国家的国内生产总值与其公民的生活水平密切相关。

确定国内生产总值有用性的一个方法是,把国内生产总值作为经济福利的衡量指标考察国际数据。经济发达国家与经济落后国家人均国内生产总值水平差异巨大。如果高的国内生产总值导致了公民高的生活水平,就可以认为国内生产总值与生活质量是密切相关的,事实上也是这样做的。

表8-2选取了5个国家2017年人均国内生产总值的情况。

表8-2　5个国家2017年人均国内生产总值的情况

单位:元

国家	人均国内生产总值
美国	59 495.34
日本	38 550.09
中国	8 582.94
越南	2 306.23
印度	1 852.09

分析:在美国和日本这样的经济发达国家,人们预期可以活到70多岁,而且几乎所有人都识字;在一些经济落后国家,人们一般只能活到50多岁,而且只有一半人识字。尽管生活质量等其他方面的数据并不完全,但这些数据说明了类似的情况。在人均国内生产总值低的国家,婴儿出生时一般体重较轻,婴儿死亡率、产妇死亡率和儿童营养不良的比率都很高,而且人们不能普遍得到安全的饮用水;学龄儿童实际在校生人数较少,学校师资严重不足;收音机、电视机、电话和道路等生活用品与公共设施都很匮乏,拥有电器的家庭也少。国际数据表明,一国的国内生产总值与其公民的生活水平密切相关。

任务 8.3　国内生产总值与其他总量的关系

8.3.1　国民收入核算中的五个基本总量及其相互关系

在国民收入核算体系中,除了国内生产总值以外,还有国民生产总值、国内生产净值、国民生产净值、国民收入、个人收入以及个人可支配收入等相关概念,这些概念和国内生产总值一起统称为"国民收入"。

国内生产总值是一个国家一年内全部最终产品的市场价值,最终产品的价值既包括当年新增加的产值,也包括生产过程的资本消耗,即折旧的价值。

国民生产总值是指一个国家或地区在一定时期内,本国国民拥有的全部生产要素生产的全部最终产品(商品和服务)的市场价值。

国内生产净值是指一国国境内一年创造的净增加值。

国民生产净值同国内生产净值一样，是指一国国民在一年内创造的净增值，是国民生产总值扣除折旧后的价值。

国民收入（这里指狭义的国民收入），是一国生产要素在一定时期内提供服务获得报酬的总和，即工资、利息、租金和利润的总和。从国民生产净值中扣除企业间接税和企业转移支付，加上政府补助金就得到狭义的国民收入。虽然企业间接税和企业转移支付是被列入产品价格的，但并不代表生产要素创造的价值或者收入，因此计算狭义的国民收入时必须扣除；相反，政府给企业的补助金不列入产品的价格，但成为生产要素收入，因此应当加上。

个人收入是指个人实际得到的收入。国民收入不是个人收入，一方面，国民收入中有三个主要项目不会成为个人收入，即企业未分配利润、企业所得税和社会保险费；另一方面，政府转移支付（包括公债利息）虽然不属于国民收入（生产要素报酬），却成为个人收入。因此，从国民收入中减去企业未分配利润、企业所得税和社会保险费，加上政府转移支付，就能得到个人收入。

个人可支配收入是指缴纳了个人所得税后留下的可以为个人所支配的收入，即人们可以用来消费或储蓄的收入。

国民收入总量指标的关系可以用以下等式表示：

国民收入总值＝国民生产净值－外国人在本国的收入＋本国人在外国的收入　　　（8-6）

国民生产净值＝国内生产总值－折旧　（8-7）

国民收入＝国民生产净值－企业间接税－企业转移支付＋政府补助金　　　　　（8-8）

个人收入＝国民收入－企业所得税－企业未分配利润－社会保险金＋政府转移支付　（8-9）

个人可支配收入＝个人收入－个人所得税（8-10）

【情景8-4】为什么要核算国内生产总值以外的其他经济总量？

国内生产总值指标有其自身的核算角度和目标，不能全面、精确地反映和衡量一国经济发展总体水平和国民生活水平，所以需要核算国民生产总值等其他总量指标加以补充。

8.3.2　名义国内生产总值与实际国内生产总值

由于国内生产总值是用货币价值衡量的，因此一国国内生产总值的变动有两个影响因素：一个是生产的商品和服务的数量变动，另一个是商品和服务价格的变动。对于一国来说，价格上升导致国内生产总值的上升是没有任何意义的，因为商品和服务的数量没有增加，人们的消费水平没有得到提高。因此，有必要将国内生产总值变动中的价格因素抽取出来，只研究商品和服务的数量变化。这就需要区别名义国内生产总值和实际国内生产总值两个概念。

名义国内生产总值是用生产商品和服务的现时价格计算的国内生产总值，而实际国内生产总值是用基年的价格计算的价值。例如，2017年美国的国内生产总值有两种核算方法：一种是用2017年的价格乘以2017年生产的全部最终产品的数量，得到的是当年的名义国内生产总值；另一种是用2007年的价格（假设基年为2007年）乘以2017年生产的全部最终产品的数量，得到的是当年的实际国内生产总值。

假设某国只生产两种产品：面包和外套，以2012年为基年，现在需要核算2022年的名义国内生产总值和实际国内生产总值，相关资料见表8-3。

表 8-3　核算 2022 年某国名义国内生产总值与实际国内生产总值相关资料

项目	2012年名义国内生产总值	2022年名义国内生产总值	2022年实际国内生产总值
面包	18万个单位×1美元=18万美元	22万个单位×1.5美元=33万美元	22万个单位×1美元=22万美元
外套	6万个单位×40美元=240万美元	8万个单位×50美元=400万美元	8万个单位×40美元=320万美元
合计	258万美元	433万美元	342万美元

从表 8-3 可知，从 2012 年到 2022 年，该国内生产总值从 258 万美元增加到 433 万美元，但实际只增长到 342 万美元，即扣除物价上涨因素，国内生产总值只增长了 32.56%[（342-258）÷258×100%]，而名义上却增长了 67.83%[（433-258）÷258×100%]。

通过比较 2022 年名义国内生产总值和实际国内生产总值，可以得到当年价格变动的程度 126.61%[（433÷342）×100%]，说明 2012—2022 年该国平均价格水平上升了 26.61%，其中 126.61% 称为"国内生产总值折算指数"。可见，国内生产总值折算指数是名义国内生产总值和实际国内生产总值的比率。名义国内生产总值、实际国内生产总值和国内生产总值折算指数的关系是：

实际国内生产总值＝名义国内生产总值/国内生产总值折算指数　　　　　　　（8-11）

8.3.3　国内生产总值与国民生产总值

国内生产总值与国民生产总值的区别在于两者统计的对象有所不同。

国内生产总值是按照国土原则，以地理上的国境为统计标准，是指一年内在本国领土生产的最终产品的市场价值总和。其人口包括居住在本国的本国公民和外国公民，不包括居住在外国的本国居民。

国民生产总值是按照国民原则，以本国公民为统计标准，指一年内本国常住居民生产的最终产品的市场价值的总和。本国居民包括居住在本国的本国公民和暂居外国的本国公民，不包括居住在本国的外国公民。

例如，诺基亚中国公司归芬兰所有，所以该公司在中国经营得到的利润，虽是中国国内生产总值的一部分，但不被统计为中国国民生产总值，而应归入芬兰国民生产总值。类似地，中国海尔在美国工厂的利润，虽作为美国国内生产总值的一部分，但应被统计为中国国民生产总值。

对于任何一个对外开放的国家来说，都可以核算出其国内生产总值和国民生产总值，而且在大多数情况下，这两个数值并不相等，两者的关系是：

国民生产总值＝国内生产总值＋本国居民来自国外的要素收入－本国支付给外国居民的要素收入　　　　　　　　　　　　　　　（8-12）

随着国际经济联系的加强，强调身份区别的国民生产总值的相对重要性下降，重视地域范围的国内生产总值的相对重要性上升，从而使国内生产总值成为一项越来越重要的总产出指标。

8.3.4　国内生产总值与经济福利

国内生产总值作为国民收入核算体系中最重要、最核心的指标，代表了一国国民在一定时期内可以消费的商品和服务的数量，因而能从总体上代表一国国民经济福利水平，但国内生产总值也并非衡量经济福利的完美指标，主要有以下四个原因。

（1）国内生产总值不能完全反映一国的真实产出。国内生产总值的统计数据是依据市场交换得到的,因此至少有两个方面的产出得不到反映:一是非市场性经济活动,如自给性产品和家务劳动;二是地下经济活动,包括赌博、走私、贩毒和黑市交易等非法活动,以及通过现金交易避开政府税务系统,免纳增值税、所得税等逃税行为。非市场性经济活动由于不到市场上进行交换,无法在国内生产总值中得到反映;地下经济活动由于无法公开化和合法化,也不能在国内生产总值中得到反映。可见,一国国民的总经济福利水平有可能比国内生产总值要高。

(2) 国内生产总值不能完全反映一国国民的真实生活水平。国内生产总值衡量的实质上是一个国家的产出水平。一方面,产出并不等于消费,有些厂商的产品生产后却销售不出去,出现积压,这样的产品尽管生产了,也不能提高人们的生活水平;另一方面,闲暇时间充分、良好的工作条件是人们生活水平的一个重要组成部分,而国内生产总值却不能反映这方面的状况。

(3) 国内生产总值不能反映经济增长的代价及经济增长的效率和效益。例如,有些国家的经济增长造成了巨大的环境污染和生态破坏,在这种情况下,尽管国内生产总值增长了,但人们的实际生活水平不一定会提高。有些国家的经济增长是低消耗、高效率的,而有些国家的经济增长是高消耗、低效率的。后者往往为了发展经济拼命地消耗资源,对资源采用低效的、掠夺式的利用,这样极有可能伤及本国的持续发展能力。

(4) 国内生产总值指标无法反映一国商品和服务的分配情况。如果 A 国与 B 国的国内生产总值总量相同,但 A 国的收入分配比较均等,而 B 国的收入差距悬殊,那么显然这两国国民的生活水平是不相同的。

可见,国内生产总值不能与一国国民经济福利水平完全相等。正因为国内生产总值存在上述不足,所以有人认为国内生产总值就是国内总污染。经济学家正在力图对现行国民收入核算体系进行改进和完善,但至今尚未发现比国内生产总值更能说明问题的总量指标和核算方法。因此,尽管国内生产总值还存在诸多不足,但是仍被作为衡量一国经济总体发展水平和经济福利水平的总量指标。

【情景 8-5】 如何获得我国国民收入的有关数据?

目前,获得我国国民收入有关数据最常见的方法是登录各级政府统计部门的官方网站,通过百度等搜索引擎,输入"国家统计局""上海市统计局""浙江省统计局"等关键词,即可获得这些统计部门的官方网址。进入这些统计部门的官方网站后,通过查询其提供的统计年鉴、国民经济与社会发展统计公报等文献与资料,即可获得详尽的国民收入历史数据与近期数据。

项目小结

本项目主要讲述宏观经济运行、国内生产总值、国内生产总值与其他总量的关系。宏观经济运行主要包括宏观经济、微观经济、宏观经济政策、宏观经济调节体系;国内生产总值主要包括国内生产总值的含义、国内生产总值的核算方法;国内生产总值与其他总量的关系主要包括国民收入核算中的五个基本总量及其相互关系,名义国内生产总值与实际国内生产总值,国内生产总值与国民生产总值,国内生产总值与经济福利。

思考与练习

一、单项选择题

1. 宏观经济健康运行的目标是（　　）。
A. 保持一定的经济增长速度
B. 保持较低的失业率
C. 保持较低和稳定的通货膨胀率
D. 三项都是

2. 关于国内生产总值，下列说法错误的是（　　）。
A. 是一个市场价值的概念
B. 测定的是最终产品的价值
C. 测定的是中间产品的价值
D. 是一定时期内新生产的最终产品的价值

3. 国内生产总值等于（　　）。
A. 国民生产总值减去折旧
B. 国民生产总值减去本国国外净要素收入
C. 国民生产总值加上本国国外净要素收入
D. 国民生产总值加上净出口

4. 国内生产总值是（　　）。
A. 一国的所有国民在一定时期内的总收入
B. 一国居民在一定时期内生产的所有商品和服务的货币价值总和扣去折旧部分
C. 一国居民在一定时期内生产的所有商品和服务的货币价值总和
D. 一国居民在一定时期内销售的所有商品和服务的货币价值总和

5. 国民生产总值和国内生产总值之间的区别在于（　　）。
A. 国民生产总值是指本国企业和本国公民在国内、国外生产的最终产品的价值总额
B. 国民生产总值是指所有企业和所有人员（包括本国、外国的企业及成员）在本国境内生产的最终产品的价值总额
C. 国内生产总值是指本国企业和本国公民在国内、国外生产的最终产品的价值总额
D. 没有本质区别

二、多项选择题

1. 宏观经济与微观经济的联系有（　　）。
A. 微观经济是宏观经济的基础
B. 宏观经济的良好状况是微观经济活动得以顺利进行的必要条件
C. 经济活动已不再是单纯的个体行为
D. 计划和市场是两种不同的经济调节手段

2. 宏观经济调节目标有（　　）。
A. 促进经济增长
B. 稳定物价
C. 保持国际收支平衡
D. 增加就业

3. 社会主义国家实行宏观经济调控的必要性有（　　）。
A. 实行经济体制改革调整的需要
B. 实现经济发展战略目标的需要
C. 转变国家政府经济职能的需要
D. 生产社会化和经济全球化发展的需要

4. 国内生产总值有三种表现形式，分别是（　　）。
A. 价值创造　　B. 收入形成
C. 最终使用　　D. 支出形成

5. 国内生产总值的核算方法包括（　　）。
A. 生产法　　B. 结存法
C. 收入法　　D. 支出法

三、判断题

1. 微观经济即个量经济活动，是指单个经济单位的经济活动，是个别企业、经营单位及其经济活动，如个别企业的生产、供销，个别交换的价格等。（　　）

2. 实现供求平衡，有利于合理利用人力、物力、财力和自然资源，避免社会财富的浪费。（　　）

3. 自动稳定的财政政策具有内在的调节功能，无须借助外力，能够根据经济波动情况自动地发挥稳定作用。（　　）

4. 生产法是从生产过程创造新增价值的角度，衡量核算期内生产活动最终成果的一种计算方法。（　　）

5. 国内生产总值与国民生产总值的区别在于两者统计的对象有所不同。（　　）

四、简答题

1. 什么是国内生产总值？

2. 谈谈你对国内生产总值核算方法中支出法的理解。

项目 9　宏观经济均衡理论

知识目标

◎ 理解社会总供给；

◎ 理解乘数理论。

技能目标

◎ 掌握总需求与总供给的短期均衡与长期均衡；

◎ 掌握消费函数和储蓄函数。

案例导入

十一、春节长假期间，外出旅游的人数增加，商店里也是人头攒动。于是，人们把拉动经济的希望寄托在假日消费带动上，并称为"假日经济"。其实假日经济尽管很火也不过几十亿元而已，更别说假日之后还会冷落，假日经济这匹小马怎么能拉动经济这辆大车呢？我们只要对消费函数理论有所了解，就能知道把经济振兴的希望寄托于假日不过是一厢情愿。

案例思考

思考假日经济有多大作用。

本章导语

通过本章学习，了解社会总供给与社会总需求概念及其内容，掌握消费函数关系和总供求均衡。

任务 9.1 宏观经济均衡及其实现

9.1.1 社会总供给概述

社会总供给与社会总需求是宏观经济学的一对基本概念。保持社会总供给和社会总需求的基本平衡，是国民经济稳定发展的必要条件。

1. 社会总供给的概念

社会总供给是指一个国家或地区在一定时期内（通常为1年）由社会生产活动实际可以提供给市场的可供最终使用的产品和劳务总量。社会总供给通常用国民生产总值或国民生产净值表示。

2. 社会总供给的分类

社会总供给包括两个部分。

（1）由国内生产活动提供的产品和劳务，既包括农林牧渔业、工业、建筑业等提供的产品，也包括由交通运输业、邮电通信业、金融保险业、商业服务业等提供的服务，即国内生产总值。

（2）由国外提供的产品和劳务，即商品和劳务输入。

3. 社会总供给的计算公式

社会总供给用公式可以表示为：

社会总供给 = 本期国内生产总值 + 本期进口 - 本期不可分配部分 　　　　　　　　(9-1)

本期不可分配部分，是指国内生产总值中当年不能进行分配的部分，如人工培育正在生长过程中的牲畜、树木，由于天灾人祸产生损失等。

由于各时期的供求状况相互影响，在测算社会总供给时，应考虑各时期之间的衔接。故其计算公式又可以表示为：

社会总供给 = 本期形成的社会总供给 + 期初供给结余总额 　　　　　　　　(9-2)

9.1.2 社会总需求概述

1. 社会总需求的概念

社会总需求是指一个国家或地区在一定时期内（通常为1年）由社会可用于投资和消费的支出实际形成的对产品和劳务的购买力总量。社会总需求取决于总的价格水平，并受到国内投资、净出口、政府开支、消费水平和货币供应等因素的影响。简单来说，社会总需求就是指全社会在一定价格水平上，对产品和劳务的需求总量。社会总需求可以用社会总支出这个统计指标度量。

2. 社会总需求的基本分类

一般将社会总需求分为四大部分。

（1）消费需求：居民的日常消费。

（2）投资需求：企业在投资和再投资过程中形成的商品和劳务需求。由固定投资需求和流动资产投资需求组成。

（3）政府支出：政府部门对商品和劳务的购买。

（4）出口：代表了国外对本国商品和劳务的需求。

3. 社会总需求的计算方法

测算社会总需求有两种方法。

一种是从需求形成角度测算，就是在生产指标基础上，按照影响总需求的因素做出调整，以得到社会总购买力的方法。其计算公式为：

社会总需求 = 本期国内生产总值 - 本期储蓄 + 本期银行信贷收入 + 本期财政赤字 + 本期出口　(9-3)

另一种是从需求使用角度测算，就是把社会总购买力可能使用去向的各个项目加总在一起的方法。其计算公式为：

社会总需求 = 本期投资需求总量 + 本期消费需求总量 + 本期国外需求总量　　　　(9-4)

4. 影响社会总需求的重要因素

(1) 消费者的收入。一般来说，在其他条件不变的情况下，消费者的收入越高，对商品的需求越多。但随着人们收入水平的不断提高，消费需求结构会发生变化，即随着收入的提高，对有些商品的需求会增加，而对有些商品的需求会减少。经济学把需求数量的变动与消费者收入同方向变化的物品称为"正常品"，而把需求数量的变动与消费者收入反方向变化的物品称为"劣等品"。

(2) 消费者的偏好。当消费者对某种商品的偏好程度增强时，对该商品的需求数量就会增加；相反，当消费者对某种商品的偏好程度减弱时，对该商品的需求数量就会减少。人们的偏好一般与所处的社会环境及当时当地的社会风俗习惯等因素有关。

(3) 相关商品的价格。当一种商品本身的价格不变，而和其相关的其他商品的价格发生变化时，这种商品的需求数量也会发生变化。如果其他商品和被考察的商品是替代品，如牛肉和猪肉、苹果和梨子等，因为它们在消费中可以相互替代以满足消费者的某种欲望，所以一种商品的需求与其替代品价格呈同方向变化，即替代品价格的提高将引起该商品需求的增加，替代品价格的降低将引起该商品需求的减少。如果其他商品和被考察的商品是互补品，如汽车与汽油等，因为它们只有相互结合才能满足消费者的某种欲望，所以一种商品的需求与其互补品的价格呈反方向变化，即互补品价格的提高将引起该商品需求的减少，互补品价格的下降将引起该商品需求的增加。

(4) 消费者对商品价格的预期。当消费者预期某种商品的价格在将来某一时期会上升时，就会增加目前的需求；当消费者预期某商品的价格在将来某一时期会下降时，就会减少对该商品的现期需求。

此外，还有很多因素会影响社会总需求，如人口的数量、结构和年龄，政府的消费政策等。

总之，影响社会总需求的因素主要有：商品和服务本身的价格、相关商品的价格、人们的收入水平、偏好及预期等。

9.1.3　社会总需求 - 总供给模型

1. 社会总需求曲线

社会总需求是经济社会在每个社会总价格水平上对产品和劳务的需求总量，决定了社会总支出水平。在一个对外开放的经济社会中，经济主体包括居民、厂商、政府和国外，其各自的支出分别为消费支出、投资支出、政府支出和国外支出。如果用 AD 表示社会总需求，用 P 表示价格，那么社会需求总量和价格水平之间的关系可以通过一个函数 $y=f(P)$ 表示，这个函数称为"总需求函数"。在以价格水平为纵坐标、以产出水平为横坐标的坐标系中，社会总需求函数又可以表示为社会总需求曲线。

在其他条件不变的情况下，当价格 P 提高时，均衡国民收入 Y 增加，社会的需求总量和价格水平之间呈反方向变动，即社会总需求曲线向右下方倾斜。这条曲线表示为价格水平越高，需求总量越小；价格水平越低，需求总量越大，如图9-1所示。

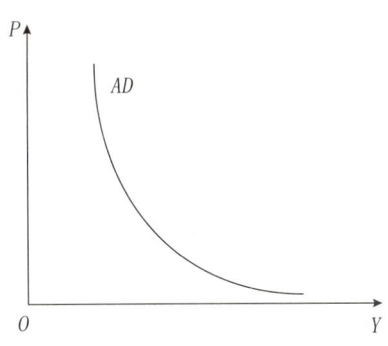

图 9-1　社会总需求曲线

2. 社会总供给曲线

社会总供给是经济社会在每个价格水平上提供的商品和服务的总量，即经济社会投入的基本资源生产的产量，这些基本资源主要包括劳动力、资本和技术。在不同资源利用的情况下，社会总供给与价格水平之间的关系是不同的，我们可以利用社会总供给曲线加以说明。所谓社会总供给曲线是表明产品市场和货币市场同时达到均衡时，社会总供给与价格水平之间关系的曲线，如图9-2所示。

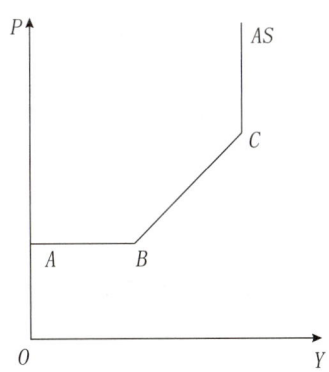

图 9-2　社会总供给曲线

（1）资源未充分利用阶段。资源未充分利用阶段即曲线 AS 的 AB 段。这时，社会总供给曲线是一条与横轴平行的线，表明在价格水平不变的情况下也可以引起供给的增加。这是因为社会上存在大量的闲置资源，所以可以在不提高价格的情况下增加社会总供给。这一现象是由凯恩斯发现的，所以这种水平的社会总供给曲线被称为"凯恩斯主义总供给曲线"。

（2）资源接近充分利用阶段。资源接近充分利用阶段即曲线 AS 的 BC 段。这时社会总供给曲线是一条向右上方倾斜的线，这表明总供给与价格水平呈同方向变动，这是因为在资源接近充分利用的情况下，产量增加会引起生产要素的价格上升，从而使成本增加，价格水平上升，这种是短期中存在的情况，因为短期内工资等要素价格保持不变，价格总水平提高引起厂商供给量的增加，从而使得经济中商品和劳务的总额增加。随着价格总水平的提高，由于劳动供给保持不变，劳动需求量增加，均衡就业量增加，并导致总供给量增加，这时社会总供给曲线是一条向右上方倾斜的曲线，称为"短期社会总供给曲线"。

（3）资源充分利用阶段。资源充分利用阶段即曲线 AS 的 C 点以上部分。这时，社会总供给曲线是一条垂线，表明无论价格水平如何上升，社会总供给都不会增加。因为资源已经得到了充分利用，即经济中实现了充分就业，社会总供给已无法增加，在长期中总是会实现充分就业的。因此，这种垂直的社会总供给曲线称为"长期社会总供给曲线"。

3. 社会总需求－总供给模型

社会总需求－总供给模型是将社会总需求曲线和社会总供给曲线结合在一起说明如何决定均衡国民收入与均衡价格水平的模型，如图9-3所示。由于社会总供给曲线由三个部分组成，所以在利用社会总需求－总供给模型分析国民收入和价格水平时，必须考虑社会总供给曲线的三种不同情况。

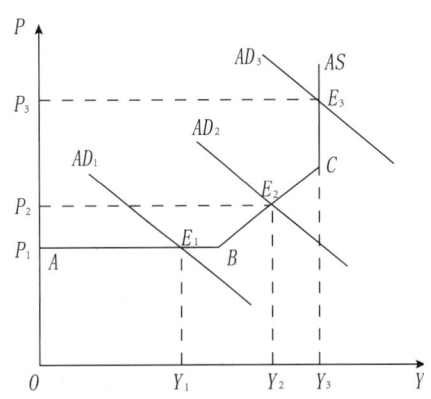

图 9-3　社会总需求－总供给模型

（1）资源未充分利用阶段。此时经济运行一般处于萧条时期，大量的资源闲置，社会总供给曲线的形态是一条水平直线，即 AB 段。社会总需求曲线 AD_1 与总供给曲线 AS 相交于 E_1 点，此时社会总需求等于总供给，国民经济处于均衡状态，与 E_1 点对应的国民收入 Y_1 即均衡国民收入，其对应的价格 P_1 即均衡价格水平。

（2）资源接近充分利用阶段。由于资源接近充分利用，社会总供给曲线是一条向右上方倾斜的直线，即 BC 段。社会总需求的变动引起国民收入与价格水平同方向变动，社会总需求曲线 AD_2 与社会总供给曲线 AS 相交于 E_2 点，此时社会总需求等于社会总供给，国民经济处于均衡状态，与 E_2 点对应的国民收入 Y_2 即均衡国民收入，其对应的价格 P_2 即均衡价格水平。

（3）资源充分利用阶段。由于资源已得到了充分利用，社会总供给曲线是一条垂直于横轴的直线，即 C 点以上部分，社会总需求曲线 AD_3 与社会总供给曲线 AS 相交于点 E_3，此时社会总需求等于总供给，国民经济处于均衡状态，与 E_3 点对应的国民收入 Y_3 即均衡国民收入，其对应的价格 P_3 即均衡价格水平。

社会总需求－总供给模型综合考虑了产品市场、货币市场和劳动市场三个市场的均衡，同时也分析了国外对于本国的需求情况，因而更加接近现代宏观经济体系的实际运行情况，对于一个对外开放国家的经济运行情况也更有解释力。

【情景 9-1】石油危机的影响。

自 1970 年以来，美国一些国家较大的经济波动多缘于中东产油地区。原油是生产许多物品与劳务的关键投入，而且世界大部分石油来几个中东国家。当因某个事件（通常缘于政治）减少了来自这个地区的原油供给时，世界石油价格便会上升。美国生产汽油、轮胎和许多其他产品的企业成本增加，结果是社会总供给曲线向左移动，这又引起滞胀。

第一起事件发生在 20 世纪 70 年代中期。有大量石油储藏的国家作为欧佩克成员走到了一起。欧佩克是一个卡特尔——一个企图阻止竞争并减少生产以提高价格的卖者集团。此后，石油价格大幅上升。

几年后，几乎完全相同的事件又发生了。在 20 世纪 70 年代末期，欧佩克国家再次限制石油的供给以提高石油价格。从 1978 年到 1981 年石油价格翻了一番多，结果又是滞胀。

第一起欧佩克事件之后通货膨胀已有所平息，但现在每年的通货膨胀率上升到 10% 以上。由于美联储不愿意抵销这种通货膨胀的大幅上升，因此很快又是衰退。失业从 1978 年和 1979 年的 6% 左右在几年后上升到 10% 左右。1986 年，欧佩克成员之间发生了争执，导致成员国违背限制石油生产的协议。在世界原油市场上，石油价格下降了一半左右。石油价格的这种下降减少了美国企业的成本，这又使社会总供给曲线向右移动。结果，美国经济经历了滞胀的反面：产量迅速增长，失业减少，通货膨胀率达到了多年来的最低水平。

9.1.4 宏观经济均衡的实现

1. 社会总需求与社会总供给的短期均衡

（1）社会总需求曲线与曲线 AS 相交于曲线 AS 的平缓区域。这种情况表示经济处于萧条状态。

在经济萧条状态下，政府改变社会总需求的政策对社会总产出产生较大影响，而对价格总水平的影响较小。

与原有的均衡状态相比，社会总供给曲线向左上方移动使得价格总水平更高，社会总产出更低。这种情况表示经济处于滞胀状态，即经济停滞与通货膨胀同时存在。

（2）社会总需求曲线与曲线 AS 相交于曲线 AS 的垂直区域。这种情况表示经济处于繁荣状态。

在经济繁荣状态下，政府增加社会总需求的政策对社会总产出不会产生太大的影响，而对价格总水平的影响却很大。

2. 社会总需求与社会总供给的长期均衡

在长期，经济持续处于稳定的充分就业状态，社会总需求的增加只会提升价格总水平，而不会改变产量或收入，因而不再需要政府的社会总需求管理政策。

3. 社会总需求与社会总供给的短期、长期均衡关系

社会总需求曲线与短期社会总供给曲线相交，决定了均衡的国内生产总值与均衡的物价水平，此时社会总供给与社会总需求相等，实现了宏观经济的平衡。社会总需求－总供给模型决定的是均衡的国内生产总值，均衡的国内生产总值并不一定等于充分就业的国内生产总值。社会总需求与短期社会总供给决定的均衡的国内生产总值可能大于、小于或等于充分就业的国内生产总值。到底会出现哪种情况取决于不受物价水平影响的潜在社会总供给。

社会总需求曲线与短期社会总供给曲线以及长期社会总供给曲线正好相交于一点。这时，均衡的国内生产总值正好等于充分就业的国内生产总值，经济中实现了充分就业均衡。这是最理想的宏观经济状况。

当社会总需求曲线与短期社会总供给曲线相交时，长期社会总供给曲线在交点的左侧。这时均衡的国内生产总值大于充分就业的国内生产总值。这种均衡称为"大于充分就业的均衡"。这时，资源被过度利用，资源短缺使资源价格上升，最终会引起物价上升，因此存在通货膨胀的压力，经济过热。

当社会总需求曲线与短期社会总供给曲线相交时，长期社会总供给曲线在交点的右侧。这时，均衡的国内生产总值小于充分就业的国内生产总值，这种均衡称为"小于充分就业的均衡"。这时资源没有得到充分利用，经济中存在失业。

任务 9.2　总支出函数

9.2.1　消费函数

1. 消费函数的概念

可支配收入与消费之间存在相当稳定的关系，这个关系可以表示为一个函数，称为"消费函数"。消费函数反映的是人们的消费支出与决定消费的各种因素之间的依存关系，是消费者行为数量研究的重要组成部分。在一个经济周期内，消费与收入和就业量呈同增同减关系，但其波幅较后两者小。

2. 消费与其决定因素之间的函数关系

决定消费水平的因素有很多，如收入、财产、利率、收入分布等。其中，收入是最根本的因素，因此消费函数实质上是指消费与收入之间的函数关系。

3. 平均消费倾向

平均消费倾向是指任意收入水平上消费支出在

收入中的比率（APC）。

$$APC=C/Y \quad (9-5)$$

4. 边际消费倾向

边际消费倾向是指增加的1个单位收入中用于增加消费部分的比率，即消费增量与收入增量的比率。

$$MPC=\Delta c/\Delta y = dc/dy \quad (9-6)$$

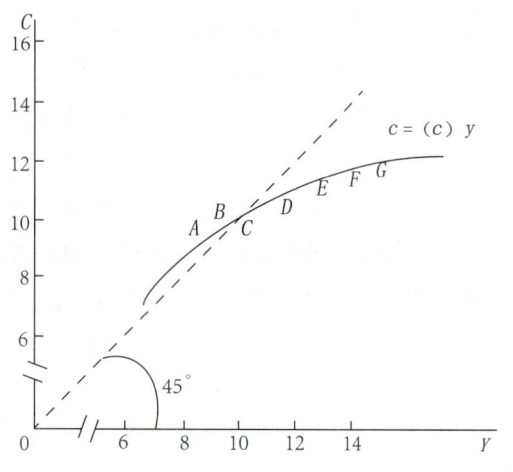

图9-4　边际消费倾向

（1）边际消费倾向是消费曲线上任意一点（A、B、C、D、E、F、G）的斜率；

（2）$0 < MPC < 1$；

（3）随着收入增加，MPC减少。

5. 消费函数分析

消费函数这一概念最先由英国经济学家J. M. 凯恩斯提出。凯恩斯主义消费理论是凯恩斯在《就业、利息和货币通论》一书中提出：总消费是总收入的函数。这一思想用线性函数形式表示为：

$$C_t = a + b + Y_t \quad (9-7)$$

式中，C表示总消费；Y表示总收入；下标t表示时期；a、b为参数。参数b称为边际消费倾向，其值介于0与1之间。凯恩斯的这个消费函数仅仅以收入来解释消费，被称为"绝对收入假说"。这一假说过于简单粗略，用于预测时误差较大。

第二次世界大战以后，西方经济学家对消费函数进行了较深入的研究，提出了若干新的假说及相应的函数式。其中，函数形式比较简单而内容大体符合实际的消费函数是：

$$C_t = \alpha + \beta Y_t + \gamma C_{t-1} \quad (9-8)$$

式中，C_t表示t期消费；Y_t表示t期收入；C_{t-1}表示上期（$t-1$期）消费；α、β、γ为参数。这一消费函数的最后一项可以解释为消费的惯性影响，也可以解释为持久收入的影响。

式（9-8）表明，消费是过去历年收入的函数。

消费函数主要应用于宏观经济分析。宏观经济模型通常把消费作为其核心方程之一。中国学术界从20世纪80年代开始对消费函数的理论和实证进行研究，已将消费函数纳入中国宏观经济模型。

9.2.2　储蓄函数

1. 储蓄函数的含义

储蓄与决定储蓄的各种因素之间的依存关系，是现代西方经济学的基本分析工具之一。由于在研究国民收入决定时，假定储蓄只受收入的影响，故储蓄函数又可定义为储蓄与收入之间的依存关系。一般来说，在其他条件不变的情况下，储蓄随收入的变化呈同方向变化，即收入增加，储蓄也增加；收入减少，储蓄也减少。但二者之间并不按同一比例变动。设s代表储蓄，y代表收入，则储蓄函数的公式为：

$$s=s(y) \quad (9-9)$$

2. 储蓄函数的分析

（1）储蓄函数的计算公式为：

$$s=y-c=y-(A+By)=-A+(1-B)y \quad (0<1-B<1) \quad (9-10)$$

式中，s——实际储蓄量；

y——实际收入量；

$1-B$ ——边际储蓄倾向,其值一般为正数,但小于1,即 $0 < 1-B < 1$;

$-A$ ——收入为零时的储蓄量。

3. 边际储蓄倾向

边际储蓄倾向是指收入增加引起的储蓄增量,即储蓄曲线上某点储蓄增量对收入增量的比率。其公式为:

$$MPS=\Delta s/\Delta y=\mathrm{d}s/\mathrm{d}y \quad (9\text{-}11)$$

边际储蓄函数的特点。

(1) MPS 是储蓄曲线上任一点的斜率,斜率不变,MPS 随收入增加而递增(原因在于储蓄是收入中未被消费的部分,既然消费随收入增加的比率是递减的,那么储蓄随收入增加的比率递增)。

(2) $0 < MPS < 1$。

(3) $MPC+MPS=1$。

证明:

∵ $\Delta y=\Delta c+\Delta s$

∴ $MPC+MPS=\Delta c/\Delta y+\Delta s/\Delta y=1$

(4) 平均储蓄倾向。平均储蓄倾向是指任意收入水平上储蓄总量在收入总量中所占比例。其计算公式为:

$$APS=s/y \quad (9\text{-}12)$$

平均储蓄倾向是储蓄曲线上任意一点与原点相连成射线的斜率。

任务9.3 乘数理论

1. 乘数理论的含义、意义及背景

(1) 乘数理论的含义。凯恩斯在消费倾向的基础上,将乘数原理的经济含义归结为:投资变动给国民收入带来的影响,要比投资变动更大,这种变动往往是投资变动的倍数。通过乘数原理,凯恩斯得到了国民收入(Y)与投资量(I)之间的确切关系。

在宏观经济学中,乘数有广义和狭义两种含义。

广义上,乘数是指均衡国民收入的变化量与引起这一变动的变化量之间的比率。

狭义上,乘数特指投资乘数,即在一定的边际消费倾向条件下,投资的增加(或减少)可导致国民收入和就业量若干倍的增加(或减少)。收入增量(Δy)与投资增量(Δi)之比即投资乘数 (ki)。

①乘数是指自发性支出增加1倍导致的均衡国民收入增加的倍数。

②投资乘数是指投资增加1倍所导致的均衡国民收入增加的倍数。

$$ki=\Delta y/\Delta i \quad (9\text{-}13)$$

③乘数原理是指投资增加引起的国民收入的增加量是投资增加量的若干倍。

凯恩斯指出,货币的作用被逐层放大,产生了有利于国民经济发展的效益。

(2) 乘数理论的意义。经济各部门密切相连,一个部门、产业投资的增加,也会在其他部门引起连锁反应;收入的增加会持续带来需求的增加。

(3) 乘数理论的背景。乘数作用的双重性:

社会总需求增加，引起国民收入大幅增加；社会总需求减少，引起国民收入大幅减少。

2. 乘数效应的概念及类型

（1）乘数效应的概念。乘数效应是一种宏观的经济效应，也是一种宏观经济控制手段，是指经济活动中某一变量的增减引起的经济总量变化的连锁反应程度。财政政策乘数是研究财政收支变化对国民经济的影响，其中包括财政支出乘数、税收乘数和平衡预算乘数。

乘数效应包括正、反两个方面。当政府投资或公共支出扩大、税收减少时，对国民收入有加倍扩大的作用，从而产生宏观经济的扩张效应；当政府投资或公共支出削减、税收增加时，对国民收入有加倍收缩的作用，从而产生宏观经济的紧缩效应。

（2）乘数效应的类型。

①投资或公共支出乘数效应。投资或公共支出乘数效应是指投资或政府公共支出变动引起的社会总需求变动对国民收入增加或减少的影响程度。一个部门或企业的投资支出会转化为其他部门的收入，这个部门把得到的收入在扣除储蓄后用于消费或投资，又会转化为另一个部门的收入。如此循环下去，就会导致国民收入以投资或支出的倍数递增。以上道理同样适用于投资的减少。投资的减少将导致国民收入以投资的倍数递减。公共支出乘数的作用原理与投资乘数相同。

②税收乘数效应。税收乘数效应是指税收的增加或减少对国民收入减少或增加的程度。由于增加了税收，消费需求和投资需求会随之下降。一个部门收入的下降又会引起另一个部门收入的下降，如此循环下去，国民收入就会以税收增加的倍数下降，这时税收乘数为负值。相反地，由于减少了税收，私人消费和投资增加，通过乘数影响国民收入增加得更多，这时税收乘数为正值。一般来说，税收乘数小于投资乘数和政府公共支出乘数。

③预算平衡乘数效应。预算平衡乘数效应是指当政府支出的扩大与税收的增加相等时，国民收入的扩大正好等于政府支出的扩大量或税收的

增加量；当政府支出减少与税收的减少相等时，国民收入的缩小量正好等于政府支出的减少量或税收的减少量。

3. 乘数模型

（1）封闭经济中的消费乘数。

$a = 1/s = 1/(1-c) = 1/(1-a)$（$s$ 为储蓄倾向，c 为消费倾向）。这是因为在封闭经济中，该国经济与外界没有交换，所以边际进口倾向 $m=0$。因此，凯恩斯乘数在封闭经济中的作用要比在开放经济中的作用大。

（2）投资乘数。

投资对国民收入也有乘数效应。投资乘数的大小与消费乘数是一样的，这是因为居民消费（C）、企业投资（I）、政府购买（G）三者共同构成了国内吸收，以 A 表示：$A=C+I+G$。短期内它们的作用都等同于 a（边际吸收倾向），乘数作用的大小等于 s，因为 $1-a=s$。不过，需要特别说明的是，投资对国民经济的长期增长有促进作用，这是因为当投资的资本使该类产业的收入获得者得到更多的收入时，他们便会启动新一轮以及由此引发一系列次一轮的消费支出和就业。

（3）政府支出乘数。

政府的财政支出（包括政府消费支出和政府投资支出）是一种与居民投资十分类似的高效能支出。政府在商品与服务上的一项采购，将会引发一系列的再支出。不过政府支出乘数也会出现反向作用。如果政府支出下降，而税收和其他因素保持不变，则国内生产总值的下降幅度将等于政府购买（G）的变化量乘以乘数。因此，任何一届政府在选择经济政策时，究竟是采取扩张性政策还是紧缩性政策，在采取行动前都必须知道实际的乘数有多大，否则将会对国民经济造成极大的伤害。

4. 乘数效应的运用

对于激励政策来说，尽管管理者采取了诸如结果激励方法或者过程激励方法等，但是最好的结果可能只是对某些具体的行为产生效果，而持续的激励或者自发的激励效果却不可能实现。管

理者希望能够实现一个乘数效应,即一种措施产生多重效果。

我国古代有很多乘数效应的例子,如忠孝意义从某种意义上说就是一种乘数效应,对于忠孝者而言,国君或者长辈对他们的教育或者激励也只是几次偶尔的教育或者奖赏,但是这种思想会一直延续下去,达到了很好的乘数效应。

管理者当然希望管理也能达到乘数效应,但是这里需要注意一个问题,乘数效应不是一劳永逸的。乘数效应包括一系列配套措施,只有这些相应的配套措施发挥了功效,乘数效应才可能发挥功效。所谓的配套措施是指使当初的措施效果进一步发挥的措施,如管理中的激励措施,单纯的激励是不可能在没有激励的情况下继续发挥作用的,必须有相应的配套措施如企业文化等才可能发挥功效。

任务 9.4 总供求均衡

1. 宏观经济均衡的概念

宏观经济均衡是指社会总需求与社会总供给在总量与结构之间的基本平衡。宏观经济政策的基本目标是经济增长、物价稳定、国际收支平衡和充分就业。各种资源的利用程度反映宏观经济运行质量的高低。

宏观经济均衡是指总体经济处于一种相对稳定的状态,这种稳定状态体现在各种宏观经济变量上,这些宏观经济变量相互作用,各变量在其他变量的影响下发生变动,而且这种变动反过来又对其他变量产生影响。当各种宏观经济变量之间的相互作用达到某种平衡、彼此不再变化时,总体经济就达到了均衡状态。

一国的宏观经济均衡包括两个方面:内部均衡和外部均衡。内部均衡主要是指一国国内经济出现充分就业、经济增长和物价稳定的局面。外部均衡主要是指一国国际收支的基本平衡。如果一国同时达到内部均衡与外部均衡,其经济就会处于宏观经济的全面均衡状态,即最适宜的发展状态。追求宏观经济均衡是各国的发展目标。

2. 宏观经济均衡的条件

在微观经济学中,如果某种商品的供给与需求相等,供求关系就达到了均衡,此时该商品的价格和产量称为"均衡价格"和"均衡产量"。与此类似,当国民经济中的社会总供给等于社会总需求时,就实现了宏观经济均衡,此时的总体价格水平和产出水平称为"均衡价格水平和均衡产出水平"。

宏观经济均衡就是达到社会意愿总需求等于社会意愿总供给的国内生产总值水平。在均衡时,居民消费(C)、政府购买(G)、企业投资(I)和净出口($X-M$)的总量正好等于在当前价格水平上企业愿意出售的总量。

3. 两类宏观经济变量

研究宏观经济均衡需要考察的变量有社会总供给、社会总需求、社会总产出、社会总支出和社会总收入等。

社会总供给和总需求是一类,属于理论概念;社会总产出、社会总支出和社会总收入是另一类,属于统计概念。其中,社会总产出和社会总收入是社会总供给的度量指标，社会总支出是社会总需求的度量指标。

我们知道，国内生产总值也可以通过收入法得出。社会总产出是由各种要素生产出的，产出的价值必然以工资、利息、地租、利润等形式支付给各种生产要素所有者，形成他们的收入，把所有人的收入加总起来就是国民经济中的社会总收入。社会总收入必然与社会总产出相等，社会总收入就是从另一个角度度量社会总供给的统计指标。当我们说社会总收入或者社会总产出时，需要明白它们代表的是社会总供给的意思。

社会总需求就是国民经济中对各种产品和劳务的有效需求之和。有效需求指既有需求的愿望，也有相应的支付能力。社会总支出是度量社会总需求的统计指标，社会总支出对应用支出法核算的国内生产总值，包括居民消费（C）、企业投资（I）、政府购买（G）和净出口（$X-M$）。家庭和政府需要购买产品和劳务，企业需要进行投资，这些都构成国民经济内部的需求，加上来自国外的需求构成国民经济中的社会总需求。社会总需求可以用社会总支出这个统计指标度量。

4. 宏观经济均衡的类型

（1）短期宏观经济均衡。短期宏观经济均衡发生在社会总需求曲线和短期社会总供给曲线的交点处。在该点上，实际国内生产总值的社会需求量等于实际国内生产总值的社会供给量。如果实际国内生产总值低于均衡国内生产总值，则企业增加产量并提高价格；如果实际国内生产总值高于均衡国内生产总值，则企业减少产量并降低价格。

短期宏观经济均衡可能出现以下三种状态。

①充分就业均衡。当社会总需求曲线与短期社会总供给曲线相交时的产量恰好处在长期社会总供给曲线上时，我们称宏观经济均衡为"充分就业均衡"。这时资源得到充分利用，失业率处于自然失业率水平上，这是宏观经济的理想状态。

②低于充分就业的均衡（失业均衡）。低于充分就业的均衡（失业均衡）是指宏观经济均衡时决定的实际国内生产总值小于充分就业时的国内生产总值，从而导致企业开工不足，失业率高于自然失业率。

③通货膨胀均衡。通货膨胀均衡是指宏观经济均衡时决定的实际国内生产总值大于充分就业时的实际国内生产总值，实际产出超过了潜在国内生产总值的水平，推动了价格的上升。

以上分析说明，宏观经济均衡很难实现充分就业均衡，由于市场机制的自发调节作用，出现了经济的短期波动和商业周期。

（2）长期宏观经济均衡。长期宏观经济均衡发生在实际国内生产总值等于潜在国内生产总值的位置上。当长期均衡时，社会总需求曲线和长期社会总供给曲线相交。

项目小结

本项目主要讲述了宏观经济均衡及其实现、总支出函数、乘数理论、总供求均衡。宏观经济均衡及其实现主要包括社会总供给概述、社会总需求概述、社会总需求-总供给模型、宏观经济均衡的实现；总支出函数的主要内容包括消费函数、储蓄函数；乘数理论的主要内容包括乘数理论的含义、意义及背景，乘数效应的概念及类型，乘数模型，乘数效应的运用；总供求均衡的主要内容包括宏观经济均衡的概念、宏观经济均衡的条件、两类宏观经济变量、宏观经济均衡的类型。

思考与练习

一、单项选择题

1. 关于社会总供给，下列说法错误的是（　　）。

A. 保持社会总供给和社会总需求的基本平衡，不是国民经济稳定发展的必要条件

B. 社会总供给通常用国民生产总值或国民生产净值表示

C. 社会总供给包括国外提供的产品和劳务及国内提供的产品和劳务

D. 社会生产活动实际可以提供给市场的可供最终使用的产品和劳务总量

2. 关于社会总需求曲线，下列说法正确的是（　　）。

A. 价格水平越高，需求总量越小

B. 向右下方倾斜

C. 价格水平越高，需求总量越大

D. 向右上方倾斜

3. 根据储蓄函数，引起储蓄增加的因素是（　　）。

A. 收入增加

B. 利率提高

C. 人们预期未来的价格水平要下降

D. 政府支出增加

4. 关于乘数理论，下列说法错误的是（　　）。

A. 投资乘数是指投资增加1倍导致均衡国民收入增加的倍数

B. 乘数指自发性支出增加1倍导致的均衡国民收入增加的倍数

C. 投资增加引起的国民收入的增加量是投资增加量的若干倍

D. 广义上，乘数是指在一定的边际消费倾向条件下，投资的增加（或减少）可导致国民收入和就业量若干倍的增加（或减少）

5. 关于消费函数和储蓄函数，下列说法错误的是（　　）。

A. 消费函数是反映人们消费支出与决定消费的各种因素之间的依存关系

B. 平均消费倾向指任意收入水平上消费支出在收入中的比率

C. 一般来说，收入增加，储蓄减少

D. 平均储蓄倾向是储蓄曲线上任意一点与原点相连成射线的斜率

二、多项选择题

1. 下列选项中，社会总供给包括（　　）。

A. 国外提供商品

B. 交通运输服务

C. 农林牧渔业提供产品

D. 金融保险业提供服务

2. 下列选项中，社会总需求包括（　　）。

A. 消费　　　　B. 投资

C. 政府购买　　D. 出口

3. 下列选项中，测算社会总需求计算公式正确的有（　　）。

A. 社会总需求＝本期国内生产总值－本期储蓄＋本期银行信贷收入＋本期财政赤字＋本期出口

B. 社会总需求＝本期国内生产总值＋本期储蓄＋本期银行信贷收入－本期财政赤字－本期出口

C. 社会总需求＝本期投资需求总量－本期消费需求总量－本期国外需求总量

D. 社会总需求＝本期投资需求总量＋本期消费需求总量＋本期国外需求总量

4. 短期宏观经济均衡可能出现三种状态包括（　　）。

A. 充分就业均衡

B. 低于充分就业的均衡（失业均衡）

C. 通货膨胀均衡

D. 投资均衡

5. 下列选项中，乘数效应包括（　　）。

A. 财政支出乘数　　B. 税收乘数

C. 平衡预算乘数　　D. 财政收入乘数

三、判断题

1. 短期经济均衡时，社会总需求曲线和长期社会总供给曲线相交。（　　）

2. 社会总需求曲线与曲线 AS 相交于曲线 AS 的平缓区域。这种情况反映了经济处于繁荣的状态。（　　）

3. 可支配收入与消费之间存在相当稳定的关系，这个关系可以表示为一个函数，称为"消费函数"。（　　）

4. 乘数效应是指经济活动中某一变量的增减引起的经济总量变化的连锁反应程度。（　　）

5. 投资乘数的大小与消费乘数是一样的。（　　）

四、简答题

1. 简述社会总需求。

2. 简述乘数理论。

项目 10　宏观经济政策

知识目标

◎ 掌握宏观经济政策目标与需求管理；
◎ 掌握财政政策；
◎ 掌握货币政策。

技能目标

◎ 掌握宏观经济政策工具；
◎ 掌握赤字财政政策与公债政策；
◎ 掌握货币主义的货币政策。

案例导入

"大炮一响，黄金万两。"震惊世界的"9·11"事件之后，美英两国对阿富汗发动了军事打击。战争对经济产生了一些影响：不少人期望美国军火商能得到超多的坦克和飞机订单，透过军事支出的增加，引起总需求的增加，就业状况也会因许多人应征上前线而得到缓解，美国股市乃至经济借此一扫低迷。

专家分析认为，此次战争对美国经济的影响与越战和海湾战争不同。20 世纪 60 年代末期，美国联邦政府的巨额国防开支和非国防开支，使本来已很强劲的私营部门总需求进一步增强，并积聚了很大的通货膨胀压力，这种压力在整个 70 年代都未能得到充分缓解。直到 80 年代末期，美国联邦政府大部分经济决策的主要任务就是抑制通货膨胀。相反，海湾战争却引发了一次经济衰退，这是"沙漠盾牌行动"初期消费者信心急剧下降导致的结果。但由于当时军队所需的大部分物资并不是依靠投资在未来实现的，所以并没有产生通货膨胀。

案例思考

军费支出的增加对社会总需求会产生什么影响，影响总需求变动的因素主要有哪些？

本章导语

通过本章学习，了解宏观经济政策目标与需求管理，掌握财币政策和货币政策。

任务 10.1 宏观经济政策目标与需求管理

10.1.1 宏观经济政策目标

宏观经济政策是指国家或政府有意识、有计划地运用一定的政策工具,调节和控制宏观经济的运行,以达到一定的政策目标。

1. 宏观经济政策的四大目标

经济学家认为,宏观经济政策应该同时达到四个目标:充分就业、物价稳定、经济增长、国际收支平衡。

(1) 充分就业。充分就业是指包含劳动在内的一切生产要素都以愿意接受的价格参与生产活动的状态。充分就业包括两种含义:一是指除了摩擦失业和自愿失业之外,所有愿意接受各种现行工资的人都能找到工作的一种经济状态,即消除了非自愿失业就是充分就业;二是指包括劳动在内的各种生产要素,都按其愿意接受的价格,被全部用于生产的一种经济状态,即所有资源都得到充分利用。失业意味着稀缺资源的浪费或闲置,从而使经济总产出下降,社会总福利受损。因此,失业的成本是巨大的。降低失业率,实现充分就业常常成为西方宏观经济政策的首要目标。

(2) 物价稳定。物价稳定是指物价总水平的稳定。一般用价格指数衡量价格水平的变化。价格稳定不是指每种商品价格固定不变,也不是指价格总水平固定不变,而是指价格指数相对稳定。价格指数又分为消费物价指数(CPI)、批发物价指数(PPI)和国民生产总值折算指数三种。物价稳定并不是通货膨胀率为零,而是允许其保持一个低而稳定的通货膨胀率。所谓"低",就是通货膨胀率为 1%~3%;所谓"稳定",就是指在相当长时期内能使通货膨胀率维持在大致相等的水平上。这种通货膨胀率能为社会所接受,也不会对经济产生不利的影响。

(3) 经济增长。经济增长是指在一定时期内经济社会生产的人均产量和人均收入的持续增长。它包括两个方面:一是维持高经济增长率,二是培育经济持续增长的能力。一般认为,经济增长与就业目标是一致的。经济增长通常用一定时期内实际国民生产总值年均增长率衡量。经济增长会增加社会福利,但并不是增长率越高越好。这是因为,一方面,经济增长要受到各种资源条件的限制,不可能无限地增长,尤其是对于经济已相当发达的国家来说更是如此;另一方面,经济增长要付出代价,如造成环境污染,引起各种社会问题等。因此,经济增长就是实现与本国具体情况相符的适度增长率。

(4) 国际收支平衡。国际收支平衡具体分为静态平衡与动态平衡、自主平衡与被动平衡。静态平衡是指一国在年末,国际收支不存在顺差也不存在逆差;动态平衡不强调一年的国际收支平衡,而是以经济实际运行可能实现的计划期为平衡周期,保持计划期内的国际收支均衡;自主平衡是指由自主性交易(基于商业动机,为追求利润或其他利益而独立发生的交易)实现的收支平衡;被动平衡是指通过补偿性交易(一国货币当局为了弥补自主性交易的不平衡而采取的调节性交易)达到的收支平衡。国际收支平衡的目标要求做到汇率稳定、外汇储备有所增加、进出口平衡。国际收支平衡不是消极地使一国在国际收支账户上经常性收支和资本收支相抵,也不是消极地防止汇率和外汇储备变动,而是使一国外汇储备有所增加。适度增加外汇储备被认为是改善国际收支的基本方法。同时,一国的国际收支状况不仅反映了这个国家的对外经济交往情况,还反映了该国经济的稳定程度。

2. 宏观经济政策四大目标之间的关系

宏观经济政策四大目标之间既存在互补关系，也存在交替关系。互补关系是指一个目标的实现对另一个目标的实现有促进作用。如为了实现充分就业水平，就要维持必要的经济增长。交替关系是指一个目标的实现对另一个目标有排斥作用。首先，物价稳定与充分就业之间就存在两难选择。为了实现充分就业，必须刺激社会总需求，扩大就业量，这一般要求实施扩张性的财政政策和货币政策，由此会引起物价水平的上升；而为了抑制通货膨胀，就必须实施紧缩性的财政政策和货币政策，由此又会引起失业率的上升。其次，经济增长与物价稳定之间也存在着相互排斥的关系。因为在经济增长过程中，通货膨胀是难以避免的。最后，国内均衡与国际均衡之间存在着交替关系。这里的国内均衡是指充分就业和物价稳定，而国际均衡是指国际收支平衡。为了实现国内均衡，有可能降低本国产品在国际市场上的竞争力，从而不利于实现国际收支平衡；为了实现国际收支平衡，又可能不利于实现充分就业和稳定物价的目标。

因此，在制定经济政策时，必须对经济政策目标进行价值判断，权衡利弊得失和轻重缓急，确定目标的实现顺序和目标指数高低，同时使各目标能有最佳的匹配组合，使选择和确定的目标体系成为一个和谐的、有机的整体。

10.1.2 宏观经济政策工具

宏观经济政策工具是用来达到政策目标的手段。在宏观经济政策工具中，常用的有需求管理政策、供给管理政策、国际经济政策。

1. 需求管理政策

需求管理政策是通过调节社会总需求达到一定政策目标的宏观经济政策工具。它包括财政政策和货币政策。需求管理政策是以凯恩斯的社会总需求分析理论为基础制定的，是凯恩斯主义重视的政策工具。

需求管理政策通过调节社会总需求，实现社会总需求等于社会总供给，达到既无失业又无通货膨胀的目标。它的基本政策有实现充分就业政策和保证物价稳定政策两个方面。在有效需求不足的情况下，也就是社会总需求小于社会总供给时，政府应采取扩张性的政策措施刺激社会总需求增长，克服经济萧条，实现充分就业；在有效需求过度增长的情况下，也就是社会总需求大于社会总供给时，政府应采取紧缩性的政策措施抑制社会总需求，以克服需求过度扩张造成的通货膨胀。

2. 供给管理政策

供给学派理论的核心是把注意力从需求转向供给。供给管理政策通过对总供给的调节达到一定的政策目标。在短期内影响供给的主要因素是生产成本，特别是生产成本中的工资成本。在长期内影响供给的主要因素是生产能力，即经济潜力的增长。供给管理政策具体包括控制工资与物价的收入政策、指数化政策、人力政策和经济增长政策。

（1）收入政策。收入政策是指通过限制工资收入增长率限制物价上涨率的政策，因此也称为"工资和物价管理政策"。之所以对收入进行管理，是因为通货膨胀有时是由成本（工资）推进造成的（参见成本推进的通胀）。收入政策的目的就是制止通货膨胀。它有以下三种形式。一是工资与物价指导线。根据劳动生产率和其他因素的变动，规定工资和物价上涨的限度，其中主要是规定工资增长率。企业和工会都要根据这一指导线确定工资增长率，企业也必须据此确定产品的价格变动幅度，如果违反，则以税收形式惩戒。二是工资物价的冻结，即政府采用法律和行政手段禁止在一定时期内提高工资与物价，这些措施一般是在特殊时期采用，在严重通货膨胀时也被采用。三是税收刺激政策，即以税收控制增长。

（2）指数化政策。指数化政策是指定期根据通货膨胀率调整各种收入的名义价值，以使其实际价值保持不变。指数化政策主要有：工资指数化；税收指数化，即根据物价指数自动调整个人收入调节税等。

（3）人力政策。人力政策又称"就业政策"，是一种旨在改善劳动力市场结构，以减少失业的政策。人力政策主要有三个方面。一是人力资本投资。由政府或有关机构向劳动者投资，以提高劳动者的文化技术水平与身体素质，以适应劳动力市场的需要。二是完善劳动力市场。政府应该不断完善和增加各类就业介绍机构，为劳动力的供求双方提供迅速、准确而完全的信息，使劳动者找到满意的工作，企业也能得到需要的员工。三是协助工人流动。劳动者在地区、行业和部门之间的流动，有利于劳动力的合理配置与劳动者人尽其才，也能减少劳动力的地区结构和流动困难等原因造成的失业。对工人流动的协助包括提供充分的信息、必要的物质帮助与鼓励。

（4）经济增长政策。经济增长政策主要有四个方面。一是增加劳动力数量和提高劳动力质量。增加劳动力数量的方法包括提高人口出生率、鼓励移民入境等；提高劳动力质量的方法是增加人力资本投资。二是资本积累。资本的积累主要来源于储蓄，可以通过减少税收、提高利率等途径鼓励人们储蓄。三是技术进步。技术进步在现代经济增长中起着越来越重要的作用，因此促进技术进步成为各国经济政策的重点。四是计划和平衡增长。现代经济中各部门之间协调增长是经济本身要求的，国家的计划与协调要通过间接的方式实现。

3. 国际经济政策

国际经济政策是对国际经济关系的调节。现实中一般国家的经济都是开放的，各国经济之间存在着日益密切的往来，且相互影响。一国的宏观经济政策目标中包括国际经济关系的内容（国际收支平衡），其他目标的实现不仅有赖于国内经济政策，而且有赖于国际经济政策。

【情景10-1】亚洲金融危机及其教训。

开始于东亚的金融危机也许是自20世纪30年代大危机以来对全球经济影响最大的一次危机。在危机之前，世界经济每年增长2.3%，而且发展中国家每年增长3.1%。1998年，这种增长率分别急剧下降到1.8%和2.0%。但发生经济急剧危机的国家蒙受的损失更严重。

例如，韩国的增长从危机前一年（1996年）的7.1%，骤然下降到危机以后一年（1998年）的5.8%。失业率急剧上升，增加了3倍多，而且实际工资大幅下跌，不到一年下降了近1/5。随着危机从一国扩大到另一国，人们日益认识到即使那些有看似良好的经济政策的国家也会受到不利影响，而且它们需要制定出与国际市场不可预期的隔离行为以保护自己的经济政策。其中，中国经济在1998年保持了近8%的增长率。中国的成功和其他国家遇到的问题向全世界决策者提供了重要的经验和教训。

亚洲金融危机的教训有三个。第一，中国采用的宏观经济政策有助于稳定经济，若在经济衰退中采取财政紧缩政策，就会加剧经济衰退。第二，广泛认识到短期资本流动会加剧不稳定性。中国和印度两个大国都有限制这种资本流动的规定，因而也避免了这次危机影响两个大的兴旺市场。尽管随着全球金融市场的发展，要抑制这种流动会越来越困难，但仍然是可能的。第三，软弱的金融机构和不良的宏观经济政策同样易引起宏观经济不稳定。世界各国都在努力加强自己的金融机构。过分依靠借债，或者政府过分影响贷款（从而大部分贷款不能偿还）都会成为问题的根源。

关于亚洲金融危机爆发的原因，注意力应集中在信息日益增加的透明性上。当债权人简单地收回所有资金时，无法区分"良好的"和"不良的"债务人也许是引起经济严重衰退的原因。因此，债权人能够确定其提供资金企业的真实的会计制度是否良好，有助于稳定资本流动。同样，披露有关国家所欠国外债务总量的数据也有助于债权人更好地判断风险。国际讨论集中在改善信息获得上，要提前了解大多数相关信息，如有关韩国企业高债务信息的简要说明。但由于其他原因，人们也怀疑提高信息透明性的影响是否合适。

20世纪后25年金融与通货危机日益频繁、严重，有近百个国家遭遇了这种危机。这些国家日益达成的共识是，危机发生的基本原因在于不得不应付极为迅速的金融市场和资本账户的自由化，而没有适当地调控结构。这就是说，许多国家被劝说放弃了旨在稳定其金融市场并限制资本频繁流出与流入国内的管制。尽管许多国家存在无助于有益目标的管制，但注意力不应该放在取消管制上，而应该放在寻找加强金融体系，提高其能力并鼓励竞争的管制结构上。

任务 10.2　财政政策

10.2.1　财政政策的内容与运用

1. 财政政策的内容

宏观财政政策是国家调控经济，实现政策目标最主要的政策工具之一。财政政策是指政府为提高就业水平，减轻经济波动，防止通货膨胀，实现稳定增长而采取的税收、借债水平和政府支出的政策，即政府为了实现其宏观经济政策目标而对其收入和支出水平做出的决策。

财政政策的主要内容包括政府支出与税收。政府支出包括政府公共工程支出、政府购买，以及转移支付。政府税收主要是个人所得税、企业所得税和其他税收。

（1）政府支出体系。

①政府支出的内容。政府支出的内容主要包括：社会福利支出；退伍军人福利支出；国家防务和安全支出；债务利息支出；教育和职业训练支出；公共卫生和保健支出；科学技术研究费用支出；交通、公路、机场、港口和住宅支出；自然资源的环境保护支出；国际交往与国际事务支出。

②政府支出的方式。政府支出的方式主要有：政府购买和政府转移支付。

政府购买是指政府对商品和服务的购买。其特点是以取得商品和服务为目的的有偿支出，是一种实质性的支出。它可以使经济资源的利用从私人部门转移到公共部门。由于政府购买有着商品和服务的实际交易，因而直接形成社会需求和社会购买力，是国民收入的一个组成部分，计入国民生产总值的四大需求项目（居民消费、企业投资、政府购买和净出口）。

政府转移支付是指政府单方面的、无偿的资金支付，包括社会保障、社会福利支出、政府对农业的补贴以及债务利息支出、捐赠支出等，其特点是不以取得商品和服务作为报酬的支付。政府转移支付是货币性支出，是通过政府把一部分人的收入转给另一部分人，整个社会的收入总量并没有发生变化，变化的仅是收入总量在社会成员之间的分配比例。由于政府转移支付只是资金使用权的转移，并没有发生相应的商品和服务的交换，因此不能被计入国民生产总值，不能算作国民收入的组成部分。

（2）政府收入体系。政府收入主体来源于税收和公债两个部分。税收是政府收入中最主要的部分，是国家为了实现其职能，按照法律预先规定标准，强制、无偿地取得财政收入的一种手段。各国的税收通常由许多具体的税种组成，且可以依据不同的标准对税收进行不同的分类。

①按照课税对象的性质，可将税收分为财产

税、所得税和流转税三大类。财产税是指对不动产或房地产，即土地和土地上的建筑物等征收的税，主要包括财产税、遗产税、赠与税等。所得税是指对个人或公司的收入征收的税，如对个人的工薪收入和股票、债券、存款等资产的收入征收的所得税。所得税是大多数西方国家的主体税种。所得税税率或税收的变动不会对经济活动产生重大影响。流转税是目前我国最大的税类，是指对流通中的商品和服务买卖的总额征税，包括增值税、消费税、营业税、关税等。

②按照税负能否转嫁，税收又可分为直接税和间接税两种。直接税是指直接征收的、不能再转嫁给别人的税，如财产税、所得税和人头税。间接税是指间接向最终消费者征收的，作为生产商和销售商的原来纳税人能转嫁给最终消费者的税，如消费税、营业税和进口税。

③按照收入被扣除的比例，税收可以分为累退税、累进税和比例税三种。累退税是指税率随征税对象数量的增加而递减的税，即收入越多，税率越低。累进税是指税率随征税对象数量的增加而递增的税，即课税对象数额越大，税率越高。上述财产税和所得税一般都是累进税。比例税是指税率不随征税对象数量的变动而变动的税，即按照固定比率从收入中征收，多适用于流转税。财产税、营业税和大部分关税一般属于比例税。

政府支出的主要来源是税收。政府当年的税收和支出之间的差额称为"预算余额"。预算余额为零称为"预算平衡"，为正数称为"预算盈余"，为负数称为"预算赤字"。政府增加支出而没有相应地增加税收，或者减少税收而没有相应地减少支出的做法称为"赤字财政"。当政府发生预算赤字时，就可以通过发行公债向公众借钱或通过增发货币来弥补。

2. 财政政策的运用

（1）财政政策的分类。

①根据财政政策调节经济周期的作用，财政政策可分为自动稳定财政政策和相机抉择财政政策。

自动稳定财政政策，是指财政制度本身存在一种内在的、不需要政府采取其他干预行为就可以随着经济社会的发展，自动调节经济的运行机制。这种机制也被称为"财政自动稳定器"，其主要表现在两个方面。一方面，包括个人所得税和企业所得税的累进所得税的自动稳定作用。在经济萧条时期，个人和企业的利润降低，符合纳税条件的个人和企业数量减少，因而税基相对缩小，使用的累进税率相对下降，税收自动减少。因为税收的减少幅度大于个人收入和企业利润的下降幅度，所以税收会产生一种推力，防止个人消费和企业投资过度下降，从而起到阻止经济衰退的作用。在经济过热时期，其作用机理正好相反。另一方面，政府福利支出的自动稳定作用。如果经济出现衰退，符合领取失业救济和各种福利标准的人数就会增加，失业救济和各种福利的发放趋于自动增加，从而有利于抑制消费支出的持续下降，防止经济的进一步衰退。在经济繁荣时期，其作用机理正好相反。

相机抉择财政政策，是指政府根据一定时期的经济社会状况，主动灵活地选择不同类型的反经济周期的财政政策工具，干预经济运行行为，实现财政政策目标。在20世纪30年代的世界经济危机中，美国实施的罗斯福－霍普金斯计划（1929—1933）、日本实施的时局匡救政策（1932）等，都是相机抉择财政政策的范例。相机抉择财政政策具体包括汲水政策和补偿政策。汲水政策是指在经济萧条时期进行公共投资，以增加社会有效需求，使经济恢复活力的政策。汲水政策有四个特点：第一，它是以市场经济具有的自发机制为前提，是一种诱导经济恢复的政策；第二，它是以扩大公共投资规模为手段，启动和活跃社会投资；第三，财政投资规模具有有限性，即只要社会投资恢复活力，经济实现自主增长，政府就不再投资或缩小投资规模。补偿政策是指政府有意识地从当时经济状况的反方向上调节经济景气变动的财政政策，以实现稳定经济波动的目的。在经济萧条时期，为缓解通货紧缩的影响，政府通过财政增加支出、减少收入等政策增加投资和消费需求，增加社会有效需求，刺激经济增长；反之，在经济繁荣时期，为抑制通货膨胀，政府通过财政增加收入、减少支出等政策抑制和减少社会过剩需求，稳定经济波动。

②根据财政政策调节国民经济总量和结构中的不同功能，财政政策可分为扩张性财政政策、紧缩性财政政策和中性财政政策。

扩张性财政政策又称"积极的财政政策"，是指通过财政分配活动增加和刺激社会的总需求。主要措施有增加国债、降低税率、增加政府购买和转移支付。

紧缩性财政政策又称"适度从紧的财政政策"，是指通过财政分配活动减少和抑制总需求。主要措施有减少国债、提高税率、减少政府购买和转移支付。

中性财政政策又称"稳健的财政政策"，是指财政的分配活动对社会总需求的影响保持中性。

（2）财政政策的运用规律。财政政策就是运用政府开支与税收调节经济。第一，在经济萧条时期，社会总需求小于社会总供给，出现失业现象，政府就要实行扩张性的财政政策，包括减税与增加政府支出。减税可以增加企业和居民的可支配收入，从而增加消费和投资；而增加政府支出则直接刺激社会总需求，从而可能使经济走出萧条。第二，在经济繁荣时期，社会总需求大于社会总供给，出现通货膨胀，政府要通过紧缩性财政政策压抑社会总需求，以实现物价稳定。紧缩性财政政策包括减少政府支出与征税。减少政府支出直接使社会总需求下降；征税可以减少居民和企业的消费与投资。扩张性财政政策和紧缩性财政政策的目标和特点见表10-1。

表10-1 扩张性财政政策和紧缩性财政政策的目标和特点

政策目标	政策特点	财政收入政策	财政支出政策
实现充分就业	扩张性财政政策	减税	增加政府支出
抑制通货膨胀	紧缩性财政政策	增税	减少政府支出

（3）相关概念。

①功能盈余。根据权衡性财政政策，政府在财政方面的积极政策主要是为了实现无通货膨胀的充分就业水平。当实现这一目标时，预算可以是盈余，也可以是赤字，这样的财政为功能财政。预算赤字是政府财政支出大于收入的差额。实行扩张性财政政策，即减税和扩大政府支出会造成预算赤字。预算盈余是政府收入超过支出的余额。实行紧缩性财政政策，即增税和减少政府支出会产生预算盈余。

年度平衡预算要求每个财政年度收支平衡。这是20世纪30年代大危机以前普遍采取的政策原则，后来这个原则遭到了凯恩斯主义者的攻击。他们认为，当经济衰退时，税收必然会随收入的减少而减少。如果坚持年度平衡预算的观点，那么为了减少赤字，只有减少政府支出或者提高税率，其结果会加深衰退；当经济过热，出现通货膨胀时，税收必然会随收入的增加而增加，为了减少盈余，只有增加政府支出或者降低税率，但其结果会加剧通货膨胀。这样，坚持年度平衡预算只会使经济波动更加严重。

②盈余方向。所谓充分就业预算盈余是指既定的政府在充分就业的国民收入水平，即潜在的国民收入水平上产生的政府预算盈余。如果这种盈余为负值，就是充分就业的预算赤字。它不同于实际的预算盈余，实际的预算盈余是以实际的国民收入水平衡量预算状况的，因此二者的差别就在于充分就业的国民收入与实际的国民收入水平的差额。一般来说，当实际的国民收入水平高于充分就业的国民收入水平时，充分就业预算盈余小于实际预算盈余；当实际的国民收入水平低于充分就业的国民收入水平时，充分就业预算盈余大于实际预算盈余。当然，也会出现实际的国民收入和潜在的国民收入水平相等，充分就业预算盈余与实际预算盈余相等的情况。

③赤字公债。按照功能财政的思想，第二次世界大战后西方国家普遍实行了干预经济的、积极的财政政策。这种政策从理论上说是逆经济风向行事的"相机抉择"，但事实上多数是搞扩张性财政政策，结果是财政赤字的上升和国家债务的积累。财政赤字是预算开支超过收入的结果。

弥补财政赤字的途径有：借债和出售政府资产。政府借债又可以分为两类，一类是向中央银行借债，另一类是向国内公众借债。公债作为政府取得收入的一种形式可以为预算赤字融资，使赤字得到弥补。然而，政府发行了公债要还本付息，年末清偿的债务会逐渐积累成巨大的债务净存量，这些债务净存量要支付的利息又构成政府预算支出中一个十分庞大的支出。

④分级管理。根据财权和事权相一致的原则，西方国家普遍采取分级管理的财政体制。在财政分级管理体制下，税收被划分为中央税、地方税和中央与地方共享税三种，分别规定为中央政府和地方政府的财政收入来源；支出也同样被划分为中央政府支出和地方政府支出，并各自规定了相应的支出范围。至于中央政府对地方政府的调节，则主要依靠税收返还制度和对地方政府的财政补助形式进行，中央政府财政预算与地方政府财政预算各自分开，自求平衡。

⑤财政政策主体。财政政策主体是指财政政策制定者和执行者。财政政策的主体只能是各级政府，而且主要是中央政府。各级政府主体的行为是否规范，对于政策功能的发挥和政策效应的大小都具有关键作用。在一些财政政策研究和执行文献中，往往重视政策目标与政策工具，而忽视政策主体的行为与偏好，这种看法有失全面。事实上，在政策的执行过程中，违背政策目标和滥用政策工具，往往是政策主体行为不当导致的后果。

【情景10-2】20世纪60年代，美国总统肯尼迪采用凯恩斯主义经济学的观点，使财政政策成为美国对付衰退和通货膨胀的主要武器之一。肯尼迪总统提出通过削减税收帮助美国经济走出低谷。这些措施实施以后，美国经济开始迅速增长。但是，减税再加上1965—1966年战争中财政扩张的影响，又使得产出增长过快，超过了潜在水平，于是通货膨胀开始升温。为了对付不断上升的通货膨胀，并抵消战争所增开支的影响，1968年美国国会批准开征了一项临时性收入附加税。不过，在许多经济学家看来，这项税收增加的政策力度太小也太迟了一些。

20世纪80年代，美国又是一个典型例子。1981年，美国国会通过了美国总统里根提出的一揽子财政计划，包括大幅降低税收，大力扩张军费开支，但并不削减民用项目。这些措施将美国经济从1981—1982年的严重衰退中拯救出来，并进入1983—1985年的高速扩张期。

美国前总统克林顿一上台就面临两难的困境：一方面，高赤字依然顽固地存在；另一方面，经济不景气且失业率高得令人难以接受。总统必须决定财政政策从何处着手，是应该先处理赤字，通过增加税收、降低支出增加公共储蓄，进而靠储蓄水平提高带动国民投资的增长；还是应该关注财政紧缩会减少并排挤投资，而税收增加的减少又会降低产出。最后，克林顿总统决定优先考虑削减财政赤字。1993年，预算法案决定，在其后5年落实减少赤字1500亿美元的财政举措。

10.2.2 内在稳定器

1. 内在稳定器的含义

内在稳定器是指财政制度本身具有的能够调节经济波动、维持经济稳定发展的作用。也就是说，它是经济系统本身存在的一种会减少各种对国民收入冲击的机制，能够在经济繁荣时期自动抑制膨胀，在经济衰退时期自动减轻萧条，无须政府采取任何行动。

内在稳定器的作用表现为：当国民收入下降时，它会自动引起政府支出的增加和税收的减少，从而阻止国民收入进一步下降；当国民收入增加时，它会自动引起政府支出的减少和税收的增加，从而避免经济的过度膨胀。

2. 内在稳定器的具体内容

（1）累进的所得税制。累进的所得税制，特别是公司所得税和累进的个人所得税，对经济活动水平的变化反应相当敏感。如果当初政府预算收支平衡，税率没有变动，在经济活动出现不景气时，国民生产总值就会减少，致使税收收入自动降低；如果政府预算支出保持不变，则由税收收入的减少导致预算赤字发生，从而"自动"产生刺激需求的力量，以抑制国民生产的继续下降。

（2）公共支出尤其是社会福利支出。在健全的社会福利、社会保障制度下，各种社会福利支出，一般会随着经济的繁荣自动减少，这有助于抑制需求的过度膨胀；也会随着经济的萧条自动增加，这有助于阻止需求的萎缩，从而促使经济趋于稳定。如果国民经济衰退，就会有很多人具备申请失业救济金的资格，政府必须对失业者支付津贴或救济金，以使他们维持必要的开支，从而使国民经济中的社会总需求不至于下降过多；同样，如果经济繁荣来临，失业者就会重新获得工作机会，在社会总需求接近充分就业水平时，政府就可以停止这种救济性的支出，使社会总需求不至于过盛。

（3）私人储蓄和公司储蓄。一般家庭在短期内收入下降时不会减少消费，而是动用过去的储蓄；在收入增加时，不会立即增加消费，而是增加储蓄，使消费保持相对稳定。公司也是如此，在收入减少时，不轻易减少股息，而是减少保留利润；在收入增加时，不轻易增加股息，而是增加保留利润。

10.2.3　赤字财政政策与公债政策

1. 凯恩斯主义经济学家主张运用赤字财政政策的理由

（1）在经济萧条时期，财政政策增加政府支出、减少政府税收，必然会出现财政赤字。凯恩斯认为，财政政策应该为实现充分就业服务，因此必须放弃财政收支平衡的旧信条，实行赤字财政政策。

（2）凯恩斯主义经济学家认为，赤字财政政策不仅是必要的，而且是可能的。第一，债务人是国家，债权人是公众。国家与公众的根本利益是一致的。第二，政府的政权是稳定的。这就保证了债务的偿还是有保证的，不会引起信用危机。第三，债务用于发展经济，使政府有能力偿还债务，弥补赤字。

（3）政府实行赤字财政政策是通过发行公债进行的。公债直接卖给中央银行，而不是直接卖给公众。

2. 公债政策

公债是指政府的举债行为，一般与财政赤字相联系，当年的公债与同期财政赤字相等，而累积的公债则等于历年的财政赤字减去财政结余。公债的持有形式有：银行部门持有、私人持有、公司持有和国外持有。政府公债政策有以下三个益处。

（1）有利于政治上的稳定。特别是，当财政支出大幅增加时，如果以大幅提高税率弥补财政赤字，就会引起纳税人的普遍不满，以致影响整个社会的稳定；如果以借债的形式筹措资金，那么人们是比较容易接受的。

（2）有助于将项目受益者和纳税人联系在一起。政府用大量财政支出兴办公共工程（如公路、水利工程、学校等），受益者可能要分布或延续到几代人，如果用大量征税的办法支付这些建设项目的费用，就把整个费用的重担压到了项目建设时期的纳税人身上，真正的受益者或大多数的受益者反而没有负担任何费用。如果采用举债的办法，就可以在短期内筹措大量资金，使这些公共项目尽快上马，然后从税收中将这些资金收回来，使这些项目所需资金更多地负担到其受益人身上。

（3）有助于刺激经济。增加税收，公众的收入降低，会对经济产生紧缩的作用。而公债与税收不同，它是政府暂时将公众手中的部分钱借走，对经济具有刺激作用。

任务 10.3　货币政策

10.3.1　凯恩斯主义的货币政策

1. 货币政策概述

货币政策就是金融政策，是指中央银行为实现其特定的经济目标而采用的各种控制和调节货币供应量与信用量的方针、政策及措施的总称。凯恩斯主义货币政策的直接目标是利息率，最终目标是社会总需求变动。凯恩斯主义认为，货币量可以调节利息率，是以人们的财富只有货币与债券两种形式的假设为前提的。货币政策的实质是国家对货币的供应根据不同时期的经济发展情况采取"紧""松"或"适度"等不同的政策趋向。

货币政策与财政政策的不同之处在于：财政政策直接影响社会总需求的规模，中间不需要任何变量；货币政策则通过货币当局货币供给量的变化调节利率，进而间接地调节社会总需求，因而货币政策是间接地发挥作用的。

2. 货币政策的工具

在凯恩斯主义的货币政策中，中央银行一般通过公开市场业务、调整再贴现率和改变法定存款准备金三种主要的货币政策工具改变货币供给量，以达到宏观调控经济的目标。

（1）公开市场业务。由于在调节基础货币时具有主动性、微调性和前瞻性等特点，因此公开市场业务是目前各国中央银行控制货币供给量最重要，也是最常用的工具。公开市场业务是指中央银行在金融市场上公开买卖政府债券，以控制货币供给和利率的政策行为。中央银行在金融市场上公开买进或卖出政府债券，通过扩大或缩减商业银行存款准备金，使货币供给量增减和利率变化，最终影响物价和就业水平。

公开市场业务过程大致如下：当经济过热时，即中央银行认为市场上货币供给量过多，出现通货膨胀时，在公开市场上出售政府债券，承购政府债券的既可能是各商业银行，也可能是个人或公司。在商业银行购买政府债券后，准备金会减少，可以贷款的数量也减少。通过货币乘数的作用，整个社会的货币供给量将会按一定比例减少。反之，当发生经济萧条时，市场上会出现银根紧缩的情况，这时中央银行可以在公开市场上买进政府债券，商业银行通过政府的购买增加了准备金，个人或公司出售债券所得现金也会存入银行。这样，各商业银行的准备金增加了，银行的贷款能力也得到了提高，再通过货币乘数的作用，整个市场的货币供给量会成倍增加。同时，中央银行买卖政府债券的行为，会引起债券市场上需求和供给的变化，进而影响债券价格和市场利率。有价证券市场是一个竞争性市场，证券价格由供求双方决定。当中央银行购买证券时，证券的需求就会增加，证券的价格也会随之上升，从而导致利率下降，而利率的下降又会使投资和消费需求上升，从而刺激经济，增加国民收入。因此，中央银行可以通过公开市场业务增加或减少货币供给量，以实现宏观经济调控的目的。

（2）调整再贴现率。贴现和再贴现是商业银行及中央银行的业务活动。一般商业银行的贴现是指客户因急需使用资金，将持有的未到期票据出售给商业银行，兑现现款以获得短期融资的行为。商业银行在用现金购进未到期票据时，可按照该票据到期值的一定百分比作为利息预先扣除，这个百分比就是贴现率。商业银行再将贴现后的票据保持到票据规定的时间，然后向票据原发行单位自然兑现。但商业银行因储备金临时不足等原因急需现金时，可以将这些已贴现，但仍未到期的票据出售给中央银行，请求再贴现。中央银行作为银行的银行，有义务帮助解决银行的流动性问题。中央银行从商业银行手中买进已贴现但仍未到期的银行票据的活动被称为"再贴现"。在再贴现时，同样要预先扣除一定百分比的利息作为代价，这种利息就是中央银行对商业银行的贴现率，即再贴现率。但是，现在的美国商业银行不再用商业票据而是用政府债券作为担保向中央银行借款。所以，现在把中央银行给商业银行及其他金融机构的借款称为"贴现"，相应地，放款利率称为"贴现率"。

中央银行通过变动再贴现率可以调节货币供给量。若中央银行感到市场上银根紧缩，货币供给量不足，就可以降低再贴现率，商业银行向中央银行的"贴现"就会增加，从而使商业银行的准备金增加，可贷出去的现金增加，通过货币乘数的作用，使整个社会货币供给量成倍增加。反之，若市场上银根放松，货币供给量过多，中央银行就可以提高再贴现率，商业银行会减少向中央银行的"贴现"，于是商业银行的准备金减少，可贷出去的现金也减少，通过货币乘数的作用，社会上的货币供给量将成比例减少。

中央银行调整贴现率对货币供给量的影响不是很大，实际上中央银行调整贴现率更多的是表达自己的意图，而不是发挥调整贴现率对货币供给量的直接影响。

（3）调整法定存款准备金率。中央银行有权在一定范围内调整法定存款准备金率，从而影响货币供给量。在经济萧条时，为刺激经济复苏，中央银行可以降低法定存款准备金率。在商业银行不保留超额储备的条件下，法定存款准备金率的下降将给商业银行带来多余的储备，使其增加贷款。这样，商业银行的存款和贷款就会出现一轮又一轮的增加，使货币供给量增加。货币供给量的增加又会降低利率，从而刺激投资增加，最终引起国民收入水平的倍数增加。反之，在经济过热时，中央银行可用提高法定存款准备金率的方法减少货币供给，以抑制投资的增长，减轻通货膨胀的压力。

在以上三大主要货币政策工具中，从理论上说，调整法定存款准备金率是中央银行调整货币供给最简单的办法。但由于法定存款准备金率的变动，在短期内会导致较大幅度的货币扩张或收缩，影响宏观经济活动，作用十分猛烈，这一政策手段在实践中很少使用。调整再贴现率政策除了上述所讲的期限短等限制外，还有在实施过程中比较被动的缺点。这是因为中央银行虽可以通过降低贴现率迫使商业银行借款，但不能强迫商业银行借款。若商业银行不向中央银行借款，或借款数量很小，贴现率政策的执行效果就不明显。尽管再贴现率政策对银行的影响较小，但是实施再贴现率政策的意义很大，这是因为实施再贴现率政策是利率变化和信贷松紧的信号。一般来说，再贴现率变化以后，银行的利率也随之改变。

公开市场业务与上述两项政策工具相比有下述优点。①公开市场业务可以按任何规模进行，中央银行既可以大量也可以少量买卖政府债券，使货币供给量发生较大的或迅速的变化。②公开市场业务比较主动和灵活，且可以连续进行。在公开市场业务中，中央银行可根据经济情况的需要自主决定有价证券的数量、时间和方向，即使中央银行有时会出现某些政策失误，也可以及时纠正。③公开市场业务还可以比较准确地预测其对货币供给的影响。一旦买进或卖出一定金额的证券，就可以根据货币乘数估计出货币供给量增加或减少了多少。基于上述原因，公开市场业务就成为中央银行控制货币供给量最重要、最常用的工具。

除了上述三种调节货币供给量的主要工具外，中央银行还有其他一些次要的货币政策工具。例如，道义上的劝告、控制利息率的上限以及"垫头规定"的局部控制等。

3. 货币政策的运用

（1）在经济萧条时，$AD<AS$，为了刺激AD，就要采用扩张性的货币政策，即在公开市场买进有价证券，降低贴现率并放松贴现条件，或者降低准备金率等。扩张性货币政策可以提高货币供给量，降低利息率，刺激总需求增长。

（2）在经济繁荣时，$AD>AS$，为了抑制AD，就要采用紧缩性的货币政策，即在公开市场卖出有价证券，提高贴现率并严格规定贴现条件，或者提高准备金率等。紧缩性货币政策可以减少货币供给量，提高利息率，抑制总需求增长。

【情景10-3】2021年8月，新增贷款超预期货币政策将持续偏紧。

2021年8月，金融机构新增贷款出现反弹。9月11日，中国人民银行（以下简称"央行"）公布的8月金融统计数据报告显示，8月新增贷款5485亿元，超出了市场预期，比实施适度宽松货币政策的2010年同期增加93亿元，环比7月增加了11.3%。

业界人士分析认为，现在还不能有货币政策放松或转向的乐观预期。预计未来几个月，还是会维持目前这样一个比较紧的态势。

数据：贷款同比增加93亿元。

央行8月金融数据显示，当月人民币贷款增加了5485亿元，同比增加93亿元。分部门来看，住户贷款增加了1888亿元，其中短期贷款增加878亿元，中长期贷款增加1010亿元；非金融企业及其他部门贷款增加3602亿元，其中短期贷款增加1588亿元，中长期贷款增加1011亿元，票据融资增加917亿元。

数据还显示，8月末，广义货币金额78.07万亿元，同比增长13.5%；狭义货币金额27.33万亿元，同比增长11.2%；流通中货币余额4.58万亿元，同比增长14.7%。

央行：信贷投放节奏更均衡。

央行新闻发言人就8月金融统计数据回应称，2021年以来，广义货币（M2）增速从高位向常态平稳回落，符合宏观调控的预期和稳健货币政策的要求。而从今年的贷款和社会融资规模来看，增长速度并不缓慢。

8月，作为货币供应量重要指标的广义货币（M2）同比增长13.5%，比上月末和上年末分别低1.2个和6.2个百分点。对此，央行发言人表示，尽管目前广义货币增速看起来比过去低一些，但实际货币条件与经济平稳较快增长是相适应的。

央行称，目前中国金融创新不断增多，2021年以来信贷投放节奏的主要特点是更加均衡，公众资产结构日益多元化。与此同时，央行也指出，我国一些价格上涨的势头虽然得到一定程度的控制，但并未消除，通胀仍然偏高，稳定物价总水平仍然是宏观调控的首要任务。在坚持稳健货币政策的同时，保持货币信贷平稳适度增长。

专家：年内信贷继续保持平稳。

金融问题专家赵庆明表示，信贷出现恢复性增长，一是央行回收流动性的力度有所减小；二是中小企业融资难以得到重视，投放给中小企业的贷款可能有较多增加；三是保障房建设加快，加上政策上对此明朗化，这方面的信贷投放也可能增加较多。

交通银行金融研究中心鄂永健认为，在总体信贷紧缩继续的情况下，信贷投放有可能向"三农"、中小企业、保障房等领域定向放松。他认为，年内信贷运行继续保持平稳、可控，预计全年新增贷款7万亿～7.3万亿元。

中金首席经济学家彭文生分析，短期内货币政策将继续维持偏紧基调，年内仍可能加息一次，时间窗口在9—10月。

交通银行金融研究中心发布报告指出，货币政策不会轻易放松，在具体工具的使用上，年内准备金率几乎不可能再次升调，加之预计物价涨幅将缓慢回落，负利率状况也将随之改观，交行维持年内不会加息的判断。

M0：流通中现金，即在银行体系以外流通的企业。

M1：狭义货币供应量，即M0+企事业单位活期存款。M1反映居民和企业资金松紧变化，是经济周期波动的先行指标。

M2：广义货币供应量，即M1+企事业单位定期存款+居民储蓄存款+其他存款，也就是通常所说的货币供应量。M2反映的是社会总需求的变化和未来通货膨胀力的状况。

10.3.2 货币主义的货币政策

第二次世界大战后,美英等发达资本主义国家长期推行凯恩斯主义扩大有效需求的管理政策,虽然在刺激生产发展、延缓经济危机等方面起了一定的作用,但是引起了持续的通货膨胀。货币主义是 20 世纪五六十年代在美国出现的一个经济学流派,亦称"货币学派",其创始人为美国芝加哥大学教授弗里德曼。

1. 基本观点

以弗里德曼为代表的"货币学派"的基本观点,可概括为以下几个命题。

(1) 货币需求函数是一个稳定的函数,意指经常自愿在身边储存的平均货币数量,与决定它的为数不多的几个自变量(如财富或收入、债券、股票等的预期收益率和预期的通货膨胀率等)之间,存在着一种稳定的并且可以借助统计方法估算的函数关系。弗里德曼还在 1963 年出版的《1867—1960 年美国货币史》(与 A.J. 施瓦茨合著)中估算出两个经验数据。一个是货币需求的利率弹性为 -0.15,即利率增加(减少)1%,对货币的需求量减少(增加)0.15%,于是认为利率的变化对货币流通速度的影响是微不足道的。另一个是货币的收入弹性为 1.8,即人们的收入增加(减少)1%,对货币的需求量增加(减少)1.8%,这就意味着从长期趋势来看,货币的流通速度随着国民收入的增长有递减的趋势。

(2) 引起名义国民收入发生变化的主要(虽然不是唯一)原因,在于货币当局决定的货币供应量的变化。假如货币供应量的变化会引起货币流通速度的反方向变化,那么货币供应量的变化对于物价和产量会产生什么影响,将是不确定的、无法预测的。弗里德曼突出强调货币需求函数是稳定的函数,正在尽可能缩小货币流通速度发生变化的可能性及其对产量和物价可能产生的影响,以便在货币供应量与名义国民收入之间建立起一种确定的可以做出理论预测的因果关系。

(3) 在短期内,货币供应量的变化主要影响产量,部分影响物价,但在长期内,产出量完全是由非货币因素(如劳动和资本的数量,资源和技术状况等)决定的,货币供应只决定物价水平。

(4) 经济体系本质上是稳定的,只要让市场机制充分发挥其调节经济的作用,经济就能在一个可以接受的失业水平条件下稳定发展。凯恩斯主义调节经济的财政政策和货币政策不是减少了经济的不稳定性,而是增加了经济的不稳定性。

2. 学派主张

弗里德曼强烈反对国家干预经济,主张实行一种"单一规则"的货币政策,就是把货币存量作为唯一的政策工具,由政府公开宣布一个在长期内固定不变的货币增长率。这个增长率应该是在保证物价水平稳定不变的条件下,与预计的实际国民收入在长期内的平均增长率相一致。

20 世纪 70—80 年代,在美国出现的理性预期学派指出,预期在决定物价和产量的进程中居于重要地位,因为企业和居民将及早懂得判断经济事变,从而完全预料到政府的行为,并在事前采取行动来抵消政府的政策措施。所以,任何具有稳定作用的经济政策的前途都是黯淡的,甚至在短期内,只有未被预料到的政策行动才会对真实产量有影响。这样,理性预期就与极端货币主义观点联系在一起了。

3. 影响因素

弗里德曼对货币需求诸因素的分析,从研究为什么需要货币入手。对于货币的需要,就像对别的商品和劳务的需要一样,同样可以采用消费者选择理论进行分析。一般消费者在对诸多商品进行选择时,必然考虑以下三个因素:一是效用,二是收入水平,三是机会成本。与消费者对商品的选择一样,对货币的需求同样受这三个因素的影响。弗里德曼对影响货币需求的三个因素进行了详细分析。

(1) 收入或财富的变化。收入或财富的变化是影响货币需求的重要因素。一般情况下,可用收入代表财富总额。应该采用长期收入的概念,即"永恒收入"的概念作为财富的代表。此"永恒收入"是表示一个人拥有的各种财富在相当长时期内获得的收入流量,相当于观察到的过去若干年收入的加权平均数,用 Y 表示。

财富可以分为人力财富和非人力财富两类。一般来说,人力财富带来的收入是不稳定的,很难转化为非人力财富。由于这两类财富在总财富中的不同构成比例制约着它们带来收入的不同比例,进而影响货币需求,因此现金的保有不是与总财富相联系,而是与非人力财富相联系的。非人力财富占总财富的比率,来自财产的收入占总收入的比率,用 W 表示。

(2) 持有货币的机会成本。持有货币的机会成本是指"货币与其他资产的预期报酬率"。货币的名义报酬率(rm)在通常情况下为零,其他资产的名义报酬率一般不为零,它们主要包括两个部分。

第一部分是目前的收益,主要指:①预期的固定收益的报酬率,用 rb 表示,如债券利率,包括债券价格的预期变动;②预期的非固定收益的报酬率,用 re 表示,如股票的收益率,包括股票价格的预期变动。

第二部分是预期的商品价格变动率,用 dp/pdt 表示。当通货急剧变动时,各种商品的价格会随之剧烈波动,静态的物质财富就会给持有者带来收益或损失。例如,在发生通货膨胀时,商品价格上涨,通货贬值带来的损失就是持币的机会成本。因此,物价上涨越快,持币的机会成本越高,对货币的需求越少。物价变动率(用通货膨胀率表示)也是影响货币需求的因素之一。

(3) 持有货币的效用。对于个人或企业来说,持有货币既可以用于日常交易的支付,又可以应付不时之需,还可以抓住获利的机会,这就是货币提供的效用。这些效用虽然无法被直接测量出来,但人们的感觉和现实证明它确实存在的。这种流动性效用以及影响此效用的其他因素,如人们的嗜好、兴趣等是影响货币需求的因素之一,用 U 表示。

【情景10-4】18世纪的约翰·劳是英国一个会计师的儿子,他数学出众,喜欢赌博。由于年轻时在决斗中伤人致死,他被迫逃亡欧洲大陆。

约翰·劳以赌技见长,在长期逃亡过程中,积累了许多财富。游历的见识和对财政、贸易、货币银行业务的研究,使其形成了一个观点:国家要繁荣,就要发行纸币。

法国国王路易十四于1715年过世后,7岁的新王登基。年幼国王的叔叔、约翰·劳的好友菲利普·奥尔良大公成为摄政王,掌握了国家大权。在面临路易十四留下的国家债券相当于每年财政收入14倍的困境时,摆在奥尔良大公面前的选择有:①宣布国家破产;②大规模征税;③用低金属含量的货币代替高金属含量的货币,即货币贬值;④出售垄断特许权;⑤查处腐败官员的财产。奥尔良大公采取了③和⑤的政策措施,但只弥补了8%左右的财政赤字,剩下的钱他找约翰·劳想办法。约翰·劳成立了以贵金属和土地作为储备的银行,发行银行券,也就是纸币,并许诺任何人都可以拿纸币来银行兑换成相应的硬币,法国人必须用这种银行券支付税收并伴随一系列精彩的运作,使法国人对纸币建立了信心,对纸币的需求日渐旺盛;同时,政府可以不受限制地发行纸币支付债务,而且由于流通中介的增加,经济显得十分繁荣。原来巨额的政府债券被吸收调换为这个银行的股权,法国进入了纸币时代,尽管纸币仍由金属作为兑换保证。

随着海外淘金热的兴起,银行券被大量不加节制地印制,获得海外业务特许权的公司股价不断上升。法国奢侈品价格开始上升,失业率开始下降,到处有新房屋建造,所有人都在抢购物品,囤积成风。一个贵族由于自己购买海外业务公司股票的要求未能实现,他便拉了满满两车的纸币来到银行,要求兑换成硬币。奥尔良大公十分愤怒,要求这个贵族退回2/3的硬币,但大众开始担心,如果每个人都那么被要求的话,银行有足够的硬币保证兑换吗?担心在蔓延,越来越多的人要求兑换硬币,最后法国被迫回到金属货币体系,只不过每个硬币里的金属含量又一次减少了,大众的财富又一次被掠夺。

纸币体系崩溃了,约翰·劳成为国家公敌。他带了一颗大钻石离开法国,这年他49岁,不得不靠赌博维持余生。最后,他当掉了那颗大钻石。

他在58岁离世时，身无分文。

这个早期的货币主义实践案例生动地告诉我们，经济不能只靠无节制地发行货币驱动，必须有配套的需求端改革，才能让经济回到正常增长的轨道上。在经济面临危机时，通过货币供应的增加让价格稳定在一定水平上是十分必要的，可以保持经济活动的顺利进行。但要及时收手，一旦货币超出了经济活动所需，通货膨胀就会不可避免，大众会理性地选择自己的财务对策。

面对2019年的经济危机，中国政府果断地增加了货币供给，稳定了物价预期。但仅有货币政策远远不够，还必须启动消费的需求。而消费需求的启动要求政府进一步建立完善的社保体系，改革社会财富分配比率，让居民有更多的钱消费，而不是反其道而行之，控制居民的收入水平。财政虽能够支持经济一段时间，但这段时间必须让经济增长方式实现一个转换，否则后续增长乏力。在经济企稳和增长方式转型的过程中，中国资本市场会出现受益的公司，这是投资中应力求前瞻和把握的机会。作为投资人，需要了解各种政策的效果和副作用，以趋利避害，实现自己的财富增长。

10.3.3 财政-货币政策的相互配合

1. 宏观经济政策的选择

究竟选择哪种政策更有利？这涉及许多因素。我们以扩张性财政政策与扩张性货币政策为例，分析两者对社会经济产生的不同影响说明这一问题。从IS-LM模型的分析中我们可以看出，扩张性财政政策和扩张性货币政策都可以扩大社会总需求，增加国民收入，但它们对利率的作用方向却不同。扩张性财政政策会使利率水平上升，而扩张性货币政策会使利率水平下降。正是二者对利率作用的方向不同导致社会总需求内部结构不同。

在IS-LM模型中，扩张性货币政策使LM曲线向右移动，使国民收入水平上升和利率水平下降，随着国民收入的增加，人们可支配收入增加，消费需求也相应增加。同时，利率水平的下降，也有利于投资需求的增加，尤其是与利率关系密切的住房投资更是如此。因此，扩张性货币政策会使社会总需求中的消费需求和投资需求增加。上述两种政策对社会经济的影响见表10-2。

从表10-2中可见，由于不同的政策对社会总需求的影响不同，决策者在决定选择哪种政策时，首先要考虑产生社会总需求不足的主要原因是什么；其次要"对症下药"，以促使经济回升。

表10-2 扩张性财政政策与扩张性货币政策对社会经济的影响

政策工具		国民收入	利率	消费	投资
扩张性货币政策		增加	下降	增加	增加
扩张性财政政策	1. 增加政府购买支出	增加	上升	增加	减少
	2. 减税	增加	上升	增加	减少
	3. 增加转移支付	增加	上升	增加	减少
	4. 投资津贴	增加	上升	增加	增加

2. 两种政策的组合使用

（1）当经济萧条时，可以把扩张性财政政策与扩张性货币政策组合使用，这样能更有力地刺激经济。扩张性财政政策使社会总需求增加，但提高了利率水平，采用扩张性货币政策可以抑制利率的上升，以消除或减少扩张性财政政策的挤出效应，使社会总需求增加。

（2）当经济出现严重通货膨胀时，可实行"双紧"组合，即采用紧缩性财政政策与紧缩性货币政策来降低需求，抑制通货膨胀。一方面，采用紧缩性财政政策，可以从需求方面抑制通货膨胀；另一方面，采用紧缩性货币政策，可以从货币供给量方面抑制通货膨胀。由于紧缩性财政政策在抑制总需求的同时会使利率下降，而紧缩性货币政策会使利率上升，不会使利率的下降起到刺激社会总需求的作用。

（3）当经济出现萧条又不太严重时，可采用扩张性财政政策与紧缩性货币政策的组合。这是为了在刺激社会总需求的同时又抑制通货膨胀，这种组合的结果虽对增加社会总需求的作用不确定，却能够使利率上升。

（4）当经济出现通货膨胀又不太严重时，可采用紧缩性财政政策与扩张性货币政策相配合的方法。一方面，用紧缩性财政政策压缩总需求；另一方面，用扩张性货币政策降低利率，刺激投资，以免财政过度紧缩引起衰退。

应用 IS-LM 模型，可以分析宏观经济政策各种组合使用的政策效应，见表10-3。

表10-3　财政政策和货币政策组合使用的政策效应

政策组合	产出	利率
扩张性财政政策和扩张性货币政策	增加	不确定
紧缩性财政政策和紧缩性货币政策	减少	不确定
扩张性财政政策和紧缩性货币政策	不确定	上升
紧缩性财政政策和扩张性货币政策	不确定	下降

总之，财政政策与货币政策必须相互配合。两种政策的目标都是实现既无失业，又无通货膨胀的经济运行状态。

【情景10-5】欧债危机的演变历程。

第一阶段：希腊债务危机。

2009年10月初，新一届希腊政府宣布2009年政府财政赤字和公共债务占国内生产总值的比例预计分别达到12.7%和113%，远超欧盟《稳定与增长公约》规定的3%和60%的上限，希腊债务危机由此拉开序幕。随后几个月，全球三大评级公司标普、穆迪和惠誉分别下调希腊的主权债务评级。2010年5月底，惠誉宣布将西班牙的主权评级从AAA级下调至AA+级。至此，希腊债务危机扩大为欧洲债务危机。希腊债务危机的爆发削弱了欧元的竞争力，欧元从2009年12月开始一路下滑，EURUSD从2009年底的1.50水平跌至2011年的1.20以下。2010年5月10日，欧盟27国财长被迫决定设立总额为7 500亿欧元的救助机制，帮助可能陷入债务危机的欧元区成员国，防止危机继续蔓延。这套庞大的救助机制由三部分资金组成。其中，4 400亿欧元将由欧元区国家根据相互间协议提供，为期3年；600亿欧元将以欧盟《里斯本条约》相关条款为基础，由欧盟委员会从金融市场上筹集。此外，国际货币基金组织（IMF）将提供2 500亿欧元。欧盟的重拳出击令市场信心得到一定修复，市场对欧债危机的担忧有所缓解，欧元暂获"喘息之机"。

第二阶段：爱尔兰债务危机。

2010年9月底，爱尔兰政府宣布，预计2010年财政赤字会骤升至国内生产总值的32%，到2012年爱尔兰的公共债务与国内生产总值相比预计达到113%，是欧盟规定标准的2倍。2010年11月2日，爱尔兰5年期债券信用违约掉期（CDS）费率创下新高，表明爱尔兰主权债务违约风险加大，由此宣告爱尔兰债务危机爆发。11月11日，爱尔兰10年期国债收益率逼近9%，这意味着爱尔兰政府对从金融市场筹资的借贷成本已难以承受。爱尔兰债务危机全面爆发，并迅速扩大影响范围。爱尔兰政府从最初否认申请援助到无奈承认，爱尔兰债务危机进一步升级。

欧盟27国财长讨论后决定正式批准对爱尔兰850亿欧元的援助方案，不过爱尔兰得到援助须接受苛刻的财政条件，即大力整顿国内财政状况，大幅削减政府财政预算，以达到欧盟规定的水平，爱尔兰成为继希腊之后第二个申请救助的欧元区成员国，欧洲债务危机暂告一段落。

第三阶段：在爱尔兰债务危机尚未解决时，市场焦点却转向了葡萄牙、西班牙、意大利、比利时。

国际金融危机后，葡萄牙经济下滑，2009财政年度财政赤字占国内生产总值的9.4%，大大超出欧盟规定的3%上限，这一比例是继希腊、爱尔兰和西班牙之后的欧元区第四高。西班牙面对的首要问题是总额达1万亿欧元的公共债务规模。同时，西班牙也是欧洲住房市场问题最严重的国家之一，西班牙存在房产泡沫以及相应的建筑市场过热问题，产能大量过剩，大量房屋空置，建筑行业岌岌可危。危机一旦在西班牙蔓延，后果将不堪设想，因为西班牙是欧元区第四大经济体，希腊、爱尔兰和葡萄牙都属于欧元区小国，经济总量加起来只及西班牙的一半。

身为欧元区第三大经济体，意大利也受到波及，其10年期国债与德国国债之间的收益率利差已升至欧元流通以来的新高。"余震"还波及地处欧洲心脏的比利时，其10年期国债收益率呈现连续上扬态势。2011年，欧债危机的熊熊火焰虽得到控制，但只要欧元机制尚存漏洞，欧债危机就随时有被引爆的可能。

项目小结

本项目主要讲述了宏观经济政策目标与需求管理、财政政策、货币政策。宏观经济政策目标与需求管理主要包括宏观经济政策目标、宏观经济政策工具；财政政策主要包括财政政策的内容与运用，内在稳定器，赤字财政政策与公债政策；货币政策主要包括凯恩斯主义的货币政策、货币主义的货币政策、财政-货币政策的相互配合。

思考与练习

一、单项选择题

1. 宏观经济政策的目标是（　　）。
 A. 充分就业和物价稳定
 B. 物价稳定和经济增长
 C. 同时实现充分就业、物价稳定、经济增长和国际收支平衡
 D. 充分就业和公平

2. 根据需求管理政策，应该抑制社会总需求的条件是（　　）。
 A. 社会总需求大于社会总供给
 B. 社会总需求等于社会总供给
 C. 社会总需求小于社会总供给
 D. 其他条件

3. 下列选项中，属于需求管理政策的是（　　）。
 A. 收入政策　　B. 人力政策
 C. 货币政策　　D. 指数化政策

4. 当存在失业时，应该采取的财政政策工具

是（　　）。
　　A. 增加政府支出
　　B. 提高个人所得税
　　C. 提高企业所得税
　　D. 增加货币发行量

5. 属于紧缩性财政政策工具的是（　　）。
　　A. 减少政府支出和增加税收
　　B. 减少政府支出和减少税收
　　C. 增加政府支出和减少税收
　　D. 增加政府支出和增加税收

二、多项选择题

1. 宏观经济政策的目标是（　　）。
　　A. 充分就业　　B. 物价稳定
　　C. 经济增长　　D. 国际收支平衡
2. 下列选项中属于内在稳定器的内容是（　　）。
　　A. 财政制度本身具有的能够调节经济波动、维持经济稳定发展的作用
　　B. 当国民收入增加时，自动引起政府支出的减少和税收的增加
　　C. 能够在经济繁荣时期自动抑制膨胀
　　D. 经济活动出现不景气时，国民生产总值就要减少
3. 在经济过热时，政府应该（　　）。
　　A. 减少政府财政支出
　　B. 增加财政支出
　　C. 增加税收
　　D. 减少税收
4. 财政政策的政府支出体系主要包括（　　）。
　　A. 社会福利支出
　　B. 退伍军人的福利支出
　　C. 国家防务和安全支出
　　D. 债务利息支出
5. 紧缩性财政政策的主要措施有（　　）。
　　A. 减少国债　　B. 提高税率
　　C. 减少政府购买　　D. 转移支付

三、判断题

1. 不同的政策工具可以达到相同的政策目标。（　　）
2. 凯恩斯主义重视的政策工具是需求管理。（　　）
3. 需求管理包括财政政策和货币政策。（　　）
4. 扩张性的财政政策包括增加政府支出和增加税收。（　　）
5. 内在稳定器有自发地稳定经济的作用，但其作用十分有限，并不能代替财政政策的运用。（　　）

四、简答题

1. 供给管理政策的具体内容有哪些？
2. 如何比较凯恩斯主义货币政策与货币主义货币政策？

项目 11　失业与通货膨胀

知识目标

◎ 理解失业及失业率；
◎ 理解失业的种类。

技能目标

◎ 掌握通货膨胀；
◎ 掌握菲利普斯曲线。

案例导入

美国的失业率持续相对稳定的状态，而欧盟的失业率却急剧上升而且持续保持在 30 年前的水平上。

如何解释两地劳动力市场的差异？局部原因在于两地的宏观经济政策不同。美国只有一个中央银行，即联邦储备系统，它严格监控着美国经济。当失业率提高并影响到居民对经济的信心时，美联储就会放松银根，实行新的货币政策刺激社会总需求和提高社会总产出，并防止失业率的进一步提高。实际上，这是通过提高通胀率降低失业率的方法。

而欧盟不存在这样的机构，欧盟是个国家联盟，其货币政策由欧盟中央银行统一制定，由于考虑到各国状况的复杂性，欧盟中央银行的目标主要是持续物价的稳定，奉行强有力的货币政策，全力持续低利率和低通胀。在这样的状况下，是无法利用通货膨胀政策降低失业率的。

案例思考

说明失业和通货膨胀之间的关系。

本章导语

通过本章学习，了解失业及失业率，掌握失业的社会影响和经济影响。

任务 11.1 失业

11.1.1 失业及失业率

劳动就业是每个人的权利，也是绝大多数人获得收入、维持生存的主要手段，但是在现实生活中，总是有一部分人无法就业。如果不能在短时间内找到合适的工作，这部分人的生活就会陷入困境。当然，无论是发达国家，还是发展中国家，都不同程度地存在失业现象。

宏观经济学有四大目标，即充分就业、经济增长、物价稳定和国际收支平衡。其中，充分就业是宏观经济学的第一目标，可见宏观经济学对就业问题的重视。宏观经济学中的充分就业有两种理解：一是广义的理解，是指所有的生产要素都参与生产的状态，即所有的生产要素都就业才是充分就业；二是狭义的理解，专指劳动这种生产要素，即经济中消灭周期性失业的就业状态。由于衡量资本和自然资源的就业比较困难，所以通常所说的充分就业是指劳动这种生产要素参与生产的状态。

失业（Unemployment）是指有劳动能力、愿意接受现行工资水平但仍然找不到工作的现象。所有未曾受雇以及正变换工作岗位，或未能按当时通行的实际工资率找到工作的、有劳动能力的人都是失业者。

失业者必须具备三个条件。①符合法定工作条件。这里不仅有劳动年龄上的要求，还有具有劳动能力和劳动技能以及国家法定许可等要求。目前，我国的法定劳动年龄为男 16～60 岁，女 16～55 岁。在这个年龄范围内还要分为劳动者和非劳动者（在校学生、病残人员、犯罪服役人员和不愿意就业者等）。②愿意就业。③没有工作。我国规定，虽然从事一定社会劳动，但劳动报酬低于当地城市居民最低生活保障标准的，视同失业。

失业的状况通过失业率衡量。失业人口与就业人口的和就是劳动人口，失业人口占劳动人口的比重即失业率。失业率是失业人数（失业量）与劳动力总数（劳动者的总数量）的比率。其公式为：

失业率 = 失业人数 / 劳动力总数 ×100%　（11-1）

以美国为例，其规定属于失业范围的人包括：新加入劳动力队伍第一次寻找工作，或重新加入劳动力队伍正在寻找工作已达 4 周以上的人；为了寻找其他工作而离职，在找工作期间作为失业者登记注册的人；被暂时辞退并等待重返工作岗位而连续 7 天未得到工资的人；被企业解雇而且无法回到原工作岗位的人，即非自愿离职者。

11.1.2 失业的种类及原因

1. 自愿失业与非自愿失业

失业有很多种，根据主观愿望就业与否可分为自愿失业与非自愿失业。自愿失业，是指工人要求的实际工资超过其边际生产率，或者说不愿意接受现行工作条件和收入水平而未被雇佣造成的失业。由于这种失业是由劳动人口主观不愿意就业造成的，被称为"自愿失业"。自愿失业无法通过经济手段和政策消除，因此不是经济学研究的范围。非自愿失业是指有劳动能力、愿意接受现行工资水平但仍然找不到工作的现象。这种失业是由客观原因造成的，因而可以通过经济手段和政策消除。经济学中所讲的失业是指非自愿失业。

2. 摩擦性失业、结构性失业和周期性失业

非自愿失业又可以分为摩擦性失业、结构性失业和周期性失业。摩擦性失业是指生产过程中难以避免的，由转换职业等原因造成的短期、局部失业。这种失业的性质是过渡性的或短期性的。它通常起源于劳动的供给一方，因此被看成一种求职性失业，即一方面存在职位空缺，另一方面存在与此数量对应的寻找工作的失业者。这是因为劳动力市场信息不完备，厂商找到所需雇员和失业者找到合适工作都需要花费一定的时间。摩擦性失业在任何时期都存在，且随着经济结构的变化有增强的趋势，但从经济和社会发展的角度来看，这种失业的存在是正常的。

结构性失业是指劳动力的供给和需求不匹配造成的失业。其特点是既有失业，也有职位空缺，失业者或者没有合适的技能，或者居住地点不当，因此无法填补现有的职位空缺。结构性失业在性质上是长期的，而且通常起源于劳动力的需求方。结构性失业是经济变化导致的，这些经济变化引起特定市场和区域中特定类型劳动力的需求相对低于其供给。这可能是以下原因导致的。

①技术变化。原有劳动者不能适应新技术的要求，或者技术进步使得劳动力的需求下降。

②消费者偏好的变化。消费者对商品和服务偏好的改变，使得某些行业扩大而另一些行业缩小，处于规模缩小行业的劳动力因此失去工作岗位。

③劳动力的不流动性。流动成本的存在制约着失业者从一个地方或一个行业流动到另一个地方或另一个行业，从而使得结构性失业长期存在。

周期性失业是指在经济周期中的衰退或萧条期，因社会总需求下降造成的失业。当经济发展处于一个周期中的衰退期时，社会总需求不足，企业的生产规模因此缩小，从而出现较为普遍的失业现象。周期性失业对不同行业的影响是不同的，一般来说，需求收入弹性越大的行业，对周期性失业的影响越严重。也就是说，随着人们收入的减少，产品需求大幅下降的行业周期性失业情况比较严重。通常用紧缩性缺口说明这种失业产生的原因。紧缩性缺口是指实际总需求小于充分就业总需求时二者之间的差额。

紧缩性缺口与周期性失业之间的关系如图11-1所示。

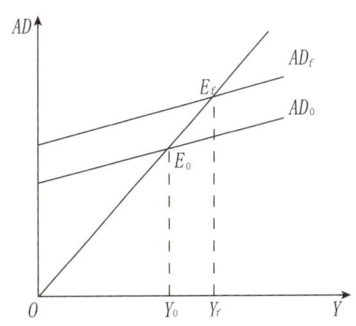

图 11-1　紧缩性缺口与周期性失业之间的关系

在图 11-1 中，横轴 OY 代表国民收入，纵轴 AD 代表总需求。当国民收入为 Y_f 时，经济中实现了充分就业，Y_f 为充分就业的国民收入，实现这一国民收入水平要求的总需求水平为 AD_f，即充分就业的总需求。但实际的总需求为 AD_0，由这一总需求水平决定的国民收入为 Y_0，$Y_0 < Y_f$，就必然引起失业。$Y_0 < Y_f$，是由 $AD_0 < AD_f$ 造成的，因此实际总需求 AD_0 与充分就业总需求 AD_f 之间的差额就是造成这种失业的根源。这种失业是由总需求不足引起的，因此也称为"需求不足的失业"。

除了这几种主要的失业类型外，经济学中常说的失业类型还包括隐藏性失业。隐藏性失业，是指表面上有工作，但实际上对产出并没有做出贡献，即有"职"无"工"。也就是说，这些工作人员的边际生产力为零。当经济中减少了就业人员而产出水平没有下降时，即存在着隐藏性失业。美国经济学家阿瑟·刘易斯曾指出，发展中国家的农业部门存在着严重的隐藏性失业问题。

11.1.3 失业的影响

1. 失业的社会影响和经济影响

失业会产生诸多影响，一般可以将其分成两种：社会影响和经济影响。失业的社会影响虽然难以估计和衡量，但最易为人们感受到。失业威胁着作为社会单位和经济单位的家庭稳定。没有收入或收入遭受损失，户主就不能起到应有的作用。家庭的需求得不到满足，家庭关系将因此受到损害。西方有关心理学研究表明，解雇造成的创伤不亚于亲友的去世或学业上的失败。此外，家庭之外的人际关系也会受到失业的严重影响。一个失业者会在就业的人员当中失去自尊和影响力，面临着被同事拒绝的可能性，最终会在情感上受到严重打击。

失业的经济影响可以用机会成本的概念理解。当失业率上升时，经济中本可以由失业工人生产出的商品和服务就损失了。衰退期间的损失，如同将众多的汽车、房屋、衣物和其他物品都销毁。从产出核算的角度来看，失业者的收入总损失等于生产的总损失，因此丧失的产量是计量周期性失业损失的主要尺度，因为它表明经济处于非充分就业状态。20世纪60年代，美国经济学家阿瑟·奥肯根据美国的数据，提出了经济周期中失业变动与产出变动的经验关系，被称为"奥肯定律"。

奥肯定律的内容是：失业率每高于自然失业率1个百分点，实际国内生产总值将低于潜在国内生产总值2个百分点。换句话说，就是相对于潜在国内生产总值，实际国内生产总值每下降2个百分点，实际失业率就会比自然失业率上升1个百分点。

西方学者认为，奥肯定律揭示了产品市场与劳动市场之间极为重要的关系，它描述了实际国内生产总值的短期变动与失业率变动的联系。根据这个定律，我们可以通过失业率的变动推测或估计国内生产总值的变动，也可以通过国内生产总值的变动预测失业率的变动。例如，实际失业率为8%，高于6%的自然失业率2个百分点，实际国内生产总值将比潜在国内生产总值低4%左右。

当前，我国稳就业政策面临的诸多矛盾，是周期性、结构性与体制性因素交织作用的结果。缓解结构性就业矛盾，需要反周期性政策与结构化改革综合施策。要发挥财政政策促进就业的乘数效应，保持经济稳定增长和创造岗位持续增加，深化人才供给侧结构性改革，提升就业能力，优化劳动力市场宏观调控保障就业稳定。奥肯定律给我们提供了一个可能的解决方案，即一定要保持国内生产总值的高速增长。这样，一方面能迅速提高我国人民的生活水平，另一方面能较好地解决未来的就业压力问题。

2. 失业对国家和社会发展的影响

（1）失业的益处。

①有利于提高劳动生产率。失业率增加意味着失业人数增多，在一定的社会条件下，做相同工作量的工作人数减少，工作量大，从而迫使劳动生产率提高。

②就业者的压力增大。失业率增加使工作岗位供不应求的关系进一步加剧，使工作岗位的竞争压力增大，从而加大就业者的压力。

③促进就业者素质的整体提高。失业率增加，失业人数增多，使得更多失业者进入"蓄水池"，不断地参加培训，积累知识，提高劳动素质，以实现再就业，从而整体提高就业者的劳动素质。

（2）失业的坏处。

①浪费大量的人力资源。失业人数增多，导致大量的社会人力资源不能得到充分利用，不能使社会得到最大限度的发展。

②财政负担增加。失业人数增多，使得国家必须拿出大量的资金用来保障失业者的最低生活水平，从而使政府的转移支付增加，继而财政负担加重。

③影响社会的安定团结。失业率增加，失业人数增多，使得社会无业游民增多，从而影响社会的安定团结。

④收入减少。失业率增加，失业人数增多，使劳动者失去主要收入来源，导致收入大幅减少，

继而影响国民收入的增加。

（3）解决失业的措施。

①建立完善的就业机构。政府要建立统一的劳动力市场，为就业创造良好的环境，主要包括优良的制度和政策环境，高效的服务环境，良好的治安环境，公正的竞争环境。

②加大对失业者的培训力度。政府要鼓励失业者参加再就业培训，提高劳动者的劳动素质，以实现再就业。

③取消行业进入的限制。政府要利用法律手段和行政手段，对行业与行业之间的进入、转出进行有效管理，实现行业与行业之间的流通自由。

④降低最低工资标准。政府要降低最低工资标准，降低企业的用人成本，加大企业的用人力度，从而增加就业岗位，扩大就业。

11.1.4 自然失业率

充分就业是宏观经济学的首要目标，那么如何才算得上充分就业呢？在经济活动中能不能实现充分就业呢？前文的分析让我们认识到现实生活中永远达不到百分之百就业，因为即使有足够的职位空缺，失业率也不会等于零，仍然会存在摩擦性失业和结构性失业。在快速变化的现代社会中，永远存在职业流动和行业结构性兴衰，所以总有少部分人处于失业的状态。

因此，现代经济学认为，当社会中的周期性失业被消灭，只剩下摩擦性失业和结构性失业等失业类型时，这个社会就实现了充分就业。与充分就业相对应的概念是自然失业，其中的自然失业率(Natural Rate of Unemployment)，是指在没有货币因素干扰的情况下，让劳动市场和产品市场的自发供求力量起作用，社会总需求和社会总供给处于均衡状态下的失业率。换句话说，自然失业率就是指经济中消灭了周期性失业以后的失业率，即摩擦性失业和结构性失业的劳动人口的比重。自然失业率并不是一个固定不变的值，而是会随着经济社会的发展而变化，一般由政府根据有关调研数据确定。如美国在较长的时期内确定其自然失业率为5%，也就是说，当美国的失业率在5%或以下时，美国政府不会采取有关措施干预劳动力市场的运行。因此，如何确定符合本国国情的自然失业率，是各国政府面临的一个较大的课题。

【情景11-1】国家统计局数据显示，2022年第一季度，全国城镇调查失业率逐月走高，3月全国城镇调查失业率已达5.8%，突破5.5%的全年目标阈值上限。4月18日，智联招聘发布的2022年第一季度《中国就业市场景气报告》显示，第一季度求职申请人数增加34.64%，招聘需求人数只增加5.68%，就业市场景气指数降幅明显。

在脉脉的"失业树洞"话题里，600余位运营、程序员、财务人员因失业会集于此，他们用上千字的长文诉说自己再就业的过程。"裁员""焦虑""工作没着落"成为其中的高频词，帖子下的评论中，零星出现了房屋中介、网约车司机等招聘信息；在58同城的"发现"中，被辞退的流水线普工、火锅店服务员、化妆品柜姐以"自拍+日记"的形式诉说着短期失业后的生活日常，他们将每月生活费精打细算至一包烟、一罐奶粉。他们的故事纷繁复杂，但出奇一致的是，回忆起职业生涯转变真正到来那一刻，他们的语气没有多少波动，就像和朋友诉说着上一顿吃的什么，味道如何。

在经济学中对失业的研究主要是自然失业，而自然失业率是指在没有货币因素干扰的情况下，让劳动市场和商品市场的供求力量自动起作用，社会总需求和社会总供给处于均衡状态时的失业率。

任务 11.2　通货膨胀

11.2.1　通货膨胀的含义与类型

1. 通货膨胀的含义

通货膨胀（Inflation）是指物价水平在一定时期内持续的、普遍的上升过程，或者说货币实际购买力在一定时期持续的下降过程。当市场上流通的货币增加，人们的货币收入增加时，实际购买力大于产出供给，导致物价上涨和通货膨胀。理解通货膨胀要注意两点：一是少数几种商品的价格上涨不能称为通货膨胀，必须是大部分商品的价格同时上涨；二是偶尔的价格上涨也不能称为通货膨胀，必须是物价在一段时间内持续上涨。

与货币贬值不同的是，总体通货膨胀是指特定经济体中货币价值的下降，而货币贬值是指经济体之间货币相对价值的下降。前者影响使用货币的国内价值，后者影响货币在国际市场上的价值。两者之间的关系是经济学的争议之一。

2. 通货膨胀的类型

（1）按照价格上升的速度可以将通货膨胀分成三类。①温和的通货膨胀，指每年物价上升的比例在10%以内。一般认为，这种温和的通货膨胀不会对经济造成巨大的恶性影响，甚至有经济学家认为这种缓慢而持续的价格上涨对经济和收入的增长有积极的刺激作用。②奔腾的通货膨胀，指年通货膨胀率在10%以上100%以下。这时，货币流通速度提高而实际购买力下降，这种通货膨胀对经济具有较大的破坏作用。因为，在这种通货膨胀发生后，由于价格上涨速度快、上涨幅度大，公众预期价格还会进一步上涨，会采取各种手段来维持自己的财富，如将货币换成房产、汽车、黄金和珠宝等保值商品，或者大量地囤积商品，以使产品市场和劳动市场均衡，但会导致正常的经济运行秩序被破坏，经济体系受损。③超级通货膨胀，指通货膨胀率在100%以上。当发生这种通货膨胀时，价格持续猛涨，人们都尽快将货币脱手，从而大大加快了货币流通速度。其结果是，货币完全失去了人们的信任，购买力大幅下降，各种正常的经济联系遭到破坏，最终导致价格体系完全崩溃，在严重情况下，还会出现社会动乱。

（2）按照对不同商品价格的影响可以将通货膨胀分成两类。①平衡的通货膨胀，即每种商品的价格都按照相同的比例上升。这里所指的"商品的价格"包括生产要素以及各种服务的价格，如工资率、租金、利率等。②非平衡的通货膨胀，即各种商品价格上升的比例并不完全相同。如近年来，我国房地产价格上升迅速，而一般日用消费品（如家电、计算机、汽车等）的价格反而有下降的趋势。

（3）按照人们的预期程度可以将通货膨胀分成两类。①未预期的通货膨胀，即人们没有预料到价格会上涨，或者是价格上涨的速度超出了人们的预期。②预期到的通货膨胀，即人们预料到价格会上涨。这两种通货膨胀对人们正常生活的影响是不同的，未预期的通货膨胀可能导致货币工资率的上升滞后于物价的上涨，从而使利润上升，至少暂时会有一种扩大就业、扩大总产出水平的效应；如果通货膨胀事先已经被预料到，那么各经济主体将按照预期调整自己的经济行为，如工会在物价上涨前会要求增加工资，以遏制通货膨胀的短期扩张效应。

（4）按照通货膨胀的成因可以将通货膨胀分成四类。①需求拉上型通货膨胀。需求拉上型通货膨胀是指社会总需求过度增长，超过了社会总供给的增长幅度，导致商品和劳务供给不足、物价持续上涨的通货膨胀类型。②成本推进型通货膨胀。成本推进型通货膨胀是指成本自发性增加导致物价上涨的通货膨胀类型。③输入型通货膨胀。输入型通货膨胀是指进口商品价格上升、费用增加使物价总水平上涨引起的通货膨胀类型。④结构型通货膨胀。结构型通货膨胀是指因经济结构方面的因素变动，即使社会总供给与社会总需求处于均衡状态，也会引起物价总水平上涨的通货膨胀类型。

（5）按照通货膨胀的表现形式不同可以将通货膨胀划分为两类。①公开型通货膨胀。公开型通货膨胀是指物价水平随货币数量的变动而自发变动，故物价上涨是通货膨胀的基本标志，又称为"开放型通货膨胀"。②抑制型通货膨胀。抑制型通货膨胀是指在一国实行物价管制的情况下，商品供给短缺不能由物价上涨反映，只表现为人们普遍持币待购而使货币流通速度减慢，又称为"隐蔽型通货膨胀"。

3. 通货膨胀的衡量

衡量通货膨胀的指标是物价指数。物价指数是表明商品价格从一个时期到下一个时期变动程度的指数。它一般采用加权平均的方式，即根据某种商品在总支出中所占的比重确定其价格加权数的大小。物价指数的计算公式为：

$$物价指数 = \sum P_t Q_t \div \sum PQ_t \times 100\% \quad (11-2)$$

式中，P_t、PQ_t 分别为基期和本期的价格水平；Q_t 为本期的商品量（式中采用的是报告期加权平均法，计算物价指数还有一种方式——基期加权法，即用基期的商品量作为权数计算物价指数）。

根据计算物价指数时商品和服务种类的不同，可以计算出三种主要的物价指数。

（1）消费者价格指数（CPI），也称"零售物价指数"或"生活费用指数"，是衡量各个时期居民个人日常生活用品和服务价格水平变化的指标。消费者价格指数是与居民个人生活关系最密切的物价指数，因为其最能衡量居民货币的实际购买力水平。

（2）生产者价格指数（PPI），又称"批发价格指数"，是衡量各个时期生产者在生产过程中用到的产品价格水平的变动得到的指标。通常，这些产品包括产成品和原材料。

（3）国内生产总值折算指数，是衡量各个时期所有商品和服务价格变化的指标。我们可以根据物价指数计算出一定时期内物价上升或下降的精确幅度，也就是通常所说的"通货膨胀率"。所谓通货膨胀率，是指从一个时期到另一个时期价格水平变动的百分比。其计算公式为：

$$通货膨胀率 = (P_t - P_{t-1}) \div P_{t-1} \times 100\% \quad (11-3)$$

式中，P_t 和 P_{t-1} 分别为 t 时期和（$t-1$）时期的价格水平。

【情景11-2】假定某国上年的物价水平为102，今年的物价水平上升到108，那么这一时期的通货膨胀率为多少？

$$通货膨胀率 = (P_t - P_{t-1}) \div P_{t-1} \times 100\%$$
$$= (108-102) \div 102 \times 100\%$$
$$= 5.88\%$$

11.2.2 通货膨胀产生的原因

纸币是国家或地区强制发行并使用的。在货币流通的条件下，如果纸币的发行量超过了流通中实际需要的数量，多余的部分继续在流通中流转，就会造成通货膨胀。

通货膨胀可能造成社会财富转移到富人阶层，但一般情况下的通货膨胀都是国家为了有效影响宏观经济运行采取措施后仍无法避免的后果。许多经济学家认为，温和良性的通货膨胀有利于经济的发展。

通货膨胀是个复杂的经济现象，其成因也多种多样。

（1）直接原因。不论何种类型的通货膨胀，其直接原因只有一个，即货币供应过多。用过多的货币供应量与既定的商品和劳务量相对应，必然导致货币贬值、物价上涨，出现通货膨胀。

（2）深层原因。①需求拉动；②成本推动；

③结构失调;④供给不足;⑤预期不当;⑥体制因素等。

1. 需求拉动型通货膨胀

需求拉动型通货膨胀又称"超额需求型通货膨胀",是指社会总需求超过社会总供给引起的一般物价水平普遍而持续的上涨。通俗地说,这种通货膨胀是"过多的货币追逐过少的商品",因而物价上涨。

社会总需求拉动物价上涨的具体方式如图11-2所示。在图11-2中,横轴OY表示国民收入,纵轴OP表示一般物价水平,AD为社会总需求曲线,AS为社会总供给曲线。AS起初为水平状态,这表示在国民收入水平较低时,社会总需求的增加不会引起价格水平的上涨。当社会总需求从AD增加到AD_1时,国民收入也从Y_0的水平上升到Y_1,但价格仍保持在P_1的水平上。当国民收入增加到Y_1时,社会总需求继续增加,此时将导致国民收入和一般价格水平同时上升。当社会总需求从AD_1增加到AD_2时,国民收入从Y_1增加到Y_2的水平,价格也从P_1上升到P_2的水平。也就是说,在这个阶段,社会总需求的增加,在提高国民收入的同时也拉升了一般价格水平。当国民收入增加到潜在的Y_f水平时,国民经济处于充分就业的状态。在这种情况下,社会总需求的增加只会拉动价格上升,而不会使国民收入增加。当社会总需求从AD_3上升到AD_4时,国民收入仍然保持在Y_f的水平,但物价水平却从P_3上升到了P_4。

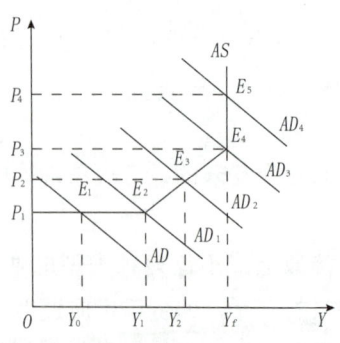

图11-2 需求拉动通货膨胀

也就是说,当经济体系中有大量资源闲置时,社会总需求的增加不会引起物价上涨,只会导致国民收入增加;当经济体系中的资源接近充分利用时,社会总需求的增加会同时拉升国民收入和一般价格水平;当经济体系中的资源利用达到充分就业状态时,社会总需求的增加不会使国民收入增加,只会导致一般价格水平上升。

2. 成本推动型通货膨胀

成本推动型通货膨胀又称"成本通货膨胀"或"供给通货膨胀",是指在没有超额需求的情况下,由供给方面成本的提高引起的通货膨胀。成本的增加意味着只有在高于以前的价格水平时,才能达到与以前同样的产量水平,即社会总供给曲线向左上方移动。在社会总需求不变的情况下,社会总供给曲线向左上方移动使国民收入减少、价格水平上升。这种价格水平上升就是成本推动型通货膨胀。

引起成本增加的原因并不完全相同,因此成本推动型通货膨胀又可以分为以下几种。

(1) 工资成本推动的通货膨胀。工资是企业成本中的主要构成部分之一,工资水平的上升会导致企业成本增加,企业因此提高商品和服务的价格,从而导致通货膨胀。在劳动力市场存在工会的卖方垄断情况下,工会会利用其垄断地位要求提高工资,雇主迫于压力提高了工资后,就会将提高的工资加入成本中,提高商品和服务的价格,从而引起通货膨胀。工资的增加往往是从个别部门开始的,但由于各部门之间工资的攀比行为,个别部门工资的增加会导致整个社会的工资水平上升,从而引起普遍的通货膨胀。而且这种通货膨胀一旦形成,就会导致"工资-物价螺旋式上升",即工资上升引起物价上升,物价上升又引起工资上升。工资与物价不断互相推动,就形成了严重的通货膨胀。

(2) 利润推动的通货膨胀。利润推动的通货膨胀也称"价格推动的通货膨胀",是指市场上具有垄断地位的企业为了增加利润而提高价格引起的通货膨胀。在不完全竞争的市场中,具有垄断地位的企业控制了产品的销售价格,从而可以提高价格,增加利润。这种通货膨胀是由利润的推动产生的,尤其是在工资增加时,垄断企业以工资的增加为借口,大幅提高物价,使物价的上升幅度大于工资的上升幅度,其差额就是利润的增加。这种利润的增加使物价上升,形成通货膨胀。西方经济学者认为,工资推动和利润推动实际上都是操纵价格的上升,其根源在于经济中的垄断,即工会的垄断形成工资推动,企业的垄断引起利润推动。

（3）原材料成本推动的通货膨胀。原材料成本推动的通货膨胀是指企业在生产中需要的原材料价格上升推动商品和服务的价格上升而形成的通货膨胀。在现代经济中,某些能源或关键的原材料供给不足,会导致其价格上升,进而引起企业成本上升,如石油价格的上升,或者是某种进口原材料价格的上升等。最典型的事例是20世纪70年代覆盖整个西方发达国家的滞胀（经济停滞和通货膨胀并存）,其主要根源之一就在于当时石油价格的大幅上升。

3. 需求和成本混合推进的通货膨胀

在实际中,造成通货膨胀的原因并不是单一的,各种原因同时推进的价格水平上涨,就是需求和成本混合推进的通货膨胀。

假设通货膨胀是由需求拉动开始的,即过度的需求增加导致价格总水平上涨,价格总水平的上涨又成为工资上涨的理由,工资上涨又形成成本推进的通货膨胀。

4. 预期和通货膨胀惯性

在实际中,一旦形成通货膨胀,就会持续一段时期,这种现象被称为"通货膨胀惯性",对通货膨胀惯性的一种解释是人们会对通货膨胀做出相应预期。

预期是人们对未来经济变量做出估计,预期往往会根据过去的通货膨胀经验和对未来经济形势的判断,做出对未来通货膨胀走势的判断和估计,从而形成对通胀的预期。

预期对人们的经济行为有重要影响,人们对通货膨胀的预期会导致通货膨胀具有惯性,如人们预期的通胀率为10%,在订立有关合同时,企业会要求价格上涨10%,而工人与企业签订的合同中也会要求增加10%的工资。这样,在其他条件不变的情况下,每个单位产品的成本会增加10%,从而通货膨胀率按照10%持续下去,形成通货膨胀惯性。

5. 结构型通货膨胀

在没有需求拉动和成本推动的情况下,只是经济结构因素的变动也会引起一般价格水平的持续上涨,被称为"结构型通货膨胀"。

从生产率提高的角度来看,社会经济结构存在一些部门生产率提高的速度快,另一些部门生产率提高的速度慢的特点;从经济发展的过程来看,社会经济结构存在一些部门正在迅速发展,另一些部门日趋衰落的特点;从与世界市场的关系来看,社会经济结构存在一些部门（开放部门）与世界市场的联系十分密切,另一些部门（非开放部门）与世界市场没有密切联系的特点。一般来说,生产率提高速度快的部门,工资水平提高快;而生产率提高速度慢的部门,工资水平提高慢,但是处于生产率提高速度慢的部门的工人要求"公平",由于工会的存在,他们提高工资水平的要求往往会实现,使得整个社会的工资增长率超过劳动生产率,引起通货膨胀,这种通货膨胀即结构型通货膨胀。同样地,在迅速发展的部门和日趋衰落的部门、开放部门和非开放部门之间也会出现这种情况。

当然,通货膨胀是现代经济社会中常见的、复杂的现象,其产生的根源往往不是上述三种原因中的某一种,而是其中的两种或三种原因共同交织在一起的,这就需要根据不同的情况进行具体分析。

6. 供给不足通货膨胀

供给不足通货膨胀是指在社会总需求不变的情况下,因社会总供给相对不足引起的通货膨胀。

7. 预期型通货膨胀

预期型通货膨胀（Anticipated Inflation）是指在经济生活中,人们预计将要发生通货膨胀,为避免经济损失,在各种交易、合同投资中将未来的通货膨胀预先计算进去。

预期心理引致或加快通货膨胀的作用主要表现在以下三个方面。

（1）加快货币流通速度。当人们产生对通货膨胀的预期后，会尽快地购买实物资产，而不愿意持有货币，因此货币流通速度被加快，相当于增加了货币流通数量，从而引起通货膨胀。

（2）提高名义利率。当储蓄者有了通货膨胀预期时，为了保证实际利息收入不变，会要求按照其预期通货膨胀的幅度提高名义利率，而商家和企业经营者则会提高商品价格，以转嫁由于名义利率提高而增加的生产成本或维持利润水平，从而导致通货膨胀。

（3）提高对货币工资的要求。在通货膨胀预期心理的作用下，工人或企业经营者会要求提高工资和其他福利待遇，从而提高生产成本和产品价格。

8. 体制因素通货膨胀

体制因素通货膨胀是指体制不完善引起的通货膨胀。

因体制原因，政府的财政政策、货币政策及价格管理政策等宏观经济政策会直接或间接地影响通货膨胀。例如，改革以后，我国经济体制中的决策结构已由旧体制下的一元中央宏观决策结构转变为多元的中央宏观、地方中观和企业微观的决策结构。地方和企业成为独立和半独立的决策主体，在计划、生产、投资、消费、价格等方面获得了一定的决策权力。这种决策结构的变化在增强地方和企业活动的同时，也可能引发通货膨胀。从企业来看，它成为决策主体以后，在生产、销售、计划、投资、分配等方面拥有了部分权力。但在企业决策权扩大，上级对企业行为的行政约束弱化的同时，对企业行为的预算约束并没有硬化起来。当企业收支相对处于困境时，就可以享受免税或延期纳税的优待；当企业出现亏损时，仍可以获得各种形式的补贴，当企业根本无法保证按期从销售收入中偿付支出时，还可以获得贷款，同时企业也可以不严格履行它在借款时的承诺，即使延期还贷，银行也愿意贷款，因为银行本身的预算约束也是软的，银行信贷限制经常被突破，使以货币形式表现的社会总需求没有严格的限制，当企业成本上升时，一部分放开的商品价格就会随着成本的上升而提高，即使是国家控制的部分商品价格，也会因为种种原因被迫提价。

11.2.3 通货膨胀对经济的影响

通货膨胀既会对个人的经济生活产生各种影响，也会对整个社会的经济生活产生重大影响。一般可以将通货膨胀对经济的影响分成两种，即通货膨胀的收入再分配效应和产出效应。

1. 通货膨胀的收入再分配效应

通货膨胀意味着人们手中持有的货币购买力下降，从某种程度上讲，是人们过去劳动成果的缩水。也就是说，通货膨胀会导致人们的实际收入水平发生变化，这就是通货膨胀的收入再分配效应。通货膨胀对不同经济主体的收入再分配效应是不同的。

（1）通货膨胀对靠固定货币收入维持生活的人不利。对固定收入阶层来说，其收入是固定的货币数额，落后于上升的物价水平。也就是说，他们获得货币收入的实际购买力下降，其实际收入因通货膨胀而减少，如果他们的收入不能随通货膨胀率变动，那么他们的生活水平必然会降低。

在现实生活中，靠政府救济金维持生活的人比较容易受到通货膨胀的冲击，因为政府救济金发放水平的调整相对较慢。此外，工薪阶层、公务员以及其他靠福利和转移支付维持生活的人，都比较容易受到这种冲击，而那些收入随着通货膨胀变动的人，则会从通货膨胀中获益。例如，在扩张的行业工作并有强大的工会支持的工人，他们的工资合同中订有工资随生活费用的上涨而提高的条款，或有强有力的工会代表他们进行谈判，在每个新合同中，他们都有可能得到大幅度的工资增长。

（2）通货膨胀对储蓄者不利。随着价格的上涨，存款的购买力会降低，那些持有闲置货币和存款在银行的人会受到严重打击；同样地，保险金、养老金以及其他具有固定价值的证券财产等（本来是作为防患未然和养老的），在通货膨胀中，其实际价值也会下降。

（3）通货膨胀还在债务人和债权人之间产生收入再分配的作用。具体来说，通货膨胀牺牲了债权人的利益而使债务人得益。例如，A 向 B 借款 1 万元，约定 1 年以后归还，假定 1 年中发生了通货膨胀，物价上涨了 1 倍，那么 1 年后 A 归还给 B 的 1 万元只能购买到原来一半的商品和服务。也就是说，通货膨胀使得 B 损失了一半的实际收入。

为了反映通货膨胀对借款人、贷款人实际收入的影响，一般用实际利率代替名义利率，实际利率等于名义利率减去通货膨胀率。假设银行存款利率为 5%，而通货膨胀率为 10%，则此时存款的实际收益率为 -5%（5%-10%）。

研究表明，第二次世界大战以来，西方国家政府从通货膨胀中获得了大量的再分配财富，其来源有以下两个方面。

①政府获得了通货膨胀税收入。因为政府税收中有部分税收是累进的，如个人所得税。在通货膨胀期间，一些人的名义收入增加了，原来不用纳税的人，现在需要纳税了，而本来纳税的人则进入更高的纳税级别，政府因此获得了更多的税收。所以，希望政府努力制止通货膨胀是比较困难的。

②在现代经济中，政府都把发行公债作为筹集资金和政府调控经济的手段，从而使得政府都负有较大数额的国债，通货膨胀能使政府作为债务人获益。

2. 通货膨胀的产出效应

一般认为，温和的通货膨胀对经济发展比较有利。因为，人们消费时有"买涨不买跌"的倾向，即当人们认为物价会上涨时，会采取即时消费的策略，消费增加会刺激厂商扩大生产规模，从而使就业增加、国民收入上升；而当人们认为物价将下跌时，会采取持币等待的策略，消费减少会导致厂商缩小生产规模，从而使失业增加、国民收入下降。当然，这只是一般的分析。通货膨胀的产出效应有以下三种情况。

（1）随着通货膨胀的出现，产出增加。这就是需求拉动型通货膨胀的刺激，促进了产出水平的提高。这种情况产生的前提条件是有一定的资源闲置。当一个经济体系有一定的资源闲置时，物价温和地上涨会刺激人们的购买欲望，从而使消费增加，拉动就业和产出水平。

（2）成本推动的通货膨胀引致失业，也就是说，通货膨胀引起就业和产出水平的下降。这种情况产生的前提条件是经济体系已经实现了充分就业。在这种情况下，如果发生成本推动的通货膨胀，原来总需求能购买的实际产品的数量将会减少。也就是说，当成本推动的压力抬高物价水平时，既定的总需求只能在市场上支持一个较小的实际产出。因此，实际产出会下降，失业率会上升。如 1973 年石油输出国组织的石油价格翻了两番，引发了成本推动的通货膨胀，1973—1975 年，美国等主要发达国家的物价水平迅速上升。与此同时，美国的失业率从 1973 年的不到 5% 上升到了 1975 年的 8.5%。

（3）超级通货膨胀导致经济崩溃。首先，当物价持续上涨时，居民和企业都会产生对通货膨胀的预期，即估计物价会再度升高。在这种情况下，人们为了不让自己的储蓄和现行收入贬值，宁愿在价格上涨前将货币花掉，从而产生过度的消费，导致储蓄和投资都减少，产出水平下降。其次，随着通货膨胀而来的是生活费用的上升，劳动者会要求提高工资，企业成本上升，导致企业生产规模缩小，产出水平下降。再次，企业在通货膨胀上升时会力求增加存货，以便稍后按照高价出售以增加利润，从而使得市场可供销售的货物减少，物价进一步上升。最后，当出现恶性通货膨胀时，情况会变得更坏，经济体系极有可能崩溃。

【情景 11-3】2007 年上半年，居民消费价格（CPI）涨幅达到了 3.2%。专家预测，下半年的物价将继续缓慢上升，上升幅度取决于以下几个因素。

首先，肉价尤其是猪肉价格的继续上升。从2006年底猪肉价格上涨以来，母猪存栏量已开始恢复，但受到时间制约，本轮肉价偏高和供应偏紧至少将持续至2008年5月。

其次，中国粮食价格上涨。2009年，中国不少地区遭受洪涝灾害，对夏粮作物生长产生一定影响，粮食价格出现上涨，受到粮价上涨因素影响，下半年秋粮耕种面积将有所增长。按此趋势，中国粮食价格上涨势头在2007年秋季便可稍获缓解，但由于从粮食价格上涨到肉蛋等食品价格上涨之间存在滞后期，中国在2007年的食品价格将保持较快上涨幅度。

再次，近年来持续上涨的房地产售价正逐渐向租赁价格传递。2009年第一季度，中国普通住宅租赁价格较上年同期上涨2.3%，达到近年来的最高涨幅，由于房地产销售价格不直接计入消费价格，但租赁价格计入消费价格，租赁价格的上涨将会对消费价格产生一定的推动作用。

最后，价格预期的因素将促使CPI维持上涨态势。中国央行所做调查显示，44.3%的受访者认为中国物价会继续上行，较上年同期提高15.6个百分点。国内外理论和实践经验表明，在居民和企业对价格上涨预期心理未消除的情况下，价格上涨势头极有可能再持续一段时间。

我们的问题如下。

（1）从物价上涨的因素来看，你认为我国经济领域的通货膨胀是何种类型？为什么？

（2）通货膨胀和经济增长的关系如何？其关系由何种因素决定？

（3）防止通货膨胀可采取哪些经济手段？

分析思路：

通货膨胀一般是指商品和劳务价格水平的普遍持续上升。从2007年上半年CPI的涨幅来看，已经达到了3.2%，可以判定我国经济领域存在通货膨胀现象。从物价上涨的因素来看，2007年上半年的通货膨胀属于混合型通货膨胀，即由成本推动和需求拉动共同作用造成的通货膨胀。

这是因为构成居民消费价格指数的肉价和粮食价格的上涨，势必引起以其作为原料的食品成本上升，而食品成本的上升又引起食品销售价格的全面上涨；同时，居民上涨的住房需求不断推动房地产租赁价格升高；再加上消费者对价格上升的预期，又引起他们对现实消费的强烈需求。这样，成本推动和需求拉动的共同作用导致了通货膨胀。从世界范围来看，通货膨胀和经济增长的关系有两种：正向关系和反向关系。当然，从经济发展角度分析，理想的状态是无通货膨胀的经济增长，但这一点是不可能做到的。从资源配置的角度来看，经济的持续增长取决于社会上是否有充足的资源可供配置，如原材料和能源等。如果资源出现短缺，产生供给不足，势必会引起资源价格的上涨，经济增长就会伴随着通货膨胀；反之亦然。防止通货膨胀可采取货币政策和财政手段，如果通货膨胀严重，则可以双管齐下，使政策效果更加及时和明显。

【情景11-4】从发生在两次世界大战之间德国的恶性通货膨胀中，可以洞悉现代通货膨胀的机理与危害，以及通货膨胀对世界格局造成的影响。1919年1月到1923年12月，德国的物价指数由262上升为126 160 000 000 000，上升了4 815亿倍，被称为"最经典的通货膨胀"。

场景一：有位先生走进了咖啡馆，花8 000马克买了一杯咖啡，当他喝完这杯咖啡时发现，原来同样的一杯咖啡，此时已经涨到10 000马克。

场景二：一个美国人去德国旅游，他来到银行想把一张5美元的钞票兑换成马克，可银行职员说："我们没有这么多钱，您能不能只兑换2美元？"美国人看看身后的长队，只好同意了。

场景三：另一个美国人在离开德国之前，给了他的德国导游1美元小费。这个德国人居然拿着这1美元，成立了一个家族基金掌管这笔款项。

场景四：有家大工厂发工资了。只见火车拉来了一车的钞票，火车还没停稳，就开始向焦急等候在铁路旁的工人大捆大捆地扔钱。

场景五：一个老人想买一盒鸡蛋，却数不清价格标签上的零。卖鸡蛋的小贩说，你数数有多少个鸡蛋就行了。

那么，这次通货膨胀严重到了什么程度？打一个比喻，如果一个人在1922年初持有3亿马克债券，仅仅两年后，这些债券的票面价值就买不到一片口香糖了。据说，有两位教授曾将德国的通货膨胀数字绘制成书本大小的直观柱状图，可是受限于纸张大小，未能给出1923年的数据柱，结果不得不在脚注中加以说明："如果将该年度的数据画出，其长度将达到200万英里。"而对所有的企业主来说，薪水必须按天发放。不然，到了月末，本来可以买面包的钱就只能买到面包渣了。发工资前，大家通常要活动一下腿脚，准备好起跑的姿势，钱一到手，就立刻拿出百米冲刺的速度，冲向市场与杂货店。那些腿脚稍微慢了几步的，往往难以买到足够的生活必需品，而且会付出更高的价格。

农产品和工业品生产都在急剧萎缩，市面上商品奇缺，唯一不缺的就是钱。孩子们把马克当成积木，在街上大捆大捆地用它们堆房子玩耍。1923年，《每日快报》上刊登过一则逸事：一对老夫妇金婚之喜，市政府发来贺信，通知他们将按照普鲁士风俗得到一笔礼金。第二天，市长带着一众随从隆重而来，庄严地以国家名义赠给他们1 000 000 000 000马克——相当于0.24美元或者半个便士。更有甚者，就连钞票也先改成单色油墨印刷，继而又改成单面印刷——因为来不及晾干。而最经典的一幕，莫过于一名女子用马克代替木柴，投入火炉中烧火取暖，因为这样做更划算。

任务11.3　失业与通货膨胀的关系

前文的分析表明，失业与通货膨胀是短期宏观经济运行中存在的两个主要问题，经济决策者在解决这两个问题的时候，往往会碰到一个矛盾，即降低通货膨胀率与降低失业率这两个目标是互相冲突的。利用社会总供给-总需求模型来分析：当政府希望通过财政政策或货币政策扩大社会总需求从而增加就业时，客观上得到的结果是产出增加、就业增加、一般价格水平上升，也就是说，就业的增加是以物价的上涨为代价的；相反，如果政府紧缩社会总需求，就会使通货膨胀下降，而失业却增加了。因此，有必要从理论上探讨失业和通货膨胀之间的关系。在宏观经济学中，失业和通货膨胀之间的关系主要用菲利普斯曲线说明。

11.3.1　菲利普斯曲线的含义

菲利普斯曲线是一条用来描述失业率与通货膨胀率之间交替关系的曲线：当失业率高时，通货膨胀率低；当失业率低时，通货膨胀率高。菲利普斯曲线如图11-3所示。

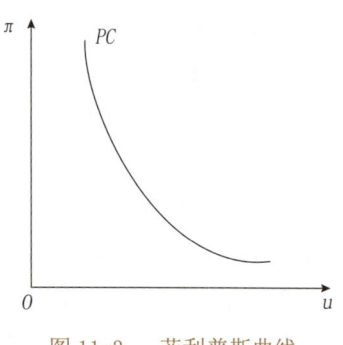

图 11-3　菲利普斯曲线

图 11-3 中，横轴代表失业率 u，纵轴代表通货膨胀率 π，向右下方倾斜的曲线 PC 即菲利普斯曲线。

11.3.2　菲利普斯曲线的应用

菲利普斯曲线为政府实施经济干预，进行总需求管理提供了一种可供选择的"方法"。它意味着可以以较高的通货膨胀率为代价，降低失业率或实现充分就业；而要降低通货膨胀率和稳定物价，就要以较高的失业率为代价。也就是说，失业率与通货膨胀率之间存在着一种"交替关系"，想要降低或提高其中的一个，就要以提高或降低另一个为代价。具体而言，经济社会首先要确定一个临界点，由此确定一个失业与通货膨胀的组合区域。如果实际的失业率和通货膨胀率组合在组合区域内，那么政策的制定者不用采取调节措施；如果实际的失业率和通货膨胀率组合在组合区域之外，那么政策的制定者可以根据菲利普斯曲线表示的关系进行调节。菲利普斯曲线的应用如图 11-4 所示。

在图 11-4 中，假定当时的失业率和通货膨胀率在 4% 以内，经济社会被认为是安全的或可以容忍的，这时在图 11-4 中就会有一个临界点，即 A 点，由此形成一个四边形的区域，称为"安全区域"，如图 11-4 中的阴影部分所示。如果该经济社会的实际失业率与通货膨胀率组合落在安全区域内，则政策制定者无须采取任何措施（政策）进行调节。

如果实际的通货膨胀率高于 4%，如达到了 5%，则该经济社会的失业率仍在可接受的范围内，经济政策制定者可以采取紧缩性政策，以提高失业率为代价降低通货膨胀率。从图 11-4 中可以看到，当通货膨胀率降到 4% 以下时，经济社会的失业率仍然在可以接受的范围内。

如果实际的失业率高于 4%，如为 5%，这时根据菲利普斯曲线，政策制定者可采取扩张性政策，以提高通货膨胀率为代价降低失业率。从图 11-4 中可以看出，当失业率降到 4% 以下时，经济社会的通货膨胀率仍然在可接受的范围内。

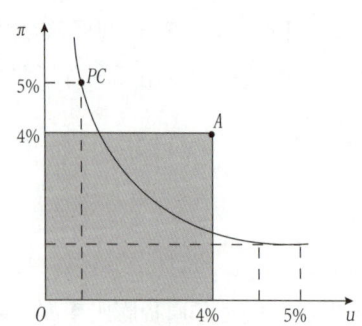

图 11-4　菲利普斯曲线的应用

11.3.3　短期菲利普斯曲线与长期菲利普斯曲线

菲利普斯曲线揭示的失业与通货膨胀的交替关系与美国等西方发达国家 20 世纪五六十年代的

通货膨胀率和失业率的数据较为吻合，但到了70年代末期，由于滞胀的出现，失业与通货膨胀之间的这种交替关系便不存在了，于是对失业与通货膨胀之间的关系又有了新的解释。

菲利普斯曲线分析存在一个严重缺陷，即它忽略了影响工资变动的一个重要因素：工人对通货膨胀的预期。企业和工人关注的不是名义工资，而是实际工资。劳资双方在谈判新工资协议时，双方都会对新协议期的通货膨胀进行预期，并根据预期的通货膨胀相应地调整名义工资水平。人们预期的通货膨胀率越高，名义工资增加得越快，由此得出了短期菲利普斯曲线的概念。

这里所说的"短期"是指从预期到需要根据通货膨胀进行调整的时间间隔。短期菲利普斯曲线就是预期通货膨胀率保持不变，表示通货膨胀率与失业率之间关系的曲线。在短期中，工人来不及调整通货膨胀预期，预期的通货膨胀率可能低于以后实际发生的通货膨胀率。这样，工人得到的实际工资可能少于先前预期的实际工资，从而使实际利润增加，刺激了投资，就业增加，失业率下降。在这个前提下，通货膨胀率与失业率之间存在着交替关系。也就是说，向右下方倾斜的菲利普斯曲线在短期内是成立的，因此在短期引起通货膨胀率上升的扩张性财政政策与扩张性货币政策是可以起到减少失业作用的。这就是通常所说的宏观经济政策的短期有效性。

在长期中，工人将根据实际发生的情况不断地调整自己的预期，工人预期的通货膨胀率与实际发生的通货膨胀率迟早会一致。这时，工人会要求增加名义工资，使实际工资不变，通货膨胀就不会起到减少失业的作用。也就是说，在长期中，失业率与通货膨胀率之间并不存在交替关系，因此长期菲利普斯曲线是一条垂直于横轴的线。在长期中总能实现充分就业，经济社会的失业率将处于自然失业率的水平，因此通货膨胀率的变化不会影响长期中的失业率水平。

由于人们会根据实际发生的情况不断调整自己的预期，所以短期菲利普斯曲线将不断移动，从而形成长期菲利普斯曲线，如图11-5所示。

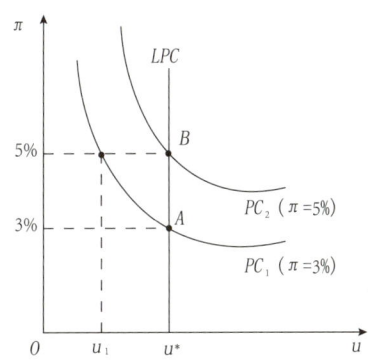

图11-5 从短期菲利普斯曲线到长期菲利普斯曲线

在图11-5中，假定某一经济体系处于自然失业率 u^*、通货膨胀率为3%的 A 点，此时若政府采取扩张性政策，以使失业率降低到 u_1，由于扩张性政策的实施，社会总需求增加，导致价格水平上升，通货膨胀率也上升至5%。由于在 A 点处，工人预期的通货膨胀率为3%，而现在实际的通货膨胀率为5%，高于其预期的通货膨胀率，从而导致工人的实际工资下降，厂商生产积极性提高，产出水平和就业率提高，失业率下降到 u_1。于是，就会出现图11-5中短期菲利普斯曲线 PC_1(π=3%)所示的情况，失业率由 u^* 下降到 u_1，而通货膨胀率则从3%上升到5%。

当然，这种情况只是短期的。经过一段时间，工人会发现价格水平的上升和实际工资的下降，他们便会要求提高货币工资；与此同时，工人会相应地调整其通货膨胀率预期，即从原来的3%调整到现在的5%。伴随着这种调整，实际工资回落到原有的水平，相应地，企业生产和就业也都回到了原有的水平，失业率又回到了原来的值，但此时经济已经处于具有较高通货膨胀率预期（5%）的 B 点。

以上过程重复下去，在短期内，由于工人不能及时改变预期，存在着失业和通货膨胀之间的交替关系，表现在图形上，便有诸如 PC_1、PC_2…的各条短期菲利普斯曲线。随着工人预期通货膨胀率的上升，短期菲利普斯曲线也不断地上升。

从长期来看，工人预期的通货膨胀与实际的通货膨胀是一致的，因此企业不会增加生产和就业，失业率就不会下降，从而形成一条与自然失业率重合的长期菲利普斯曲线LPC。在图11-5中，垂直于自然失业率水平的长期菲利普斯曲线表明，在长期中不存在失业与通货膨胀的交替关系。换句话说，长期菲利普斯曲线告诉我们，从长期来看，政府运用扩张性政策不但不能降低失业率，还会使通货膨胀率不断上升，这就是通常所说的宏观经济政策的长期无效性。

【情景11-5】菲利普斯曲线在美国的运用。

"菲利普斯曲线"是为了纪念第一个研究通货膨胀与失业之间交替关系的经济学家命名的。20世纪70年代末80年代初，美联储主席为反通货膨胀付出的代价说明了菲利普斯曲线的存在。20世纪70年代，通货膨胀一直困扰着美国。1979年夏，通货膨胀率高达14%，失业率高达6%，经济增长率不到1.5%。在这种形势下，沃尔克被美国总统卡特任命为美联储主席。沃尔克上台后把自己的中心任务定为反通货膨胀。他把贴现率提高到12%，货币量减少。但到1980年2月美国通货膨胀率仍高达14.9%。与此同时，失业率高达10%。沃尔克顶住各方面压力，继续实施这种紧缩政策，终于在1984年使通货膨胀率降至4%，开始了美国20世纪80年代的繁荣。沃尔克反通货膨胀的最终胜利是以高失业为代价的。经济学家把通货膨胀率减少了1%的过程中每年国内生产总值减少的百分比称为"牺牲率"。国内生产总值减少必然加剧失业。这充分说明通货膨胀与失业在短期内存在交替关系，实现低通货膨胀在一定时期内以高失业为代价。经济学家把牺牲率确定为5%，即通货膨胀每年降1%，每年的国内生产总值减少5%。按此推理，沃尔克把1980年10%的通货膨胀率降低至1984年的4%，每年减少的国内生产总值应为30%。实际上，国内生产总值的降低并没有这么严重，其原因在于沃尔克坚定不移的反通货膨胀决心使人们对通货膨胀的预期降低，从而使菲利普斯曲线向下移动。这样，反通货膨胀的代价就小了。但代价仍然是有的，美国在这一时期经历了自20世纪30年代以来最严重的衰退，失业率达到10%。反通货膨胀付出的代价证明了短期菲利普斯曲线的存在，也说明了维持物价稳定的重要性。

我们的问题如下。

（1）菲利普斯曲线的含义。

（2）联系实际说明菲利普斯曲线在一个国家的应用。

分析思路：著名的菲利普斯曲线是一条向右下方倾斜的曲线，它显示了失业率和通货膨胀率之间存在的负相关关系，即如果失业率较低，通货膨胀率就会较高；如果通货膨胀率较低，失业率就会较高。因此，一个国家要保持较低的通货膨胀率，就必须接受较低的经济增长率，要保持较高的经济增长速度，就必须付出高通货膨胀的代价。因此，了解菲利普斯曲线对观察和发现许多经济事件中的发生原因和发展趋势是至关重要的。特别是，决策者在运用各种政策工具时，会经常考虑并利用这种交替关系。因为，在短期决策中，政府可以通过改变财政支出量、税收量和货币的发行量影响经济发展中的通货膨胀与失业量的结合时期。

项目小结

本项目主要讲述了失业、通货膨胀、失业与通货膨胀的关系。失业主要包括失业及失业率、失业的种类及原因、失业的影响、自然失业率；通货膨胀主要包括通货膨胀的含义与类型、通货膨胀产生的原因、通货膨胀对经济的影响；失业与通货膨胀的关系主要包括菲利普斯曲线的含义、菲利普斯曲线的应用、短期菲利普斯曲线与长期菲利普斯曲线。

思考与练习

一、单项选择题

1. 经济学中的失业是指（　　）。
   A. 一切没有工作的状态
   B. 自愿失业
   C. 非自愿失业
   D. 愿意接受现行工作水平的失业

2. （　　）是指在经济周期中的衰退或萧条期，社会总需求下降造成的失业。
   A. 周期性失业　　B. 结构性失业
   C. 摩擦性失业　　D. 自愿失业

3. 关于自然失业率，下列说法正确的是（　　）。
   A. 自然失业率不是一个固定不变的值，它会随着经济社会的发展而变化
   B. 永远为零
   C. 是经济处于潜在产出水平时的失业率
   D. 依赖于价格水平

4. 下列属于通货膨胀的是（　　）。
   A. 物价总水平下降而且持续了一定时期
   B. 价格总水平上升而且持续了一定时期
   C. 物价总水平上升并持续了一个星期之后又下降了
   D. 一种物品或几种物品的价格水平上升而且持续了一定时期

5. 菲利普斯曲线说明（　　）。
   A. 通货膨胀导致失业
   B. 失业导致通货膨胀
   C. 通货膨胀率与失业率之间呈正相关关系
   D. 通货膨胀率与失业率之间呈负相关关系

二、多项选择题

1. 下列选项中，属于经济学上的失业有（　　）。
   A. 摩擦性失业　　B. 结构性失业
   C. 周期性失业　　D. 季节性失业

2. 下列选项中，属于失业的影响有（　　）。
   A. 浪费大量的人力资源
   B. 财政负担增加
   C. 影响社会的安定团结
   D. 使收入减少

3. 关于通货膨胀的类型，下列说法正确的有（　　）。
   A. 价格上涨速度快、上涨幅度大
   B. 平衡的通货膨胀
   C. 未预期的通货膨胀
   D. 预期到的通货膨胀

4. 下列选项中，属于按通货膨胀成因划分的有（　　）。
   A. 需求拉上型通货膨胀
   B. 成本推进型通货膨胀
   C. 公开型通货膨胀
   D. 抑制型通货膨胀

5. 关于菲利普斯曲线，下列说法正确的是（　　）。
   A. 菲利普斯曲线是一条描述通货膨胀与失业之间相关关系的曲线
   B. 简单的菲利普斯曲线表示通货膨胀率与失业率之间是负相关关系
   C. 弗里德曼认为通货膨胀和失业替代关系只在短期内存在
   D. 弗里德曼认为长期的菲利普斯曲线是一条和横轴垂直的直线

三、判断题

1. 当市场上流通的货币增加，人们的货币收入增加时，实际购买力大于产出供给，导致物价上涨和通货膨胀。（ ）

2. 温和的通货膨胀，指每年物价上升的比例在5%以内。（ ）

3. 衡量通货膨胀的指标是物价指数。物价指数是表明商品价格从一个时期到下一个时期变动程度的指数。（ ）

4. 非自愿失业，是指工人要求的实际工资超过其边际生产率，或者说不愿意接受现行的工作条件和收入水平而未被雇佣造成的失业。（ ）

5. 利润推动的通货膨胀指市场上具有垄断地位的厂商为了增加利润而提高价格引起的通货膨胀。（ ）

四、简答题

1. 简述通货膨胀对经济的影响。

2. 简述菲利普斯曲线。

项目 12　经济增长与发展

知识目标

◎ 掌握经济增长的含义；
◎ 掌握经济增长的理论与模型。

技能目标

◎ 掌握经济发展的概念；
◎ 掌握经济的可持续发展战略。

案例导入

1971年，在《70年代就业和收入分布：一个新的透视》中说："发展的目标一定要确定为减少并最终消灭营养不良、疾病、文盲、肮脏、失业和不平等，人们教导我们要重视国民生产总值，因为它将消灭贫穷。"让我们把这句话倒过来，"我们应当重视贫穷，因为它将提高国民生产总值"。

案例思考

影响经济增长的因素有哪些？

本章导语

通过本章学习，了解经济增长模型，掌握经济周期理论知识。

任务 12.1　经济增长理论

中国1990年国内生产总值是3 902.79亿美元（汇率4.783∶1），2017年国内生产总值是127 238亿美元（汇率6.751 8∶1），增长了约31.60倍；美国1990年国内生产总值为58 031.00亿美元，2017年为193 621.00亿美元，增长了约2.34倍；日本1990年国内生产总值为30 300.50亿美元，2017年为48 845.00亿美元，增长了约0.61倍。中国当之无愧地成为当今世界上发展最快的大国，成为世界经济的第二大引擎。

12.1.1　经济增长的含义

一般说来，经济增长（Economic Growth）是指一个国家或地区生产商品和服务能力的增长。如果考虑到人口增加和价格变动情况，经济增长还应当包括人均福利的增长。库兹涅茨给经济增长下了一个定义：一个国家的增长是给居民提供日益繁多的经济产品能力的长期上升，这种不断增长的能力是建立在先进技术以及需要的制度和思想意识的相应调整基础上的。这个定义由三个部分组成。①提供商品和服务能力的长期上升，从而不断提高国民生活水平，是经济增长的结果，也是经济增长的标志。经济增长是存量商品和服务的增长，更重要的是生产产品和服务的能力增长，类似我国古人所说的"授人以鱼，不如授人以渔"。也就是说，财富的生产能力比财富本身更重要。②先进技术是经济增长的基础或者是必要条件。③制度与意识的调整是技术得以发挥作用的充分条件。

经济增长是一种长期经济现象，是一国潜在国民产出或经济生产能力的持续增加。现实中的国民产出围绕在国民产出的波动是一种短期经济现象，与真正的经济增长是不同的。从这个定义出发，库兹涅茨认为现代社会的经济增长具有以下六个特征。

（1）按人口计算的产量的高增长和人口的高增长率。这一特征在经济增长过程中是十分明显的，可以从统计资料中得到证明。

（2）生产率本身的增长也是迅速的。这包括所有投入生产要素的产出率是快速提高的，如劳动生产率和其他要素生产率的迅速提高，反映了技术进步引起的生产效率的提高，也是产量高增长率以及在人口增长迅速的情况下，出现人均产量高增长率的原因。

（3）经济结构的变革速度快。这不仅包括从农业转移到非农业，以及从工业转移到服务业，还包括生产规模的变化、劳动职业状况的变化和消费结构的变化等。

（4）社会结构和意识形态的迅速改变，如城市化、传统风俗习惯的改变等。

（5）增长在世界范围内迅速扩大，经济发达国家要向其他国家争取市场和原料。

（6）世界各国经济增长不平衡。发达国家与不发达国家之间的人均产出水平有很大差距，贫富差距在国际范围内不断被拉大。2021年世界及部分国家人均国内生产总值增长率见表12-1。

表 12-1 2021 年世界及部分国家人均国内生产总值增长率

(a) 美国、中国、日本、德国及世界人均国内生产总值增长率　　　　　　　单位：%

国家 / 地区	美国	中国	日本	德国	世界
人均国内生产总值增长率	5.60	8.10	1.70	2.70	6.65

(b) 排前三位国家的人均国内生产总值增长率　　　　　　　单位：%

国家 / 地区	卢森堡	爱尔兰	瑞士
人均国内生产总值增长率	16.80	16.20	7.30

(c) 排后两位国家的人均国内生产总值增长率　　　　　　　单位：%

国家 / 地区	缅甸	帕劳
人均国内生产总值增长率	-17.90	-19.70

资料来源：根据世界银行国民经济核算数据，以及经济合作与发展组织国民核算数据整理所得。

在这六个特征中，前两个特征属于数量总和的比率，中间两个属于结构的变化，后两个属于国际扩散。库兹涅茨指出，这些特征是密切相关的，它们也代表了一个时代的特征。

【情景 12-1】

消费对经济增长的拉动作用持续增强。

国家统计局数据显示，2021 年上半年，全国社会消费品零售总额达到 18 万亿元人民币，同比增长 9.4%；最终消费支出对经济增长的贡献率为 78.5%，比上年同期提高了 14.2 个百分点。

"从上半年主要的数据来看，经济增长的格局中，内需是决定力量，内需里面消费又是'顶梁柱'。"国家统计局新闻发言人毛盛勇表示。

消费是经济增长的第一驱动力。

每天，有 1.2 亿个快递包裹在中国传递。国家邮政局的统计数据表明，2021 年上半年，我国累计完成快递业务量 220.8 亿件，上半年净增量达 47.6 亿件。

这个数据背后，是中国不断扩大的消费市场，不断升级的消费业态。

"国内消费对经济增长的拉动作用持续增强，成为经济增长的第一驱动力。上半年，最终消费对经济增长的贡献率比资本形成总额贡献率高 47.1 个百分点。"国家统计局贸易外经司司长孟庆欣告诉记者。

12.1.2 经济增长的源泉

经济增长问题是人类社会面临的共同问题，对于中国这样的发展中国家而言更为重要，那么究竟是什么因素引起了经济增长呢？纵观近 400 多年的经济发展史，我们发现，经济发达国家走的并非同一条道路，如英国是最早开始工业革命的国家，并在 19 世纪就成了世界经济的领导者；日本则相反，其加入世界经济竞赛的时间较晚，最初是模仿外国技术，限制进口和保护国内工业，然后大力发展自己的制造业和电子业，最终成功地发展了本国经济。

虽然这些发达国家走过的经济发展道路不一样，但有一点是相同的，即可供人们生存和发展所需的商品和服务是通过某些已知的生产技术，并利用资源——自然资源、劳动力和资本生产的。一国的潜在产出（也就是一个社会在一定时期内能生产的最高产出水平）的决定因素如图 12-1 所示。

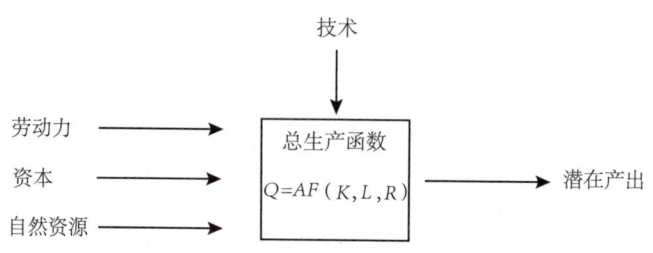

图 12-1 潜在产出的决定因素

从图 12-1 中可以看出，无论是发展中国家还是发达国家，其经济增长的源泉都包括四个因素：劳动力、资本、自然资源和技术。总生产函数将上述因素综合考虑在一起，即

$$Q=AF(K,L,R) \quad (12-1)$$

式中，Q——产出；

A——经济中的技术水平；

F——生产函数；

K——资本对产出的贡献；

L——投入的劳动力；

R——投入的自然资源。

在这些投入要素中，劳动力是至关重要的因素。劳动力的投入包括劳动力的数量和技术水平。发达国家的成功经验表明，投入的劳动力质量，如劳工的技术、知识和纪律性，是一国经济增长至关重要的因素。当然，关于这些要素中最关键的技术因素，马克思曾指出科学技术是生产力，而邓小平则指出"科学技术是第一生产力"。

从图 12-1 还可以看出，提升潜在产出水平有两条途径：一条是增加可供企业使用的资源数量，具体来说，如果有更多的劳动力、资本和自然资源供给，产出水平就可以得到提升；另一条是使用更多、更先进的生产技术，也可以提升潜在的产出水平。不同生产要素对 1948—1994 年美国实际国内生产总值的贡献见表 12-2。

表 12-2 不同生产要素对 1948—1994 年美国实际国内生产总值的贡献

单位：%

项目	增长速度	所占比重
实际国内生产总值的增长	3.4	100
投入品的贡献	2.1	62
资本	1.1	32
劳务	1.0	30
时间	0.8	24
构成	0.2	6
总要素生产率的增长	1.3	38
教育	0.4	12
研究和开发	0.2	6
知识和其他资源的进步	0.7	21

任务 12.2 经济增长模型

宏观经济学对经济增长理论进行有影响的研究有三个时期,即20世纪40年代、20世纪50年代后期和整个60年代、20世纪80年代后期与90年代初期,分别产生了哈罗德-多马模型、新古典经济增长模型和内生增长模型。

经济增长模型的三次大发展。①哈罗德-多马模型:强调资本在增长中的作用。②新古典经济增长模型:发现资本和劳动等传统生产要素之外的因素对经济增长的作用,强调技术进步的作用,将技术进步视为外生变量。③内生增长模型:将技术进步视为内生变量。

(1) 哈罗德-多马模型。哈罗德-多马模型是20世纪40年代分别由英国经济学家哈罗德和美国经济学家多马提出的,他们提出的模型基本相同,故合称"哈罗德-多马模型"。

哈罗德-多马模型是以一些严格的假定为前提条件,这些假设主要包括:①整个社会只生产一种产品,这种产品既可以作为消费品,也可以作为资本品;②生产中只使用两种生产要素:劳动与资本,这两种生产要素为固定技术系数(它们在生产中的比率是固定的),不能互相替代;③规模收益不变,在生产规模扩大时不存在收益递增或递减的情况;④技术水平不变。有了这些基本假定后,可以给出该模型的基本公式:

$$G = S \div C \tag{12-2}$$

式中,G——国民收入增长率,即经济增长率;

S——储蓄率,即储蓄量在国民收入中所占比例;

C——资本-产量比率,即生产1个单位产量需要的资本量。

根据这一模型的假设,资本与劳动的配合比例是固定不变的,从而资本-产量比率也就是不变的。经济增长率实际取决于储蓄率。从式(12-2)可知,在资本-产量比率不变的条件下,若储蓄率高,经济增长率就高;若储蓄率低,经济增长率就低。可见,这一模型强调的是资本增长对经济增长的作用,分析的是资本增加与经济增长之间的关系。

哈罗德-多马模型根据式(12-2),分别提出了实际增长率、有保证的增长率和自然增长率这三个概念,用来分析经济长期稳定增长的条件与波动的原因。实际增长率(G)是实际发生的增长率,它由实际储蓄率(S)和实际资本-产量比率(C)决定:

$$G = S + C \tag{12-3}$$

有保证的增长率,也称为"均衡增长率"(GW)或"合意增长率",是长期经济发展中理想的增长率,它由合意的储蓄率(SD)和合意的资本-产量比率(CR)决定:

$$GW = SD + CR \tag{12-4}$$

自然增长率(GN)是长期经济发展中人口增长和技术进步允许达到的最高增长率,由最适宜的储蓄率(SD)和合意的资本-产量比率(CR)决定:

$$GN = SD \div CR \tag{12-5}$$

哈罗德-多马模型认为,实现经济长期稳定增长的条件是实际增长率、均衡增长率与自然增长率相一致,即$G=GW=GN$。如果这三种增长率不一致,就会引起经济的波动。具体来说,实际增长率与均衡增长率相背离,会引起经济的短期波动。当实际增长率大于均衡增长率时,会引起累积性的扩张,因为这时实际的资本-产量比率小于均衡资本-产量比率,厂商会增加投资,使两者一致,从而刺激经济的扩张;相反,当实际增长率小于均衡增长率时,会引起累积性的收缩。在长期中,有保证的增长率与自然增长率的背离也会引起经济波动,当有保证的增长率大于自然增长率时,由于有保证的增长率超过了人口增长和技术进步允许的程度,会出现经济长期停滞;反之,当有保证的增长率小于自然增长率时，由于有保证的增长率不会达到人口增长和技术进步允许的程度，会出现经济长期繁荣。所以，应该使这三种增长率达到一致。

（2）新古典经济增长模型。满足哈罗德－多马模型关于经济稳定增长的条件十分苛刻，因为实际增长率取决于有效需求，很难和短期及长期稳定增长要求的增长率一致，之所以如此，是因为给定了储蓄率就给定了一个增长率。新古典经济增长理论代表人物索洛用改变资本－产量比率的办法解决了上述难题，他的理论之所以被称为"新古典经济增长理论"，是因为他同新古典学派一样，认为通过市场机制可改变资本－劳动比率，充分就业的稳定增长就可以实现。

新古典经济增长模型的基本假定包括：①社会储蓄函数 $S=sY$ 中，s 是作为参数的储蓄率；②劳动力按照一个不变的比率 n 增长；③生产的规模报酬不变。这样，在一个只包括居民和厂商的两部门经济体系中，经济的均衡是投资等于储蓄（$I=S$），也就是说，投资或资本存量的增加等于储蓄。资本存量的变化等于投资减去折旧，当资本存量为 K 时，假定折旧是资本存量 K 的一个固定比率 σK（$0<\sigma<1$），则资本存量的变化 ΔK 为：

$$\Delta K = I - \sigma K \qquad (12-6)$$

根据 $I=S=sY$，式（12-6）可写为：

$$\Delta K = sY - \sigma K \qquad (12-7)$$

式（12-7）两边同时除以劳动数量 N，有：

$$\Delta K/N = sy - \sigma k \qquad (12-8)$$

另外，注意到 $k=K/N$，于是 k 的增长率可写为：

$$\Delta k/k = \Delta K/K - \Delta N/N = \Delta K/K - n$$

上式用到了 $\Delta N/N = n$。于是有：

$$\Delta K = (\Delta k/k)K + nK$$

上式两端同除以 N，则有：

$$\Delta K/N = \Delta k + nk \qquad (12-9)$$

将式（12-8）和式（12-9）合并，消去 $\Delta K/N$，则有：

$$\Delta k = sy - (n+\sigma)k \qquad (12-10)$$

式（12-10）是新古典经济增长模型的基本方程，这个方程表明，人均资本增加等于人均储蓄（sY）减去 $(n+\sigma)k$ 项。$(n+\sigma)k$ 项可以这样理解：一方面，劳动力的增长率为 n，一定量的人均储蓄必须用于装备新工人，每个工人占有的资本为 K，这一用途使用的储蓄为 nK；另一方面，一定量的储蓄必须用于替换折旧资本，这一用途使用的储蓄为 σ。也就是说，人均储蓄扣除用于装备新工人和替换折旧资本用去的部分后即为人均资本增加量。总量为 $(n+\sigma)k$ 的人均储蓄被称为"资本广化"，人均储蓄超过 $(n+\sigma)k$ 的部分导致人均资本 k 的上升，即 $\Delta K>0$，这被称为"资本深化"。因此，新古典经济增长模型的基本方程可以用语言表述为：

资本深化 = 人均储蓄 - 资本广化　（12-11）

式（12-11）中，如果 $\Delta K=0$，则 $sY=(n+\sigma)k$，若 s、n、σ 均保持不变，则人均产量也保持不变，这一状态被称为"长期均衡状态"，如图12-2所示。

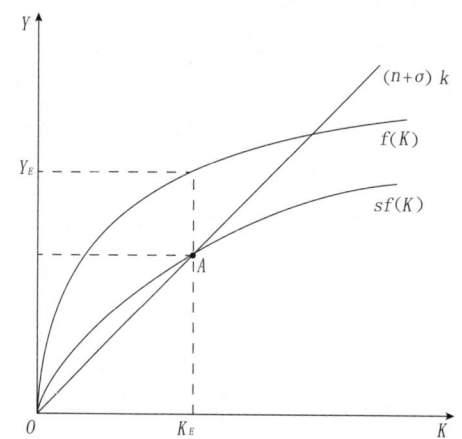

图 12-2　新古典经济增长模型

在图12-2中，$f(K)=y$，代表人均产出曲线，由于资本边际生产力递减，故 $f(K)$ 呈图中形状，$sf(K)$ 是人均储蓄曲线，$(n+\sigma)k$ 表示资本广化。由于假定 n 和 σ 都是不变的，故 $(n+\sigma)k$ 是条直线，它和 $sf(K)$ 线相交于 A 点，表示处于均衡状态，这时产量为 Y_E。若经济运行在 A 点左侧，则 $sf(K)>(n+\sigma)k$，表示有资本深化现象，$\Delta K>0$，即人均资本 K 上升；反之，则人均资本 K 下降。当经济趋于资本深化阶段时，表示 Y 和 K 上升，Y 上升说明产量比人口增长快。从图12-2中可以看出，K 越小，即资本越贫乏的国家，越有可能趋于资本深化，故落后国家的经济增长会快于发达国家，各国在增长方面有向均衡值靠拢的趋势。

图 12-2 对于现实有一定的指导意义，如在其他条件不变的情况下，一国通过提高储蓄率 s，可以使 $sf(K)$ 曲线向上移动，从而使人均资本和人均产量提高；或者可以通过降低人口增长率 n，使 $(n+\sigma)k$ 曲线向右下方移动，从而使人均资本和人均产量提高。此外，还可以通过调整人均资本 K 的值使人均产量 $f(K)$ 变动。

（3）内生增长模型。新古典经济增长模型在 20 世纪 60—80 年代占据经济增长理论的主流地位，但随着人们对经济问题认识的深入和经济形势的发展，这一模型逐渐暴露出一些问题。如根据该模型的观点，落后国家的经济增长要快于发达国家，因为落后国家的人均资本水平较低，单位资本的回报率比较高。但近些年来，各国经济发展的实际情况告诉我们，有些落后国家的经济增长速度反而低于发达国家的经济增长速度，落后国家与发达国家之间的差距有拉大的趋势。正是在这种情况下，80 年代以来，以罗默和卢卡斯为代表的经济学家在反思新古典经济增长模型的基础上，逐渐形成了一种新的经济增长模型，即内生经济增长模型。

以往的经济增长模型将储蓄率、人口增长和技术进步等有关经济增长的重要因素视作外生变量（一个给定的量）。也就是说，这些因素是经济增长的动力而不是经济增长的后果。而在现实经济中，储蓄率变化、人口增长率变化和技术进步不仅是经济增长的动力，也是经济增长的后果，因而不可能是一个外生变量，而是随着经济增长变化的量。内生经济增长模型试图避免这一缺陷，将这些重要因素作为内生变量，用规模收益递增和内生技术进步说明各国经济如何增长，其显著特点是将增长率内生化，故称"内生经济增长模型"。

内生经济增长模型比较集中地讨论了技术进步这一因素在经济增长中的作用。该模型认为，经济社会技术进步的快慢和路径是由这个经济体系中的家庭、企业在经济增长中的行为决定的。技术进步是经济体系的内生变量。

内生经济增长模型对现实有着较强的指导意义，根据其观点，政府应当通过各种政策，如对研究和开发提高补贴，对文化教育事业给予支持，用税收等政策鼓励资本积累等，促进经济增长。

【情景 12-2】

《2017 年国民经济和社会发展统计公报》显示，截至 2017 年末，我国全部金融机构本外币各项存贷差达到了 43.7 万亿元，这对经济增长会产生什么影响？

经济增长理论告诉我们，一国储蓄率的高低是影响其经济增长的重要因素，因为储蓄规模决定了投资规模。我国历来储蓄率偏高，但近年来出现了大量银行存款贷不出去的现象，也就是说，储蓄不能完全转化为投资，这样会制约经济增长的速度。

【情景 12-3】

2000—2017 年，世界主要经济大国和地区国内生产总值及其增长率。

IMF 于 2018 年 4 月公布了 2000—2017 年世界各国国内生产总值排名（见表 12-3）。数据显示，2017 年世界各国国内生产总值总量为 79.87 万亿美元，其中，美国国内生产总值为 19.39 万亿美元，居第一位；中国国内生产总值为 12.01 万亿美元，居第二位；日本国内生产总值为 4.87 万亿美元，居第三位；排第四位到第十位的国家分别为德国、英国、印度、法国、巴西、意大利和加拿大。

2017 年，中国台湾的国内生产总值为 5 793.02 亿美元，排在第二十二位；中国香港的国内生产总值为 3 416.59 亿美元，排在第三十四位。加上中国澳门的国内生产总值 498.02 亿美元，2017 年中国（包括港、澳、台地区）的国内生产总值达到了 12.98 万亿美元。

表 12-3　2000—2017 年世界主要经济大国或地区国内生产总值及其增长率情况

国家或地区	2017年国内生产总值/亿美元	排名	国内生产总值增长率/%				
			2000年	2005年	2010年	2014年	2017年
世界	798 654.81		4.39	3.83	4.31	2.86	3.15
美国	193 906.00	1	4.09	3.35	2.53	2.57	2.27
中国	120 146.10	2	8.49	11.4	10.64	7.30	6.90
日本	48 721.35	3	2.78	1.66	4.19	0.37	1.71
德国	36 848.16	4	2.96	0.71	4.08	1.93	2.22
英国	26 245.29	5	3.66	3.10	1.69	3.05	1.79
印度	26 110.12	6	3.84	9.28	10.26	7.41	6.62
法国	25 835.60	7	3.88	1.61	1.97	0.95	1.82
巴西	20 549.69	8	4.11	3.2	7.54	0.51	0.98
意大利	19 378.94	9	3.71	0.95	1.69	0.11	1.50
加拿大	16 524.12	10	5.18	3.20	3.08	2.86	3.05

资料来源：IMF 数据库。

20 世纪 80 年代以来，中国的和平崛起是全球最重要和最受人瞩目的事件之一。相关数据表明，2007 年，中国的国内生产总值总量仅次于美国、日本、德国，居世界第四位，而到了 2010 年，中国的国内生产总值总量超越日本和德国，居世界第二位。2000—2010 年，中国是世界经济大国中唯一年均国内生产总值增长率接近 10% 的国家。2010—2017 年，中国国内生产总值增速放缓，降至 2017 年的 6.9%，但依然远远高于世界平均水平。我们完全有理由相信，中国在未来会以更强大的经济实力出现在世界舞台上，为世界和平与发展做出更大的贡献。

任务 12.3　经济周期理论

12.3.1　经济周期概述

1. 经济周期的定义

经济周期（Business Cycle）又称"商业周期"或"商业循环"，是指国民收入及经济活动的周期性波动。目前，对于经济周期有两种不同的理解，古典经济学的经济周期是指实际国内生产总值或总产量绝对量上升和下降的交替过程；但是现代经济发展的实际情况告诉我们，实际国内生产总值或总产量的绝对量下降的情况是很少见的，所以现代宏观经济学认为经济周期是经济增长率上升或下降的交替过程。根据这一定义可知，衰退不一定表现为国内生产总值绝对量的下降，而主要表现为国内生产总值增长率的下降，即使其值不是负值，也可以称为"衰退"，经济学上称为"增长性衰退"。

在理解经济周期内涵时需要注意以下三点：①经济周期的中心是国民收入的波动，由于这种波动引起了失业率、一般物价水平、利率以及对外贸易活动的波动,因此研究经济周期的关键是研究国民收入波动的规律与根源;②经济发展的周期性波动是客观存在的经济现象,任何国家的经济发展都无法避免;③虽然每次的经济周期并不完全相同,但它们有相同之处,即每个周期都是繁荣与萧条的交替。

2. 经济周期的阶段

一个完整的经济周期包括两个大的阶段:扩张阶段和收缩阶段。扩张阶段是社会总需求和经济活动增长的时期,通常伴随着就业、生产、工资、利率和利润的上升;而衰退阶段则是社会总需求和经济活动下降的时期,通常伴随着就业、生产、工资、利率和利润的下降。这两个阶段可以再进行细分,扩张阶段可以分为复苏和繁荣两个阶段,收缩阶段可以分为衰退和萧条两个阶段,其中繁荣和萧条是两个主要阶段,衰退和复苏是两个过渡性阶段,如图 12-3 所示。

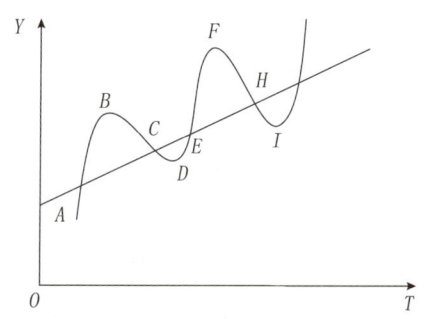

图 12-3 经济周期的阶段

在图 12-3 中,向右上方倾斜的直线代表经济的长期稳定增长趋势,曲线部分则表示经济活动围绕"长期趋势"上下波动的实际水平。图 12-3 中 AE 部分代表了一个完整的经济周期,其中 AB 为繁荣阶段,BC 为衰退阶段,CD 为萧条阶段,DE 为复苏阶段。B 点为扩张阶段到收缩阶段的转折点,是整个经济周期的峰顶;D 点为收缩阶段到扩张阶段的转折点,是整个经济周期的谷底。

从图 12-3 中可以看出,经济周期波动有三个特点。①每一个经济周期都包括了扩张和收缩两个阶段,具体细分是复苏、繁荣、衰退、萧条四个阶段。扩张和衰退是相互交替的,在交替中有

两个不同的转折点,如果经济是由扩张阶段转向收缩阶段,则转折点是峰顶;如果经济是从收缩阶段转向扩张阶段,则转折点是谷底。由于扩张和收缩是相互交替的,因此谷底和峰顶也是相互交替的。②虽然经济周期的四个阶段从逻辑上按这个顺序排列,但它们在每次经济周期中的长度和实际形态有很大的差异。例如,一次周期的谷底或峰顶可能仅仅持续几周,也可能持续几个月,甚至是几年。③在一定时期内,存在着生产能力的增长趋势,因此在某一谷底阶段中,其实际的生产和就业水平有可能出现比以前周期的峰顶时期还要高的状况,这是正常的。

【情景 12-4】

确定一次萧条开始的时间是一件非常讲究技术的事情,还可能引致重要的政治后果。从美国 1980—1982 年和 1990—1991 年两次经济下滑,我们可以看出这点。

萧条的典型定义是国内生产总值连续两个季度没有增长。套用这个定义,20 世纪 80 年代早期美国发生了两次萧条:一次始于 1980 年 1 月,同年 7 月结束;另一次始于 1981 年 7 月,次年 11 月结束。许多经济学家将这两次萧条合并为一次下滑趋势,中间出现停滞现象,相当多的政治争论围绕这一事实展开。如果将两次萧条看作一次,这次超级萧条就开始于卡特总统的任职期内;如果认定是两次的话,很多人就可以将萧条归结为里根总统上任后实施的新预算政策。

事实上,两位总统很可能都不是导致 20 世纪 80 年代初期经济萧条的主要原因。1979 年,伊朗政府垮台以后油价上升以及联邦储备局打击通货膨胀的决定(即使这可能同时打击经济),才是主要原因。

10 年以后,另一次萧条导致了新的政治争论,这次的问题不在于这是一次还是两次萧条,而是萧条究竟从什么时候开始。1991 年 4 月,美国国家经济研究局的一个委员会选择将 1990 年 7 月作为萧条的开端,美国政府解释这次萧条是由萨达姆·侯赛因下令在 1990 年 8 月入侵科威特,油价因此飙升几个月引起的。这种解释暗示布什总统没能防止萧条。但是萨达姆·侯赛因直到 8 月才下令

入侵科威特，美国国家经济研究局将7月作为萧条的开端，说明经济在入侵以前已经在退步，因此布什政府的政策应该成为谴责目标。

在马歇尔以前，经济学一直被称为"政治经济学"，可见经济与政治是密不可分的。但是在马歇尔时代，由于缺乏科学的分析方法等因素，经济学一直不受尊重，为了帮助经济学获得像物理学、化学等自然科学同等的学科地位，马歇尔模仿"物理学"(Physics)，创造了"经济学"(Economics)这一名词。马歇尔是新古典经济学的集大成者，其代表作《经济学原理》(Principles of Economics)影响巨大而深远，自他以后，经济学不再被称为"政治经济学"。但正如一句话所说的："政治是经济的集中体现。"经济与政治的密切关系不会因此断绝，本案例涉及的内容很好地说明了这一点。

3. 经济周期的分类

西方学者不仅分析了经济周期波动的阶段，而且分析了经济活动中长短各异的波动现象，并根据经济周期波动的时间把经济周期划分为不同类型，即短周期（短波）、中周期（中波）和长周期（长波）等。

（1）短周期（短波）：基钦周期。1923年，英国的约瑟夫·基钦在《经济因素中的周期与倾向》中，根据美国和英国1890—1922年的利率、物价、生产和就业等统计资料，从企业生产过多时就会形成存货，从而减少生产的现象出发，发现在40个月中存货出现了有规律的上下波动。该理论认为，经济波动有大周期和小周期之分，小周期的平均长度为40个月，一个大周期通常由两三个小周期构成，这种约40个月的周期被称为"基钦周期"或"短周期"。

（2）中周期（中波）：朱格拉周期。1862年，法国医生、经济学家克里门特·朱格拉(C. Juglar)在《论法国、英国和美国的商业危机以及发生周期》中对比较长的工业经济周期进行了研究，并根据生产、就业人数和物价水平等指标，确定了经济中平均每个周期为9～10年。这种中等长度的经济周期一般被称为"朱格拉周期"，也称"朱格拉中周期"。朱格拉在研究人口、结婚、出生、死亡等统计数据时，注意到经济事物存在着有规律的波动现象。他认为，存在危机或恐慌并不是一种独立的现象，而是社会经济运动三个连续阶段（繁荣、危机、萧条）中的一个。

（3）长周期（长波）：康德拉季耶夫周期。1925年，苏联经济学家康德拉季耶夫通过研究美国、英国、法国和其他一些国家长期的时间序列资料，认为经济中存在着一个长达50～60年的经济周期，这种周期即为经济中的长周期，又称为"康德拉季耶夫周期"。

（4）另一种长周期：库兹涅茨周期。美国经济学家库兹涅茨在1930年提出了一种与房地产建筑业相关的经济周期，这种周期长度在15～25年，平均长度为20年左右。库兹涅茨主要研究了美国、英国等国家从19世纪初叶或中叶到20世纪初叶60种工业、农业主要产品的产量和35种工业、农业主要产品价格变动的长期时间序列资料，发现主要国家存在着长度为15～25年、平均长度为20年的长周期。这种长周期与人口增长引起的建筑业增长与衰退相关，是由建筑业的周期性波动引起的，而且在工业国家中产量增长呈现渐减的趋势。这个周期后来又被称为"库兹涅茨周期"或"建筑业周期"。

（5）经济周期的综合：熊彼特周期。奥地利经济学家熊彼特综合了前人的研究成果，认为经济中存在着长、中、短三种不同类型的周期，每个长周期的长度为48～60年，其中包含了六个中周期；每个中周期的长度为9～10年，其中包含了三个短周期；短周期约为40个月，三个短周期构成一个中周期，十八个短周期构成一个长周期。他以重大创新为标志，划分了三个长周期：第一个长周期是从18世纪80年代到1842年，是"产业革命时期"；第二个长周期是从1842年到1897年，是"蒸汽和钢铁"时期；第三个长周期是1897年以后，是"电气、化学和汽车时期"。在每个长周期中仍有由中等创新引起的波动，形成了若干个中周期，每个中周期中还有小创新引起的波动，这就形成了若干个短周期。

12.3.2 经济周期的解释：内生经济周期理论与外生经济周期理论

经济理论分析的目的不仅在于对人们的经济行为和经济现象进行描述，更重要的是对人们的经济行为和经济现象进行合理的解释与说明。对于经济周期这个现代经济生活中的常见现象，经济学家提出了多种解释，可以根据他们提出的原因来源不同，将这些理论分成两大类型：内生经济周期理论和外生经济周期理论。

1. 内生经济周期理论

内生经济周期理论认为，是经济体系的内部因素导致了经济的周期性波动。这类理论并不否认经济体系的外部因素对经济的冲击作用，但它强调经济的这种周期性波动是由经济体系内的因素引起的。最具有代表性的内生经济周期理论是凯恩斯主义的乘数-加速数原理的相互作用理论，下一小节将详细介绍。此外，比较有名的内生经济周期理论还包括纯货币理论、投资过度理论、消费不足理论、心理周期理论等。

纯货币理论认为，经济周期是一种纯粹的货币现象。经济周期性的波动完全是由银行体系交替地扩大和紧缩信用造成的。在发达的市场体系中，流通工具主要是各种银行的信用工具，商人运用的资本主要来自银行信用。当银行体系降低利率、扩大信用时，商人就会向银行增加借款，从而增加向生产者的订货。这样就引起了生产的扩张和收入的增加，而收入的增加又引起对商品需求的增加和物价的上涨，经济活动继续扩大，经济进入繁荣阶段。但是，银行扩大信用的能力并不是无限的，当银行体系被迫停止信用扩张，转而收缩信用时，商人得不到贷款就会减少订货，由此出现生产过剩的危机，经济进入萧条阶段。在萧条时期，资金逐渐回到银行，银行可以通过某些途径扩大信用，促进经济复苏。根据这一理论，其他非货币因素也会引起局部的萧条，但只有货币因素才能引起普遍的萧条。

投资过度理论认为，各种原因的存在导致了投资的增加，这种增加会引起经济的繁荣。繁荣首先表现在对投资品（生产资料）需求的增加以及投资品价格的上升上。这就更加刺激了对资本品的投资，资本品生产的过度发展引起了消费品生产的减少，导致结构失衡。而资本品生产过多必将引起资本品过剩，于是出现了生产过剩的危机，经济进入萧条期。也就是说，过度增加投资引发了经济的周期性波动。

消费不足理论认为，经济之所以出现萧条与危机，是因为社会对消费品的需求赶不上消费品的增长，而消费需求不足又引起对资本品需求的不足，进而使整个经济出现生产过剩危机。消费不足的根源主要是国民收入分配不平等造成的贫困人口购买力不足和富裕人口过度储蓄。这是一种历史悠久的理论，主要用于解释经济周期中危机阶段的出现以及产生生产过剩的原因，并没有形成解释经济周期整个过程的理论。这种理论的早期代表人物是英国经济学家马尔萨斯和法国经济学家西斯蒙第，近期的代表人物是英国经济学家霍布森。

心理周期理论强调心理预期对经济周期各个阶段形成的决定作用。这种理论认为，预期对人们的经济行为具有决定性影响，乐观预期与悲观预期的交替引起了经济周期中的繁荣与萧条的交替。在任何一种原因刺激了投资活动，引起高涨之后，人们对未来预期的乐观程度总会超过在合理的经济考虑下应有的程度。这就导致过多的投资，形成经济过度繁荣。而当这种过度乐观的情绪造成的错误被察觉以后，又会变成不合理的过分悲观的预期，并由此过度减少投资，引起经济萧条。

2. 外生经济周期理论

与内生经济周期理论不同，外生经济周期理论认为，是经济体系外部的因素导致了经济的周期性波动。这种理论并不否认经济中内在因素（如投资货币等）的重要性，但强调引起这些因素变动的根本原因在经济体系之外。比较有代表性的外生经济周期理论包括创新经济周期理论、太阳黑子理论等。

创新经济周期理论源于著名经济学家熊彼特。熊彼特认为,创新就是建立一种新的生产函数,是企业家对生产要素进行新的组合,即把一种从未有过的关于生产要素和生产条件的"新组合"引入生产流程。那么,如何才能实现生产要素新的组合呢?有两条途径:一是进行技术创新,使生产要素的比例发生变化,如用机器生产代替手工生产;二是进行制度创新,通过制度创新激发生产要素更大的生产潜力,如实施员工持股计划或者实行年功工资制度等。

这种理论首先用创新解释繁荣和衰退,即创新提高了生产效率,为创新者带来了盈利,引起其他企业仿效,形成创新浪潮。创新浪潮使银行信用扩张,对资本品的需求增加,引起经济繁荣。随着创新的普及和盈利机会的消失,银行信用紧缩,对资本品的需求减少,这就引起了经济衰退,直到另一次创新出现,经济再次繁荣。

经济周期实际包括繁荣、衰退、萧条和复苏四个阶段,创新理论用创新引起的"第二次浪潮"解释这一点。在第一次浪潮中,创新引起了对资本品需求的扩大和银行信用的扩张,促使生产资本品的部门扩张,进而又促使生产消费品的部门扩张。这种扩张引起物价普遍上涨,投资机会增加,出现了投机活动,这就是第二次浪潮。两次浪潮有重大区别,即第二次浪潮中许多投资机会与本部门的创新无关。在第二次浪潮中包含了失误和过度投资行为,这就在衰退之后出现了另一个失衡的阶段——萧条。萧条发生后,第二次浪潮的反应逐渐消除,经济转向复苏,要使经济从复苏进入繁荣还有待于创新的出现。

熊彼特根据这种理论解释了长周期、中周期和短周期,他认为重大的技术创新(如蒸汽机、炼钢和汽车制造等)对经济增长有长期影响,这些创新引起的繁荣时间长,繁荣之后的衰退时间也长,从而引起的经济周期就长,形成了长周期。中等创新引起的经济繁荣及随之而来的衰退形成了中周期。那些不是很重要的小创新则只能引起短周期。

太阳黑子理论是利用太阳黑子的活动解释经济周期,由英国经济学家杰文斯父子提出并加以论证。该理论认为,太阳黑子的活动对农业生产影响很大,而农业生产的状况又会影响工业生产和整个经济。太阳黑子活动的周期性决定了经济活动的周期性。具体来说,太阳黑子活动频繁使农业生产减产,从而影响工业、商业、工资、货币的购买力和投资等诸多方面,引起整个经济萧条。相反,当太阳黑子活动减少时,农业会丰收,整个经济会达到繁荣。他们用中长期太阳黑子活动周期与经济周期基本吻合的资料证明了这种理论。该理论把经济周期的根本原因归结为太阳黑子的活动,是典型的外生经济周期理论。现代经济学家认为,太阳黑子对农业生产的影响是非常有限的,而农业生产对整个经济的影响更是有限的,因此在现代工业社会中,这种理论没有说服力。

12.3.3 乘数-加速数模型

1. 乘数-加速数模型概述

乘数-加速数模型是现代宏观经济中最具代表性的内生经济周期理论,其代表人物是美国经济学家萨缪尔森。该模型假设由于新发明的出现使投资的数量增加,投资数量增加会通过乘数作用使收入增加。当收入增加时,人们会购买更多的商品和服务,从而使整个社会的商品和服务销售量增加。通过下文所述的加速原理的作用,销售量的增加会促进投资以更快的速度增长,而投资的增长又使国民收入增长,销售数量再次增加。如此循环反复,国民收入不断增加,社会便处于经济周期的扩张阶段。

然而,社会资源总是有限的,收入的增加迟早会达到资源所能容许的峰顶。一旦经济达到经济周期的峰顶,收入就不再增加,销售量也不再增加。根据下文指述的加速原理,销售量停止增加意味着投资量减少为零。由于投资量减少,收入减少,销售量也因之减少。销售量的减少使投资进一步减少，而投资的减少又使国民收入进一步减少。如此循环反复，国民收入会持续减少，社会便处于经济周期的衰退阶段。

收入的持续下降使社会最终达到经济周期的谷底。这时，由于衰退阶段的长时期负投资，生产设备逐年减少，仍在营业的一部分企业会感到有必要更新设备。因此，投资和收入开始增加，增加的国民收入通过加速原理又一次使经济进入扩张阶段，于是一轮新的经济周期又开始了。

2. 加速原理

在宏观经济学中，产量水平的变动和投资支出数量之间的关系被称为"加速原理"。一般来说，更多的产量需要更多的资本，进而需要用投资扩大资本存量。在一定限度内，企业有可能使现有的资本通过集约使用生产更多的产品，但对于企业来说，总有一个最优的资本-产量比率。不同企业的资本-产量比率是不同的，并且资本-产量比率会随着社会技术和生产环境的变动而发生变动。为了简单起见，假定这个比率在一段时间内保持不变。以K代表资本，Y代表产量水平，v代表资本-产量比率，即一定时期内每生产1个单位产量需要的资本存量，则有

$$K_t = vY_t \quad (12\text{-}12)$$

式中，K_t为t时期的资本存量；而Y_t为t时期的产出水平。由式（12-12）可知，资本存量的增加会使产出水平增加，而资本存量的增加取决于一段时间内的净投资。设I_t是t时期的净投资，则有

$$I_t = K_t - K_{t-1} \quad (12\text{-}13)$$

将$K_t = vY_t$代入式（12-13）中，可得：

$$I_t = K_t - K_{t-1} = vY_t - vY_{t-1} = v(Y_t - Y_{t-1}) \quad (12\text{-}14)$$

式（12-14）表明，t时期的净投资额取决于产量从$t-1$时期到t时期的变动量乘以资本-产量比率。如果Y_t大于Y_{t-1}，则在t时期内有正的净投资。也就是说，净投资取决于产量水平的变动，变动的幅度取决于资本-产量比率，资本-产量比率v通常被称为"加速数"。

由于总投资是由净投资与重置投资（折旧）构成的，有t时期总投资$=v(Y_t, Y_{t-1})$时期的折旧。

由式（12-12）和式（12-13）表示的加速原理说明，如果加速数为大于1的常数，则资本存量需要的增量必须超过产量的增加。应当指出，加速原理发生作用是以资本存量得到了充分利用且生产技术不变，从而资本-产量比率固定不变为前提的。

【情景12-5】

假设$v=2$（资本-产量比率为2），折旧率为10%，加速原理数字说明见表12-4。

表12-4 加速原理数字说明

时间	产量	资本量	净投资	折旧	总投资
第1年	100	200	—	20	20
第2年	120	240	40	24	64
第3年	140	280	40	28	68
第4年	160	320	40	32	72
第5年	160	320	0	32	32
第6年	150	300	-20	30	10

根据表12-4可以得出加速原理的基本内容。第一，投资是产量变动率的函数，而不是产量变动绝对量的函数。也就是说，投资的变动取决于产量变动率，而不是产量变动量。第二，投资的变动大于产量的变动。当产量增加时，投资的增加率大于产量的增长率（在表12-4中，从第1年到第2年，产量增加了20%，而总投资增加了220%）；当产量减少时，投资的减少也大于产量的减少（在表12-4中，从第5年到第6年，产量减少了6.25%，而总投资减少了68.75%），这就是加速的含义。投资的变动之所以大于产量的变动，是因为现代生产是一种"迂回生产"，即采用了大量的机器设备，这导致刚开始时必然引起大量的投资；同理，在产量减少时，投资也会减少得更多。加速原理反映的正是这种现代化大生产的特点。第三，要使投资增长率保持不变，产量就必须维持在一定的增长率上（在表12-4中，第2年到第3年和第3年到第4年，要使净投资保持不变，产量的增长率应分别达到17%和14%），如果产量维持原有水平，投资一定会下降（在表12-4中，第4年到第5年，产量没变，总投资减少了56%），这说明当经济发展到一定阶段时，要再实

现高增长率是非常困难的事。

3. 乘数-加速数模型

乘数-加速数模型将乘数原理与加速原理结合起来，以说明经济周期产生的原因，这一模型的基本表达式如下：

$$Y_t=C_t+I_t+G_t \quad (12\text{-}15)$$
$$C_t=cY_{t-1}(0<c<1) \quad (12\text{-}16)$$
$$I_t=v(C_t-C_{t-1})(v>0) \quad (12\text{-}17)$$

式（12-15）为产品市场均衡公式，即收入恒等式，为简便起见，假定政府购买 $C=G$（常数）。式（12-16）为简单的消费函数，表明本期消费是上期收入的线性函数。式（12-17）表明了本期投资是本期消费与上期消费的差与加速数的乘积（在前文关于加速原理的说明中，是把投资作为本期和上期的收入之差的函数论述的。在一般情况下，消费量和收入大致会保持固定的比率，因此加速原理可以用本期与前期消费的改变量表示）。将式（12-16）和式（12-17）代入式（12-15），可得：

$$Y_t=cY_{t-1}+v(C_t-C_{t-1})+G_t \quad (12\text{-}18)$$

在表 12-5 中，假设边际消费倾向 $c=0.5$，加速数 $v=1$，政府每期开支 $G_t=1$ 亿元。在这些假设下，若不考虑第 1 期以前的情况，那么从上期国民收入中得来的本期消费为零，引致投资也为零，因此第 1 期的国民收入总额就是政府在第 1 期的支出 1 亿元。

表 12-5 乘数和加速数的相互作用

t	G_t	C_t	I_t	Y_t	经济变动趋势
1	1.00	0.00	0.00	1.00	—
2	1.00	0.50	0.50	2.00	复苏
3	1.00	1.00	0.50	2.50	繁荣
4	1.00	1.25	0.25	2.50	繁荣
5	1.00	1.25	0.00	2.25	衰退
6	1.00	1.13	-0.13	2.00	衰退
7	1.00	1.00	-0.13	1.88	萧条
8	1.00	0.94	-0.06	1.88	萧条
9	1.00	0.94	0.00	1.94	复苏
10	1.00	0.97	0.03	2.00	复苏
11	1.00	1.00	0.03	2.03	繁荣
12	1.00	1.02	0.02	2.03	繁荣
13	1.00	1.02	0.00	2.02	衰退
14	1.00	1.01	-0.01	2.00	衰退

第 2 期政府支出仍为 1 亿元，但由于第 1 期有收入 1 亿元，在边际消费倾向为 0.5 的情况下，第 2 期的引致消费 $C_2=cY=0.5\times1=0.5$（亿元），第 2 期的引致投资 $I_2=v(C_2-C_1)=1\times(0.5-0)=0.5$（亿元）。因此，第 2 期的国民收入 $Y_2=G_2+C_2+I_2=1+0.5+0.5=2$（亿元）。同样，可以计算出第 3 期的收入为 2.5 亿元，第 4 期的收入为 2.5 亿元，以下各期的收入也都可以用同样的方法计算。

从公式 $Y_t=cY_{t-1}+v(C_t-C_{t-1})+G_t$ 和表 12-5 中可以看出，边际消费倾向越大，加速数越大，政府支出对国民收入变动的作用也越大。

从表 12-5 中可以看出，在社会经济生活中，投资、收入和消费相互影响、相互调节，通过加速数，上升的收入和消费会引致新的投资；通过乘数，投资又使收入进一步增长。假设政府支出为一个固定的量，靠经济本身的力量自行调节，就会自发形成经济周期,经济周期中的阶段正是由乘数与加速数交互作用形成的:投资影响收入和消费(乘数作用);反过来,收入和消费又影响投资(加速数作用)。两种作用相互影响,形成累积性的经济扩张或收缩的局面,这是一些西方经济学者对经济波动做出的解释,对于现实经济生活中的经济周期有一定的解释作用。根据这种解释,只要政府对经济进行干预,就可以改变或缓解经济波动。例如,采取适当政策刺激投资,采取鼓励提高劳动生产率以提高加速数、鼓励消费等措施,就可以克服或缓解经济萧条。

【情景12-6】

经济活动产生周期性波动的主要原因是什么?

经济活动产生周期性波动的根源来自两个方面:一方面是经济体系内部的原因,如乘数-加速数原理的作用、货币、投资过度等;另一方面是来自经济体系外部的原因,如社会的重大创新等。

任务12.4　经济发展

1. 经济发展的概念

经济发展是指追求自身利益最大化的人们,通过技术经济组织和社会经济制度创新使其经济总福利在经济总规模持续扩张的过程中不断改善。

2. 经济发展的内容

经济发展的内容包括三个方面。

(1)经济社会结构性的转变,如城乡人口结构、产业结构、就业结构、社会阶层结构、收入分配结构等的深刻变化。

(2)经济社会质的方面改善,如生活质量改善、生态环境良好、文化程度提高、人的素质提高、人力资本积累、经济增长注重效益性等。

(3)国民经济量的增长和扩张,增长速度、人均国民生产总值等指标的变化。

3. 经济发展的目标

(1)丹尼斯·古里特(Denis Goulot)的三大目标说。

古里特在其著作《痛苦的选择:一个新的发展理论观》中提出了著名的经济发展三大目标学说。他认为,无论在任何时代,个人和国家都要追求以下三个经济发展目标。

①维持生存(Life-sustenance)的目标。经济发展必须提高满足人们基本需要的能力,这一目标与世界银行在20世纪70年代提出的基本需要发展战略(Basic Needs Approach)有关。它要求增加诸如食品、住房衣服、卫生保健设施等维持生活必需的物品量,扩大其分配范围,使人们摆脱原始的贫困并满足其基本需要,提高社会的生活质量。

②自重(Self-esteem)的目标。自重就是国家或个人感到自己有价值、自重自爱,而不是感到被别国或他人当作工具使用。要实现这一目标,除了要求提供较高的收入外,还必须提供较多的工作机会、较好的教育,较大的文化和人类的价值,这些条件不仅会改善物质生活,而且会使个人和国家产生较深的自重感。

③自由(Freedom)的目标。古里特所说的自由不是从政治思想意义上理解的,而是指解除了物质条件、无知、体制、宗教信仰等限制产生的自由。自由的目标就是把个人和国家从他人和别

国的奴役、依赖、无知和社会罪恶等的束缚中解脱出来，使个人和国家有更多的选择自由、更广阔的选择范围，能够决定自身的命运和行动。

古里特、托达罗和A.P.瑟尔沃尔（A.P.Thirlwall）等认为，上述三个目标是经济发展的三个核心内容或三个组成部分，是构成美好生活的三个基本要素，因而应当成为理解经济发展含义的基础，也应当从上述三个目标实现的程度判定一国经济发展的状态。

（2）艾玛·阿德尔曼的"摆脱贫穷"说。

阿德尔曼认为，"根据道德观念，每个国家的发展政策的适当的长期目标，必须是不断地解除体制的障碍，以便完全发挥其国民的潜力。所以，经济发展的目标是双重意义的：要提供达到这些目的的物质基础，还要建立经济条件以便解除对自我成长（得到受教育的机会、称心如意的工作、社会地位、安全、自我表现以及才华）的其他种种障碍"。他将这一发展目标称为"摆脱贫穷"。摆脱贫穷在经济意义上着重消除物质方面的贫困，在非经济意义上着重消除社会、政治及精神等方面的贫困，而且这两个方面都具有同等的重要性。

阿德尔曼认为，摆脱贫穷这一目标能否实现，完全取决于全体居民中最贫困阶层的福利是否提高，只要贫困阶层的收入份额增长了，即使暂时放弃国民收入的增长也不足惜。所以，摆脱贫穷这一目标不仅涉及公平，而且重要的是创造收入分配公平以得到不断改善的条件。为了提高公平度，有可能需要国民经济的增长做出暂时的牺牲，也需要有重大的社会、政治以及制度的变化。摆脱贫穷这个目标意味着，经济发展的首要目的不仅是帮助穷人达到相当高的生活水平，而且要在经济及其他方面创造条件，使穷人及其子女继续得到自我成长的机会。

阿德尔曼主张，为实现摆脱贫穷这一目标，应该进行制度改革，在政治、社会和经济等方面采取一些公平的措施，以推动经济增长，但所有这些都不是目标本身，而是使穷人永享福利的手段。他因此批评了某些发展经济学家侧重于经济增长而忽视公平的倾向。

除了上述两个目标学说以外，华盛顿大学教授布鲁斯·赫里克（Bruce Herrick）和美国麻省理工学院教授查理斯·P.金德尔伯格（Charles P.Kindleberger）在其合著的《经济发展》一书中指出，如果不得不将众多的发展目标归纳成几个易于表述的目标，那么它至少包括三个："产出的快速增长，经济结构的变化，群众贫困的减少。"因为经济发展意味着某些基本经济结构的变化，即国内需求和生产构成、劳动力产业和职业构成、对外贸易和金融构成等的变化，一个发达的经济不只是传统的放射性扩展，还包含着质变，要求经济结构及其功能发生变化。

4. 经济发展的目标特点

西方发展经济学进入第二个阶段之后的一个明显特征就是，强调经济发展要解决贫困、失业、收入分配不均这三个问题。有些人主张从三个角度重新定义经济发展，主张用这三个问题的缓和程度测度一国的经济发展水平。

那么，如何评价上述几种经济发展目标学说呢？如何确定经济发展的目标呢？要回答这两个问题应当以下述几个观点为基础。

其一，经济发展的目标可以是多元和多得性的，如政治目标、经济目标、社会目标等，大目标中有小目标，如政治目标可以具体划分为各种小目标。经济是基础，经济发展是社会其他方面得以发展的前提，因而经济发展事实上总是人们实现多种目标的工具。

其二，经济发展的目标具有历史特色，即处于不同的历史阶段、不同发展水平的国家，会有各自适应不同需要的经济发展目标。客观的历史条件发生了变化，人们应该而且必然随之重新确定经济发展的目标。在阶级社会里，经济发展的目标总是被打上统治阶级意愿的烙印，是统治阶级愿望的具体表现。以此而论，任何经济发展的目标都有其历史局限性，不可能存在超越历史、超越国度而普遍适用的、永恒的经济发展目标。

其三，各国经济发展的目标也具有某种程度的同一性。无论任何时代、任何国家，人们从事经济活动、发展经济的目的之一都是满足物质生活需要，改善物质和文化生活条件，提高生活水平。各个时代的统治阶级为了维持其统治，必须实现这些目标。同时，历史条件和国际地位相同或相似的国家，也会有共同的经济发展目标。

当前，发展经济、摆脱贫困、维持生存、实现自重、取得自由，对发展中国家有着突出的意义，是它们共同的目标。尽管发展中国家在历史传统、国土大小、人口多少、所有制结构、政治制度、对外依附程度等方面各有不同，但它们原有的社会经济形态相似，都曾有受人奴役和剥削的历史，所处的国际环境又无太大差异，特别是都有以下共同的经济特征：生活水平低，贫困严重；人口众多，失业队伍庞大；经济结构不合理，传统农业的比重大，工业规模小；出口产品单一，以农产品为主，在国际上处于依附的、受人支配的地位。此外，许多国家收入分配悬殊，故加速经济发展，提高经济增长率，对内克服贫困，减少失业量，增加收入分配的平均度，完成经济结构的改造和现代化；对外争取独立自主的发展，摆脱依附地位，建立新的国际政治经济秩序，是发展中国家在今后相当长的历史时期为实现经济发展应当追求的目标。从这个意义上说，以上介绍的几种目标学说都在某些方面、某种程度上反映了发展中国家目前的实际需要，都有一定的参考价值。

其四，经济发展的目标既然具有历史的阶段性，那么就有长期的、中期的和短期的目标之分。从性质来说，经济发展的目标可分为政治目标、经济目标、社会目标等；从重要性来说，经济发展的目标可分为主要目标、次要目标等。经济发展的目标是多元和多重性的，这些多元和多重性的目标可以构成一个有机的大系统。这个大系统可由许多子系统、孙子系统组成，这些系统之间相互联系、相互作用，而且从不同的参照系来看，系统之间存在着目标与手段的关系，手段会变成目标，目标又会变成手段。如经济结构变化、经济增长、消灭贫困三者之间，经济结构变化是实现经济增长这个目标的手段，但从经济增长与消除贫困两个目标之间的关系来看，经济增长又是达到消除贫困这个目标的手段。因此，各国在确定经济发展目标时，要注意安排各种目标的先后顺序，使经济发展长期目标的确定以一定的价值判断（Value-Judgement）为基础。

其五，经济发展目标的确定以一定的价值判断为基础，经济发展目标的性质和内容主要取决于占统治地位的社会价值观念（尤其是统治阶级的意志），而后者又取决于生产关系的性质。生产关系的性质不同，社会价值观念就不同，经济发展的主要目标因而必然不同（当然，在一些次要目标上又有同一性）。如资本主义私有制和社会主义公有制决定两个社会中的政府价值观念和行为准则截然不同，因而在资本主义社会里，经济发展的主要目标和首要目标是榨取更多的剩余价值，以满足资本家的贪欲，维持资本主义社会的长治久安；而在社会主义国家，发展主要是为了满足人们日益增长的物质和文化生活需要。正因如此，我们才得出结论，各个不同性质的国家都有不同的经济发展目标，在制度各异的当今世界，不存在适合所有国家的发展目标系统。

综上所述，经济发展从本质而言是指经济生活的积极上升运动，主要是指物质产品生产能力的增进。经济发展的目标则是指经济发展所要达到的社会效果，它的确立是以价值判断为基础的，确定经济发展的目标主要是规范分析的任务。故尽管经济发展的目标会规范经济发展的具体模式和速度等，但经济发展与其目标是两种异质现象。经济发展是一种客观的、不以人的意志为转移的经济现象，而经济发展的目标则是以一定的价值判断为基础，是对经济发展应达到的社会效果的主观期望。

5. 经济增长与经济发展的关系

经济增长与经济发展既有联系，又有区别。经济增长内涵较窄，而经济发展内涵较广；经济增长是一个数量概念，而经济发展既是一个数量概念，又是一个质量概念；经济增长是经济发展的动因和手段，而经济发展是经济增长的结果和目的。没有经济增长，就不可能有经济发展。如果出现有经济发展而无经济增长的现象，那么一定是个别的、短暂的、反常的现象，而不是一般的、长期的、正常的现象。值得注意的是，尽管经济增长是经济发展必要的先决条件，但经济增长并不必然带来经济发展。

（1）生产增长了，但实际是经济上的虚耗；产值增加，但产品质量低劣，甚至出现大量的废品、次品，不为消费者所接受；或者产品虽具有一定质量，但缺少需求，不能实现其价值。

（2）生产在某些方面的增长，从微观、局部、短期看似有一定的，甚至是相当大的经济效益，但从宏观、全局、长期来看却带来不良的，甚至是很不好的社会效果，如有害人民身体健康、污染自然环境、破坏生态平衡等。

（3）增长虽快，但分配不公、两极分化、城乡对立以及其他社会问题日益激化。

（4）增长虽快，但产业结构并无改进，甚至更加畸轻、畸重。

（5）为了追求高增长速度，不考虑人民的承受能力，无视客观经济规律，不计社会代价，结果不但不能促进经济发展，反而会造成经济倒退。

上述情况的出现，称为"有增长而无发展"或"无发展的增长"。

因此，为了谋求经济发展，必须启动经济增长，并保持经济稳定增长的势头，但是如果政策失误或机制上存在缺陷，就有不能实现持续、稳定而又协调发展理想目标的可能。决不能认为，只要有经济增长、有大规模投资，生产结构就会自然而然地趋于合理，生产模式就会自然而然地走向现代化且又适合本国国情，广大人民的福利自然而然地逐步得到提高，分配状况自然而然地走向公平，文化教育和卫生健康条件自然而然地日益改进，自然环境会自然而然地得到保护，生态平衡也会自然而然地得到保持。

任务 12.5　可持续经济发展模式

1. 可持续经济发展模式的基本框架

（1）可持续经济发展模式的实质。可持续经济发展是一种合理经济发展形态。通过实施可持续经济发展战略，使社会经济得以形成可持续经济发展模式。这种模式，本质上是现代生态经济发展模式，它正确地在经济圈、社会圈、生物圈的不同层次中力求达到经济、社会、生态三个子系统相互协调和可持续发展，使生产、消费、流通都符合可持续经济发展要求，在产业发展上建立生态农业和生态工业，在区域发展上建立农村与城市的经济可持续发展模式。

（2）可持续经济发展模式的生态经济特征。可持续经济发展必须使人类的生产、生活方式都有所改进，自人们改革自己的价值观、财富观起，就争取更多地依靠生态持续性取得经济持续性，把人类社会的经济活动引导到追求经济、社会、生态三大效益的有机统一上来。因此，可持续经济发展模式本质上是现代生态经济发展模式。

（3）经济领域中的生态经济模式。可持续经济发展的直接外在表现是长期的经济稳定、持续、协调,也就是要求社会总供给与社会总需求的平衡。对于社会总需求来说,除了经济增长本身增加的需求之外,各类需求都必然有自然增长的趋势。

对于维持简单再生产所要补偿的原料、初级产品,特别对于来自不可再生资源的初级产品来说,生产的自然条件越来越困难,采掘和垦殖的条件也会越来越差。在价值上一般是一个增大的量,新的生产资料的需求必然增加,个人消费资料的需求日益增长。

(4)社会领域的生态经济模式。社会的发展不仅受到物质资料生产和再生产的经济规律支配,而且受到现实的人(个体与群体)的生产和再生产的规律支配。可持续经济发展所处的社会领域,就是用生态经济的要求规范人的再生产和人的社会生活。这个要求直接体现在以下四个方面。

①人口数量的有限增长和人口质量的持续提高,为社会按照生态经济的要求进行发展提供了基本条件。

②人口生产的社会形态体现生态文明的要求。

③人民的福利与生态需求、生态效益相吻合。

④人口及其社会活动的分布体现生态经济效益。

(5)自然界中的生态经济模式。社会经济发展是处在一个更大的环境中进行的,这就是自然界的生态系统。这个生态系统是由生命系统(动物、植物、微生物)和与之相关的自然物质(大气、水、土壤、岩石、沉淀物,金属与非金属矿物等)构成的系统,是人所处的广义的自然环境与社会的自然基础。

从事经济活动与社会活动的人,首先只能作为自然人加入自然生态系统,与自然进行物质交换,同时又以自己从事的经济、社会活动与自然生态系统相对立,使自然生态系统转化为人工生态系统,而在这种转化过程中,人工生态系统是否平衡,决定着人类的经济社会是否稳定持续地发展。

可持续经济发展在自然界中运行,大体上遵循以下要求。

①在人工环境不断扩大的趋势中,努力维护自然环境具有的生态功能,不能破坏生物圈的生态平衡。这需要改进人工环境本身,使其尽量保持自然环境的生态功能。

②在不断消耗不可再生资源的过程中,通过努力使各种资源得以有效利用,节约使用,延长各种资源耗竭之日的到来,并努力通过技术开发找到替代资源,以保证经济持续发展。

③在利用和消耗可再生资源的过程中,努力实现保持资源再生能力的目标,使各种资源得到均衡循环,让人类永续利用。

④在社会生产、流通、消费中所产生的废弃物或者给自然界带来的副作用,要由自然本身的作用与人工作用共同消化。

要遵循上述要求,就要保证在经济发展过程中保持生态平衡,由此巩固经济平衡的基础。

2.可持续的生产、消费模式

(1)可持续的生产模式。生产活动与自然环境高度统一,按照生产力合理布局的原则,使各项经济活动都符合其所在区域的要求。

追求产品质量,优化产品品种。可持续经济发展就是要通过增加产品质量、提高产品性能,力求用少量的资源代价获取最大的物质福利。而产品品种、规格、款式的安排,不仅要符合市场需求,也要符合生态经济的要求。

在生产技术和工艺方面,不断降低物质消耗,大力推广有利于资源节约的生产流程。

(2)可持续的消费模式。可持续发展社会的生活方式具有节约型、公众型、文明型、科学型的特点。

项目小结

本项目主要讲述了经济增长理论、经济增长模型、经济周期理论、经济发展、可持续经济发展模式。经济增长理论主要包括经济增长的含义、经济增长的源泉;经济增长模型主要包括经济增长模型的三次大发展;经济周期理论主要包括经济周期概述,经济周期的解释:内生经济周期理论与外生经济周期理论,乘数-加速数学模型;经济发展主要包括经济发展的概念、内容、目标、目标特点、经济增长与经济发展的关系;可持续经济发展模式主要包括其基本框架,可持续的生产、消费模式。

思考与练习

一、单项选择题

1. 经济增长的含义是（　　）。
A. 一个国家或地区生产商品和服务能力的增长
B. 商品和服务能力的长期上升
C. 国民生活水平提高
D. 经济结构的变革速度快

2. 经济增长最关键的因素是（　　）。
A. 资本　　　　　B. 技术
C. 自然资源　　　D. 人力

3. 一个中周期持续的时间一般为（　　）。

A. 9～10年　　　　B. 3～4年
C. 50～60年　　　 D. 10～15年

4. 经济周期中的长周期指的是（　　）。
A. 基钦周期　　　B. 朱格拉周期
C. 库兹涅茨周期　D. 康德拉季耶夫周期

5. 经济周期中两个主要阶段是（　　）。
A. 繁荣和萧条　　B. 萧条和复苏
C. 繁荣和衰退　　D. 复苏和萧条

二、多项选择题

1. 乘数理论和加速理论的关系是（　　）。
A. 两者共同解释经济周期的运行过程
B. 两者都说明投资的决定
C. 乘数理论说明国民收入的决定,加速理论说明投资的决定
D. 只有乘数作用时国民收入的变动比乘数、加速数作用相结合时的变动大

2. 哈罗德-多马模型的基本假设前提是（　　）。
A. 生产过程中只有劳动和资本两种生产要素,全社会只生产一种产品
B. 不存在技术进步
C. 资本和劳动可以相互替代

D. 生产的规模收益不变

3. 关于经济周期的说法，正确的有（ ）。

A. 经济周期是现代经济社会中不可避免的经济波动

B. 经济周期是局部经济活动的波动

C. 一个经济周期可以分为繁荣、萧条、衰退和复苏四个阶段

D. 经济周期在经济中反复出现，每个周期的时间一样

4. 下列选项中，属于经济周期理论类型的有（ ）。

A. 创新经济周期理论

B. 内生经济周期理论

C. 外生经济周期理论

D. 太阳黑子理论

5. 下列选项中，属于内生经济周期理论的是（ ）。

A. 纯货币理论　　B. 投资过度理论

C. 消费不足理论　D. 心理周期理论

三、判断题

1. 经济增长和经济发展研究的问题是一样的。（ ）

2. 经济增长的充分条件是技术进步。（ ）

3. 经济周期的中心是国民收入的波动。（ ）

4. 朱格拉周期是一种短周期。（ ）

5. 经济增长和经济发展是既有联系，又有区别的。（ ）

四、简答题

1. 什么是经济增长？

2. 什么是经济周期？

REFERENCES 参考文献

[1] 曼昆. 经济学基础 [M]. 北京：北京大学出版社，2022.

[2] 吴汉洪. 经济学基础 [M]. 北京：中国人民大学出版社，2020.

[3] 邓先娥. 郭淼伊. 经济学基础教程 [M]. 北京：人民邮电出版社，2020.

[4] 赵高送. 经济学基础 [M]. 西安：西安电子科技大学，2018.

[5] 高鸿业. 经济学基础 [M]. 北京：中国人民大学出版社，2016.